SÃO FRANCISCO DE ASSIS

SÃO TOMÁS DE AQUINO

CLÁSSICOS DE OURO
ILUSTRADOS

SÃO FRANCISCO DE ASSIS

SÃO TOMÁS DE AQUINO

G. K. CHESTERTON

PREFÁCIO DE JOSEPH F. GIRZONE

TRADUÇÃO
ADAIL UBIRAJARA SORRA
MARIA STELA GONÇALVES

Ediouro

Dos originais
Saint Francis of Assisi
Saint Thomas Aquinas "The Dumb Ox"

Gerente editorial: Jiro Takahashi
Preparação de originais: Maria José de Sant'Anna
Assistentes editoriais: Felipe Schuery e Jorge Amaral
Copidesque: Marco Antônio Oliveira
Produção editorial: Cristiane Marinho
Revisão tipográfica: Jaqueline Gutierrez e Raquel Corrêa
Pesquisa iconográfica, Editoração eletrônica e Capa: Megaart Design
Produção gráfica: Jaqueline Lavôr
Assistente de produção gráfica: Gilmar Mirândola

Dados Internacionais de Catalogação na Publicação (CIP)
CIP - Brasil. Catalogação na fonte
Sindicato Nacional dos Editores de Livros, RJ
(Câmara Brasileira do Livro, SP, Brasil)

C45s
Chesterton, G. K., (Gilbert Keith), 1874-1936
São Tomás de Aquino e, São Francisco de Assis / G. K. Chesterton; tradução Adail Ubirajara Sobral / Maria Stela Gonçalves — Rio de Janeiro : Ediouro, 2003. —

Tradução de: Saint Thomas Aquinas e, Saint Francis
ISBN 978-85-000-2823-6

1. Tomás, de Aquino, Santo, 1225?-1274 — Biografia. 2. Fransisco de Assis, Santo 1182-1226 — Biografia. 3. Filosofia e religião. 4. Tonismo. 5. Santos cristãos — Biografia. I. Título. II. Título: São Fransisco de Assis.

CDD 922.22
CDU 929:235.3

03 04 05 06 87654321

Ediouro Publicações S.A.

Rio de Janeiro
Rua Nova Jerusalém, 345 – CEP 21042-230 – Bonsucesso – Rio de Janeiro – RJ
Tel.: (21) 3882-8200 – Fax: (21) 3882-8212 / 8313
E-mail: livros@ediouro.com.br
Internet: www.ediouro.com.br

Sumário

São Francisco de Assis

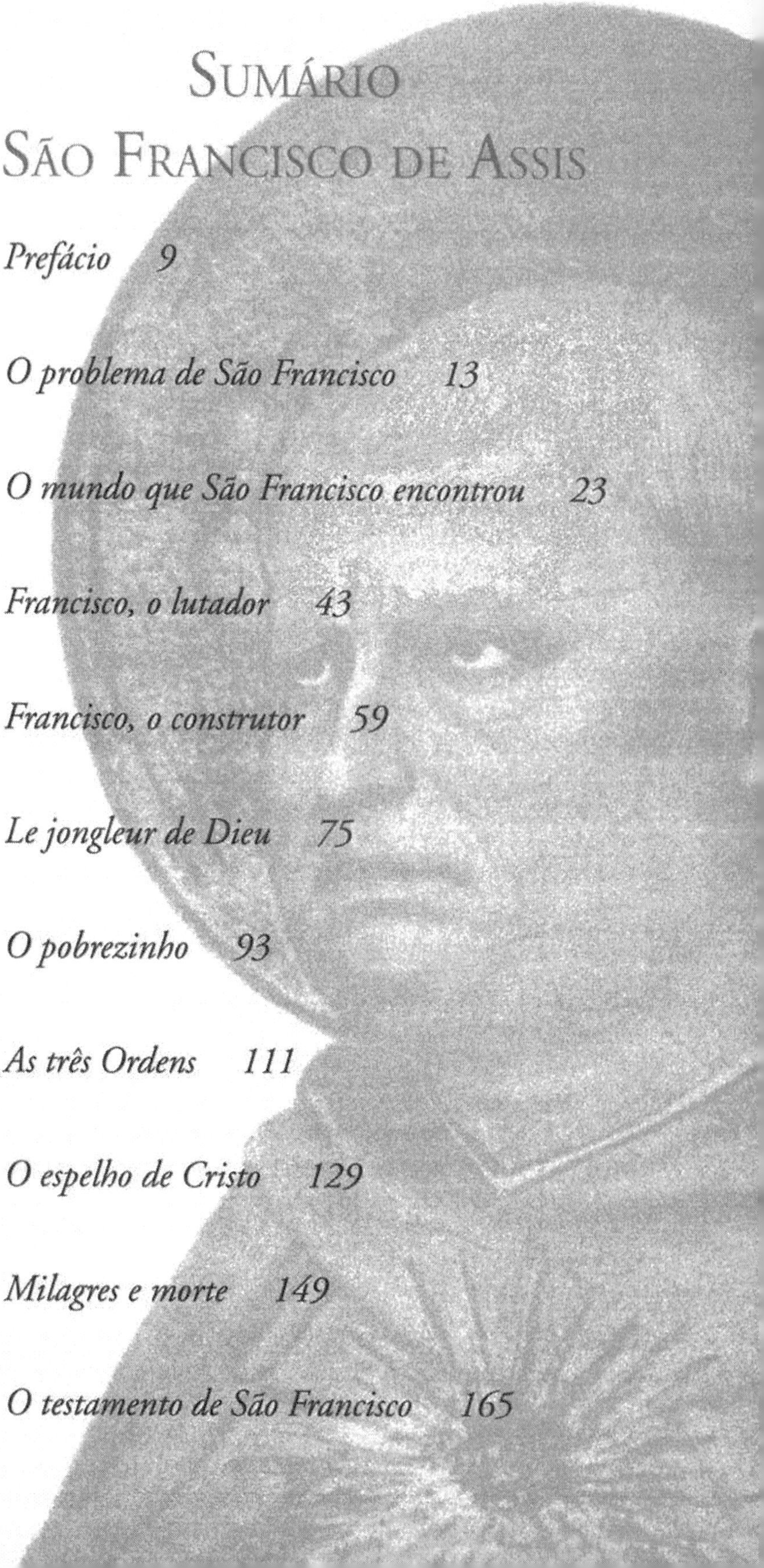

Sumário

São Tomás de Aquino

Retrato de
São Francisco,
Simone Martini,
1285-1344.

Prefácio

É divertido observar uma criança brincando. As crianças vivem em seu mundinho próprio e o vêem como algo sério, dotado de muito sentido. Sorrimos para elas. As crianças conseguem aceitar nossos sorrisos. Se zombamos delas, porém, elas fogem de nós e não hesitam em se esconder. Como adultos, há muito perdemos a chave que abre as portas da beleza desse mundo infantil. Podemos observá-lo à distância, sentir a alegria e a atmosfera de aventura que fluem tão espontaneamente da imaginação da criança, mas já não podemos entrar nesse mundo. Nós o perdemos para sempre. Já estivemos nele um dia, mas, ao longo do caminho da vida, perdemos a chave para abrir as portas desse mundo.

Poderíamos ser tentados a considerar o mundo da criança como um mundo de faz-de-conta. Mas seria um erro. É faz-de-conta para nós, que descobrimos este outro mundo que não ousamos chamar de faz-de-conta. O mundo infantil, assim como nosso mundo doentio para nós, nada tem de fantasia para a criança.

Quando examinamos a vida dos santos, deparamos esse mesmo fenômeno. A vida deles parece quase ficção, faz-de-conta, e não realidade. Dizemos que são sonhadores. Ou psicóticos. Atribuímos a eles uma série de nomes, pois somos incapazes de perceber o significado ou a relevância de suas ações para nosso mundo de faz-de-conta. Fazemos estátuas de São Francisco e rezamos sua Oração pela Paz. Nosso mundo assustado se apega desesperadamente à sua lembrança, numa frenética tentativa de proteger o meio ambiente da poluição; mas não o levamos a sério. Apenas o adotamos como animal de estimação ou mascote, sem entender o verdadeiro sentido de sua vida.

Ler sobre a vida de Francisco nos relatos da maioria dos biógrafos é como ler uma série de episódios quase tão estranhos como os que vemos em *Os caçadores da arca perdida* ou num filme de James Bond. A história de Francisco é curiosa, mas não é para ser levada a sério, e se – Deus não o permita! – um de nossos filhos começasse a fazer algumas das coisas que ele fez, nós certamente levaríamos a criança aos gritos, não ao bispo, como fez o pai de Francisco, mas a um psiquiatra, algo desconhecido naquela época.

O notável gênio de G. K. Chesterton, nesta pequena biografia de São Francisco, reside em ter encontrado a chave para entrar no mundo aparentemente de faz-de-conta do santo, permitindo que o leitor compreendesse a lógica subjacente à resposta que Deus pôde dar a um homem que O levou a sério, tocando sua vida com uma magia proveniente de um outro mundo real.

Nesta pequena história, São Francisco não é um sonhador. Ele via o mundo tal como era de fato em sua época, um mundo que, embora professasse a crença em Deus, zombava d'Ele na vida cotidiana. Francisco encontrou Deus e por acaso se apaixonou por Ele. Com isso, pôde ver o mundo tal como Deus o via, passando a zombar desse mundo e de todo o absurdo que havia nele. Assim, pôde aproveitar ao máximo o seu papel de *jongleur* (malabarista) de Deus, procurando levar os filhos de Deus a compreender realmente o que significa ser filho de Deus.

- Joseph F. Girzone

São Francisco, Margaritone di Arezzo. Pintura sobre madeira, 1270, Pinacoteca do Vaticano.

Capítulo I

O PROBLEMA DE SÃO FRANCISCO

Pode-se escrever um esboço da vida de São Francisco de Assis em linguagem moderna de três diferentes maneiras, dentre as quais o escritor tem de escolher uma. A terceira, adotada aqui, é em alguns aspectos a mais difícil de todas. Ou ao menos seria, se as outras duas não fossem impossíveis.

Em primeiro lugar, o escritor pode lidar com esse homem tão surpreendente como uma figura da história secular e como um modelo de virtudes sociais. Pode descrever esse demagogo divino como o mais sincero democrata do mundo, e quase com certeza não estaria errado. Pode dizer (o que significa muito pouco) que São Francisco estava à frente de seu tempo. Pode dizer (o que é inegável) que São Francisco antecipou tudo o que há de mais liberal e agradável no mundo moderno: o amor à natureza e aos animais, o sentido de compaixão social, o sentido dos riscos espirituais da prosperidade e até mesmo da propriedade. São Francisco conhecia todas as coisas que ninguém compreendia antes de Wordsworth.[1] Tinha como certas todas as coisas que só seriam descobertas por Tolstoi. Poderia ser apresentado não só como herói humano, mas como herói humanitário; na verdade, como o primeiro herói do humanismo. Alguns o descrevem como uma espécie de estrela da manhã do Renascimento. E, ante tudo isso, pode-se ignorar sua teo-

São Francisco ora para os passáros, Giotto. Afresco, 1290, Basílica superior de São Francisco, Itália.

[1] William Wordsworth (1770-1850), poeta romântico inglês, que louvou sobretudo as belezas naturais. (N. do E.)

São Francisco (detalhe de Madona com criança e quatro anjos), por Cimabue. Afresco, 1278-80, Basílica inferior de São Francisco, Assis.

logia ascética ou descartá-la como um acidente contemporâneo, que por sorte não foi fatal. Pode-se considerar sua religião como uma superstição, mas uma superstição inevitável, da qual nem mesmo o gênio seria capaz de se libertar inteiramente. Assim, seria injusto condenar São Francisco por seu excessivo desprendimento ou criticá-lo indevidamente por sua castidade. Ainda assim sua estatura pareceria heróica. Haveria ainda muito a dizer sobre o homem que tentou pôr fim às Cruzadas conversando com os sarracenos, ou que intercedeu junto ao imperador em favor dos pássaros. O escritor poderia descrever, com um espírito puramente histórico, toda a grande inspiração franciscana presente na pintura de Giotto, na poesia de Dante, nas narrativas de milagres que tornaram possível o teatro moderno e em tantas outras coisas que a cultura moderna aprecia. Pode tentar fazê-lo, como outros o fizeram, quase sem levantar nenhuma questão religiosa. Em suma, o escritor pode tentar contar a história de um santo prescindindo de Deus, o que seria o mesmo que ser incumbido de escrever a biografia de Nansen[2] sem mencionar o Pólo Norte.

Em segundo lugar, o autor pode fazer o contrário e decidir ser devocional ao extremo. Pode, como os primeiros franciscanos, centrar sua narrativa no entusiasmo teológico e tratar a religião como a coisa real que ela foi para o Francisco de Assis real. Pode, por assim dizer, encontrar um austero júbilo em repassar os paradoxos do ascetismo e toda a santa reviravolta da humildade. Pode selar toda a história com os estigmas, registrar jejuns como combates ao dragão, até que, na vaga mente moderna, São Francisco se torne uma figura tão sombria quanto São Domingos. Em suma, o autor pode produzir o que muitos em nosso mundo considerariam uma espécie de negativo fotográfico, o reverso de todas as luzes e sombras, aquilo que o tolo consideraria tão impenetrável quanto as trevas, e que mesmo muitos sábios considerariam tão invisível como se fosse escrito em prata sobre branco. Tal estudo de São Francisco seria ininteligível para quem não partilhasse de sua religião, e os que não têm a sua vocação talvez só conseguissem compreendê-lo parcialmente. Em termos de avaliação, seria considerado algo ruim demais ou bom demais para o mundo. Só há uma dificuldade para realizar a tarefa desse modo: é impossível fazê-lo. Seria preciso um santo para escrever a vida de um santo. No nosso caso, não há como refutar as objeções a um plano como esse.

Em terceiro lugar, o autor pode tentar fazer o que tentei neste livro. Como já sugeri, esse caminho tem seus próprios problemas peculiares. O autor pode se pôr na posição do pesquisador comum – posição que,

[2] Fridtjof Nansen (1861-1930), explorador norueguês que em 1895 chegou à mais alta latitude atingida até então no Pólo Norte. (N. do E.)

com efeito, este escritor ainda ocupa em larga medida e que já ocupou integralmente. Pode partir da perspectiva de alguém que já admira São Francisco, mas somente em relação às coisas que considera admiráveis. Em outras palavras, pode supor que o leitor é no mínimo tão esclarecido quanto Renan ou Matthew Arnold[3] e, diante disso, pode tentar lançar luz sobre o que aqueles autores deixaram na obscuridade. Pode tentar usar o que é compreendido para explicar o que não é. Pode dizer ao leitor moderno: "Eis um personagem histórico cuja exuberância, imaginação romântica, cortesia e serenidade espiritual já atraem muitos de nós, mas que também contém elementos (claro que igualmente sinceros e fortes) que nos parecem bastante distantes e desagradáveis. Mas, afinal, Francisco foi apenas um homem e não meia dúzia de homens. O que parece contraditório a cada um de nós não pareceu a ele. Vejamos se, com a ajuda do que já compreendemos, podemos entender essas outras coisas que hoje nos parecem duplamente obscuras, tanto por sua obscuridade intrínseca como por seu contraste irônico". Não quero dizer, é claro, que posso atingir essa abrangência psicológica neste breve esboço. Quero dizer, porém, que esta é a única condição controversa que suponho aqui: que estou lidando com o observador solidário. Não vou imaginar um acordo que vá além ou fique aquém disso. Um materialista talvez não se incomode se as contradições são ou não conciliadas. Um católico talvez não veja contradições a conciliar. Contudo, eu me dirijo aqui ao homem moderno comum, compreensivo, mas cético, e só posso ter a tênue esperança de que, ao abordar a história do grande santo a partir do que é evidentemente exótico e popular a seu respeito, possa ao menos levar o leitor a compreender um pouco melhor a coerência de um personagem completo. Abordando-o desse modo, podemos ao menos tentar compreender por que o poeta que louvou seu senhor, o sol, costumava se esconder em uma caverna escura, por que o santo que tratava com tanta gentileza seu Irmão, o Lobo, era tão severo com seu

[3] Respectivamente: Ernest Renan (1823-1892), escritor, historiador das religiões e místico francês, e Matthew Arnold (1822-1888), escritor inglês que atribuía ao Estado e à escola a tarefa de eliminar desigualdades sociais. (N. do E.)

Irmão, o Burro (como apelidava seu próprio corpo). O que levou o trovador que disse que o amor incendiava seu coração a se afastar das mulheres, o que fez com que o cantor que se rejubilava na força e na vivacidade do fogo rolasse deliberadamente na neve? O que o levou a concluir a canção que exclama, com toda a paixão de um pagão: "Louvado seja Deus por nossa Irmã, a Mãe Terra, que produz variados frutos, a grama, e luminosas flores", com as palavras: "Louvado seja Deus por nossa Irmã, a morte do corpo."?

Renan e Matthew Arnold fracassaram redondamente nesse teste. Contentaram-se em seguir Francisco com suas orações até que foram interrompidos por seus preconceitos, os obstinados preconceitos do cético. No momento em que Francisco começou a fazer algo que não entenderam ou de que não gostaram, eles não tentaram compreendê-lo, e menos ainda gostar dele; simplesmente viraram as costas a tudo e "não mais caminharam com ele". Desse modo ninguém conseguirá ir além numa pesquisa histórica. Esses céticos são levados a abandonar o tema em atitude desesperada, a transformar o personagem histórico mais simples e mais sincero em uma massa de contradições, a ser louvada de acordo com o princípio do "nem sim, nem não". Arnold refere-se ao ascetismo de monte Alverno quase às pressas, como se fosse uma nódoa infeliz mas inegável na beleza da história, ou como se fosse um lamentável colapso e anticlímax no final da história. Ora, agir assim é perder totalmente de vista toda a essência de qualquer história. Representar monte Alverno como o mero colapso de Francisco é o mesmo que representar o monte Calvário como o mero colapso de Cristo. Essas montanhas são montanhas, seja lá o que mais possam ser, e não faz sentido dizer (como a Rainha de Copas de *Alice no País das Maravilhas*) que são ocos ou orifícios negativos no solo ligados uns aos outros. Pretendia-se que significassem pontos culminantes e marcos. Tratar os estigmas como uma espécie de escândalo, ser tocado ternamente, mas com dor, é o mesmo que tratar as cinco chagas originais de Jesus Cristo como cinco manchas de seu caráter. Pode-se não gostar da idéia do ascetismo, assim como se pode desgostar da idéia do martírio. Pode-se com toda a naturalidade não gostar da concepção de sacrifício simbolizada pela cruz. Contudo, se isso for feito com inteligência, ainda se manterá a capacidade de ver a essência da história, da história de um mártir ou mesmo de um monge. Não se poderá ler racionalmente o Evangelho e considerar a Crucifixão como uma questão secundária, como um anticlímax ou acidente na vida de Cristo. Ela é, obviamente, a essência da história, do mesmo modo que a ponta é a essência da espada, da espada que perfurou o coração da mãe de Deus.

Não é possível ler racionalmente a história de um homem apresentado como um espelho de Cristo sem compreender sua fase final como Homem das Dores, e sem ao menos apreciar artisticamente a propriedade de ele ter recebido, numa nuvem de mistério e de isolamento, e não provocadas por mão humana, as feridas sempre abertas que curam o mundo.

Preciso deixar que a própria história se encarregue de sugerir como reconciliar na prática vivacidade e austeridade. No entanto, como mencionei Matthew Arnold e Renan, assim como os admiradores racionalistas de São Francisco, indicarei aqui o que julgo aconselhável que os leitores tenham em mente. Esses notáveis autores viram eventos como os estigmas como uma pedra de tropeço por considerarem que a religião era uma filosofia. Era algo impessoal. E é só a paixão mais pessoal que proporciona aqui um paralelo terreno aproximado. Nenhum homem vai rolar na neve em nome da tendência que faz todas as coisas cumprirem a lei de seu ser. Nenhum homem vai deixar de comer em nome de algo que leve à retidão. Ele só fará coisas como essas sob um impulso bem distinto: o amor. O que salta aos olhos na vida de São Francisco está presente já no começo de sua história: ao se considerar, desde o início, um trovador, acrescentando mais tarde que era um trovador de um romance mais novo e mais nobre, ele não estava usando uma metáfora,

Estigmatização de São Francisco, Giotto. Afresco, 1323, Capela Bardi, Florença.

mas compreendia a si mesmo bem melhor do que os eruditos o compreendem. Francisco foi, até as últimas raias do ascetismo, um trovador. Foi um apaixonado. Apaixonado por Deus, e verdadeiramente apaixonado pelos homens, talvez uma vocação mística bem mais rara. Um apaixonado pelos homens é quase o oposto de um filantropo. Na verdade, o pedantismo da palavra grega tem praticamente o efeito de uma sátira de si mesma. Pode-se dizer que um filantropo ama antropóides. Contudo, do mesmo modo que não amava a humanidade, mas os homens, São Francisco não amava o cristianismo, mas a Cristo. Alguém poderá dizer que ele foi um louco que amava um ser imaginário; mas era um ser imaginário, e não uma idéia imaginária. O leitor moderno tem mais condições de encontrar a chave do ascetismo e de tudo o mais nas histórias de amantes que são um pouco loucos. Se você contar a história como a narrativa de um dos trovadores e de todas as loucuras que ele faria por sua dama, todo o enigma moderno desaparece. Num romance desses, não haveria contradição entre o poeta que colhe flores ao sol e suporta uma gelada vigília na neve, entre seu louvor de toda a beleza da terra e do corpo e sua recusa em comer, entre sua glorificação do ouro e da púrpura e seu uso decidido de andrajos, entre sua pungente demonstração de fome de uma vida feliz e a sede de uma morte heróica. Todos esses paradoxos se resolveriam facilmente na simplicidade de todo amor nobre. A diferença é que esse era um amor tão nobre que nove entre dez homens nem sequer chegaram a ouvir falar dele. Veremos mais tarde que esse paralelo do amor terreno tem uma relação bem prática com os problemas da vida de Francisco no âmbito de seu relacionamento com o pai, com os amigos e com a família destes. O leitor moderno quase sempre descobrirá que, se pudesse sentir realmente esse tipo de amor, poderia julgar esse tipo de extravagância um romance. Faço essa observação aqui como uma questão preliminar porque, ainda que esteja bem longe de ser a verdade final a esse respeito, constitui a melhor maneira de abordar essa verdade. O leitor pode ignorar completamente o sentido de uma história que a seu ver é bem extravagante até compreender que esse grande místico não via sua religião como uma teoria, e sim como um caso de amor. A única intenção deste capítulo introdutório é explicar os limites deste livro, dirigido apenas àquela porção do mundo moderno que vê em São Francisco uma certa dificuldade moderna, que talvez o admire mas dificilmente o aceite, ou que é capaz de ver o santo quase sem a santidade. Só me atrevi a realizar essa tarefa porque eu mesmo já passei por várias fases dessa condição. Já considerei profundamente incompreensíveis muitas das coisas que hoje compreendo em parte; já torci o nariz para muitas coisas que hoje considero sagradas, por vê-las apenas como fruto de superstição. Há muito tempo, nos dias de minha infância, quando minha imaginação despertou para a glória de São Francisco, eu honestamente considerei muitas coisas que hoje me parecem lúcidas e iluminadas, agora que as vejo a partir do interior, como obscuras e bárbaras quando vistas do exterior. Eu também tenho vivido na Arcádia, mas mesmo na Arcádia encontrei pelo caminho alguém de hábito marrom que amava mais a floresta do que Pã, o deus dos pastores e dos rebanhos. A figura de hábito marrom está de pé acima da lareira no cômodo em que escrevo, e, ao contrário de muitas imagens como essas, em nenhum momento de minha peregrinação me pareceu estranha. Há algo de harmonia entre a lareira, a luz do fogo e o prazer que senti ao ouvir pela primeira vez suas palavras sobre o irmão fogo, porque Francisco está tão integrado à minha memória que se mistura aos sonhos mais familiares dos primeiros dias. Mesmo as fantásticas sombras lançadas pelo fogo criam uma espécie de pantomima irreal que é comum no quarto das crianças. Já naquela época as sombras eram sombras de seus animais e pássaros favoritos, do modo como ele os via, grotescos mas cercados de um halo pelo amor de Deus. Seu Irmão Lobo e seu Irmão Carneiro pareciam então quase como a "Mana" Raposa e o "Mano" Coelho de um Tio Remo[4] mais cristão. Pouco a pouco fui levado a ver muitos aspectos mais maravilhosos desse homem, mas nunca perdi esse de vista. Sua figura está numa espécie de ponte que liga minha infância com minha conversão a muitas outras coisas, porque o romance de sua religião penetrou até mesmo o racionalismo daquela vaga época vitoriana. Por ter passado por essa experiência, talvez eu tenha condições de levar outras pessoas a avançar um pouco mais ao longo do caminho, mas só bem pouco mais. Ninguém sabe melhor do que eu que esse é um caminho capaz de atemorizar até anjos. Contudo, embora esteja convencido do fracasso, o medo não me domina totalmente, porque Francisco enfrentou os inimigos com alegria.

[4] Personagem criado pelo jornalista e escritor norte-americano Joel Chandler Harris (1848-1908), que em seus contos e narrativas introduziu o problema da negritude e da escravidão negra. (N. do E.)

Capítulo II

O MUNDO QUE SÃO FRANCISCO ENCONTROU

A inovação moderna que substituiu a história pelo jornalismo, ou por aquela tradição que podemos chamar de "fofoca" da história, teve ao menos um efeito claro: garantiu que todas as pessoas ouçam apenas o fim das histórias. Os jornalistas costumam reproduzir acima do texto dos últimos capítulos de seus folhetins (o momento em que o herói e a heroína estão prestes a se abraçar no último capítulo, algo que uma perversidade insondável os impediu de fazer no primeiro) as palavras bastante enganosas: "Você pode começar esta história por aqui". Esse não é, contudo, um paralelo completo, porque os jornais oferecem uma espécie de resumo da história, mas nunca fornecem algo que lembre remotamente um resumo da história. Os jornais não trazem apenas notícias, que são novas, mas tratam tudo como se fosse inteiramente novo. Tutancâmon, por exemplo, era inteiramente novo. É da mesma maneira, sem nenhuma modificação, que lemos a notícia de que o coronel Fulano levou um tiro, e esse é o primeiro indício que temos de que ele um dia nasceu. Há algo muito significativo no modo como o jornalismo utiliza as suas histórias biográficas. Jornalistas nunca pensam em publicar a vida até o momento de publicar a morte. Assim como lida com os indivíduos, o jornalismo lida também com as instituições e as idéias. Após a Primeira Guerra Mundial, nosso público começou a ouvir falar da emancipação de

Padres incitam os cruzados, Gustave Dorè. Gravura.

todo tipo de nações. No entanto, nunca ouvira dizer que essas nações estivessem escravizadas. Fomos chamados a avaliar se era justo que essas nações se estabelecessem quando nunca nos permitiram saber que existiam desavenças. As pessoas consideravam pedante falar dos épicos sérvios e preferiam falar, na clara linguagem moderna cotidiana, da diplomacia internacional iugo-eslavônica; e se animavam muito com algo que chamavam de Checo-Eslováquia sem, aparentemente, ter ouvido algum dia falar da Boêmia. Coisas tão velhas quanto a Europa são consideradas mais recentes que as últimas reivindicações de propriedade feitas nas planícies da América. É muito interessante. É mais ou menos igual ao último ato de uma peça para aqueles que acabaram de entrar no teatro bem na hora de a cortina cair. Mas não permite saber exatamente do que trata a história toda. Pode ser recomendável para os que se contentam com um tiro de pistola ou um abraço apaixonado, essa maneira leviana de promover o teatro. É insatisfatória, porém, para os atormentados por uma curiosidade meramente intelectual sobre quem está beijando ou matando quem, e por quê.

Boa parte da história moderna, especialmente na Inglaterra, padece da mesma imperfeição do jornalismo. Na melhor das hipóteses, os historiadores contam apenas metade da história do cristianismo, e tratam da segunda metade sem antes falar da primeira. Homens para quem a razão tem início com o Renascimento, homens para quem a religião nasce com a Reforma, nunca podem fornecer um relato completo de coisa alguma, pois têm de partir de instituições cuja origem não podem explicar ou, de modo geral, nem ao menos imaginam. Da mesma maneira como sabemos da notícia do coronel que levou um tiro sem nunca ter ouvido falar de seu nascimento, também ouvimos falar muito da dissolução dos mosteiros, mas ninguém diz quase nada sobre como eles foram criados. Ora, esse tipo de história é insuficiente até mesmo para um homem inteligente que odeia mosteiros. E, de maneira bastante saudável, o ódio de muitos homens inteligentes está ligado justamente a

Judeus e protestantes queimados em vala pela Inquisição. Gravura, 1493.

instituições. Por exemplo, é possível que alguns de nós tenhamos visto vez ou outra nossos eruditos autores consagrados fazerem alguma menção, a uma obscura instituição chamada Inquisição espanhola. Bem, a Inquisição é mesmo uma instituição obscura, de acordo com esses autores e com as histórias que eles lêem. É obscura porque sua origem também é. A história protestante começa simplesmente com aquela coisa horrível tomando conta de tudo, do mesmo modo que a pantomima se inicia com o demônio-rei na cozinha enfeitiçada. É bem provável que ela tenha sido, sobretudo perto do fim, algo horrível que poderia ser assombrado por demônios. Contudo, se dissemos que foi, não temos noção de por que foi. Para compreender a Inquisição espanhola, seria preciso descobrir duas coisas com que nunca sonhamos em nos incomodar: o que foi a Espanha e o que foi uma Inquisição. A primeira traria até nós toda a problemática da Cruzada contra os mouros, e do cavalheirismo heróico que ajudou a libertar uma nação européia da dominação estrangeira vinda da África. A segunda nos traria tudo o que está envol-

Pedro, o Ermitão, ora para os primeiros cruzados, pintura de James Archer.

vido na outra Cruzada contra os albigenses, e do que levou homens a amar e odiar essa visão niilista vinda da Ásia. Se não compreendemos que essas coisas continham em sua origem o ímpeto e o atrativo romântico de uma Cruzada, não podemos entender como elas puderam enganar os homens ou atraí-los para o mal. Os cruzados sem dúvida abusaram de sua vitória, mas havia uma vitória da qual abusar. E onde há vitória, há coragem no campo de batalha e popularidade junto ao público. Há alguma espécie de entusiasmo que estimula os excessos ou encobre as faltas. Por exemplo, desde o início tenho afirmado que os ingleses são responsáveis pelo tratamento atroz que dispensam aos irlandeses. Mas seria muito injusto com os ingleses descrever as crueldades de 98 e deixar de mencionar a guerra com Napoleão. Seria injusto sugerir que a atitude inglesa devia-se apenas à morte de Emmett quando mais provavelmente estava carregada da glória da morte de Nelson. Por infelicidade, 98 estava longe de ser a última data desse trabalho sujo; e há uns poucos anos os políticos ingleses começaram a tentar governar através do roubo e do assassinato indiscriminados, ao mesmo tempo em que recriminavam delicadamente os irlandeses por evocarem antigas vicissitudes distantes e batalhas há muito travadas. No entanto, por pior que seja a nossa opinião sobre o exército enviado à Irlanda, seria injusto esquecer que a maioria dos ingleses não pensava nesse exército, e sim no exército convencional; e esse exército tinha na época uma conotação nobre e nacional que encobria muitas coisas. Escrever sobre a guerra na Irlanda e deixar de fora a guerra contra a Prússia, e a sinceridade inglesa com relação a isso, seria injusto para com os ingleses. Da mesma forma, falar da máquina de tortura como se tivesse sido um brinquedo amaldiçoado é injusto para com os espanhóis. Não conta a história dos espanhóis desde o começo, não diz o que eles fizeram e por que o fizeram. Podemos conceder aos nossos contemporâneos que, de qualquer modo, essa não é uma história que termina bem. Não insistimos em que a versão dada a ela deva começar bem. Só nos queixamos de que na versão apresentada por esses autores a história simplesmente não começa. Eles só chegam no momento da morte, quando não depois que ela já ocorreu. É bem verdade que a Inquisição foi algumas vezes mais horrível que qualquer tipo de morte; mas esses autores apenas juntam, por assim dizer, as próprias cinzas das cinzas, o último resto dos restos.

Tomamos a Inquisição ao acaso, pois é um entre muitos fatos que ilustram a mesma coisa, e não por ter uma ligação especial com São Francisco, independentemente do sentido em que esteve ligada a São Domingos. Além disso, pode-se muito bem sugerir que é impossível compreender São Francisco, bem como São Domingos, se não se compreende algo sobre o significado de heresia e cruzada no século XIII. No momento, contudo, utilizo a Inquisição como um exemplo menor para um propósito bem maior: mostrar que começar a história de São Francisco pelo momento em que ele nasceu seria desprezar toda a essência da história, ou nem sequer contá-la. E sugerir que o tipo moderno de história jornalística, que começa pelo fim, nos engana sempre. Tomamos co-

nhecimento de reformadores sem saber o que tinham a reformar; somos colocados diante de rebeldes sem ter noção do objeto de sua revolta; lemos memoriais que não têm relação com nenhuma memória; e somos informados de restaurações de coisas que aparentemente nunca existiram antes de ser reformadas. Mesmo correndo o risco de fazer com que este capítulo pareça deslocado, é preciso dizer algo sobre os grandes movimentos que levaram o fundador dos franciscanos a entrar em cena. Talvez alguém considere que isso seja o mesmo que descrever um mundo, ou mesmo um universo, só para descrever um homem. Com certeza, o mundo ou o universo serão descritos com algumas generalizações desesperadas em poucas frases mal construídas. Mas, ao fazê-lo, não queremos de modo algum ver uma figura bem pequena sob um céu tão amplo; queremos apenas medir o céu antes de começar a medir a imponente estatura do homem.

Madona entronada com o menino Jesus, rodeada por São Francisco e São Domingos, Cimabue. Pintura sobre madeira, Galleria degli Uffizi, Florença.

E essa frase, por si só, me leva às considerações preliminares que parecem necessárias até mesmo para se fazer um ligeiro esboço da vida de São Francisco. É preciso ter uma idéia, por mais rude e elementar que seja, do tipo de mundo em que São Francisco ingressou e de qual é a história desse mundo, ao menos na medida em que ela o afetou. É preciso elaborar, mesmo que com algumas poucas frases, uma espécie de prefácio na forma de um "esboço de história", para empregar a expressão de Wells.[5] No caso do próprio Wells, é evidente que o notável romancista teve a mesma desvantagem que teria tido caso fosse obrigado a escrever um romance cujo herói odiasse. Escrever história e odiar Roma, tanto a pagã como a pontifícia, é praticamente odiar quase tudo o que aconteceu. É quase o mesmo que odiar a humanidade por razões puramente humanitárias. Desgostar tanto do sacerdote como do soldado, tanto dos louros do guerreiro como dos lírios do santo, é padecer de um distanciamento da massa da humanidade que nem todas as capacidades das mais sofisticadas e mais flexíveis inteligências modernas podem compensar. É preciso ter uma simpatia muito mais ampla pelo ambiente histórico de São Francisco, que foi ele mesmo tanto soldado como santo. Portanto, vou concluir este capítulo com umas poucas generalizações sobre o mundo que São Francisco encontrou.

Os homens talvez não acreditem, pois se recusam a adotar um modo mais amplo de ver as coisas. Por razões de crença individual, devo dizer que eles não são católicos no sentido de tolerantes, e sim no sentido de membros da religião católica. No entanto, não vou discutir aqui as verdades doutrinais do cristianismo, mas apenas o fato histórico amplo do cristianismo, como poderia pensar alguém realmente ilustrado e dotado de percepção, mesmo que não seja católico. O que pretendo dizer aqui é que a maioria das dúvidas é constituída de detalhes. Ao fazer uma leitura ao acaso, uma pessoa se depara com um costume pagão que lhe parece exótico ou uma ação cristã que considera cruel, mas não amplia a mente o suficiente para ver a principal verdade relativa ao costume pagão ou à reação cristã a esse costume. Enquanto não compreendermos, não em detalhes, mas em sua generalidade e ampla proporção, esse processo pagão e essa reação cristã, não poderemos compreender de fato o ponto da

[5] O escritor inglês H. G. Wells (1866-1946), autor de um livro com esse título. (N. do E.)

história no qual São Francisco aparece, ou a que se referiu toda a sua grande missão popular.

Ora, imagino que todos saibam que os séculos XII e XIII foram o momento de um despertar do mundo. Nesse período ocorreu um novo florescimento da cultura e das artes criativas que se sucedeu a um longo período de experiência bem mais desagradável e até estéril, que chamamos de Idade das Trevas. Esses séculos podem ser considerados uma emancipação; foram, com certeza, um fim, um fim do que talvez pareça um período mais difícil e mais desumano. Mas o que chegou ao fim? De que os homens foram emancipados? É em relação a isso que há um verdadeiro conflito e desavença entre as diferentes filosofias da história. Sob o aspecto meramente externo e secular, tem sido afirmado com exatidão que os homens despertaram de um sono; mas houve durante esse sono sonhos místicos e às vezes de uma espécie monstruosa. Na rotina racionalista em que caiu a maioria dos historiadores modernos, considera-se suficiente dizer que os homens foram emancipados da mera superstição selvagem, tendo avançado na direção da mera ilustração civilizada. Ora, esse é um grande erro, que fica como pedra de tropeço bem no começo de nossa história. Quem supõe que a Idade das Trevas só apresentou trevas e nada mais, e que a alvorada do século XIII foi apenas a chegada da luz do dia e nada mais, não pode entender a história humana de São Francisco de Assis. A verdade é que a imensa alegria de São Francisco e de seus *jongleurs de Dieu* não foi um mero despertar. Foi algo que não pode ser compreendido se não se compreender a própria crença mística deles. O fim da Idade das Trevas não foi só o fim de um sono. E certamente não foi apenas o final de uma escravidão supersticiosa. Foi o fim de algo que faz parte de uma ordem bem definida, porém bem diferente, de idéias.

Foi o fim de um castigo, ou, se se preferir, de uma purgação. Marcou o momento em que uma certa expiação espiritual finalmente chegou ao fim e certas doenças espirituais foram finalmente extirpadas do sistema. Foram extirpadas por uma era de ascetismo, que era a única coisa capaz de fazê-lo. O cristianismo entrara no mundo para curar o mundo; e o curara da única maneira pela qual ele podia ser curado.

Sob uma perspectiva meramente exterior e experimental, toda a alta civilização da Antigüidade terminou com o aprendizado de uma dada lição; ou seja, com sua conversão ao cristianismo. Mas essa lição foi um fato tanto psicológico como teológico. A civilização pagã fora de fato uma alta civilização. Não enfraqueceria nossa tese, e até poderia

fortalecê-la, dizer que foi o ponto mais alto a ser alcançado pela humanidade. Ela descobriu as artes ainda sem rival da poesia e da representação teatral; descobriu seus próprios ideais políticos permanentes; descobriu seu próprio sistema claro de lógica e de linguagem. Mas, acima de tudo, descobriu seu próprio erro.

Relevo romano representando o início do cristianismo.

Esse erro foi profundo demais para ser definido com precisão; para abreviar, podemos chamá-lo de erro do culto à natureza. Quase com a mesma propriedade poderíamos denominá-lo de erro de ser natural, e foi um erro muito natural. Os gregos, os grandes guias e pioneiros da Antigüidade pagã, partiram da idéia de algo maravilhosamente evidente e direto: a idéia de que, se caminhasse sempre para a frente pela elevada estrada da razão e da natureza, o homem não seria prejudicado, especialmente se fosse, como era o homem grego, eminentemente iluminado e inteligente. Poderíamos ter a impertinência de dizer que o homem tinha de seguir a direção para a qual apontava seu nariz, desde que fosse um nariz grego. E o caso dos próprios gregos basta para ilustrar a estranha, mas inegável fatalidade que acompanha essa idéia equivocada. Assim que os gregos começaram a seguir o próprio nariz e sua própria noção do que é ser natural, parece ter acontecido com eles a coisa mais estranha da história. Foi tão estranho que não é nada fácil discutir o que aconteceu. Pode-se observar que nossos realistas mais repulsivos nunca nos concedem o benefício de seu realismo. Os estudos que fazem de assuntos desagradáveis nunca registram seu testemunho das verdades de uma moralidade tradicional. Mas se tivéssemos predileção por essas coisas, poderíamos citar milhares delas como parte da defesa da moral cristã. E um exemplo disso é o fato de ninguém ter escrito, nesse sentido, uma verdadeira história moral dos gregos. Ninguém viu o alcance nem a estranheza da história. Os homens mais sábios deste mundo começaram a ser naturais, e a primeira coisa que fizeram foi a coisa menos natural do mundo. As saudações ao sol e à ensolarada saúde da natureza tiveram como efeito imediato uma perversão que se espalhou como peste. Parece que os mais grandiosos e até os mais puros filósofos não puderam evitar esse tipo inferior de loucura. Por quê? Ao que parece, era muito simples para o povo cujos poetas conceberam Helena de Tróia, cujos escultores esculpiram a Vênus de Milo, permanecer saudável no tocante a isso. A verdade é que povos que cultuam a saúde não podem permanecer saudáveis. O homem, quando anda em linha reta, segue na verdade linhas tortas. Quando segue seu nariz, consegue de alguma maneira

Escultura de lutadores gregos.

deslocá-lo ou até cortá-lo para deformar o rosto; e o faz seguindo algo que é bem mais profundo na natureza humana do que os cultores da natureza podem vir a compreender. Foi a descoberta dessa coisa mais profunda, sob o aspecto humano, que constituiu a conversão ao cristianismo. Há no homem uma inclinação que lembra a da bola de boliche; e o cristianismo foi a descoberta de como corrigir a inclinação e fazer a bola atingir o alvo. Muitos ainda riem quando se diz isso, mas é inegável que a alegre boa nova trazida pelo Evangelho foi a notícia do pecado original.

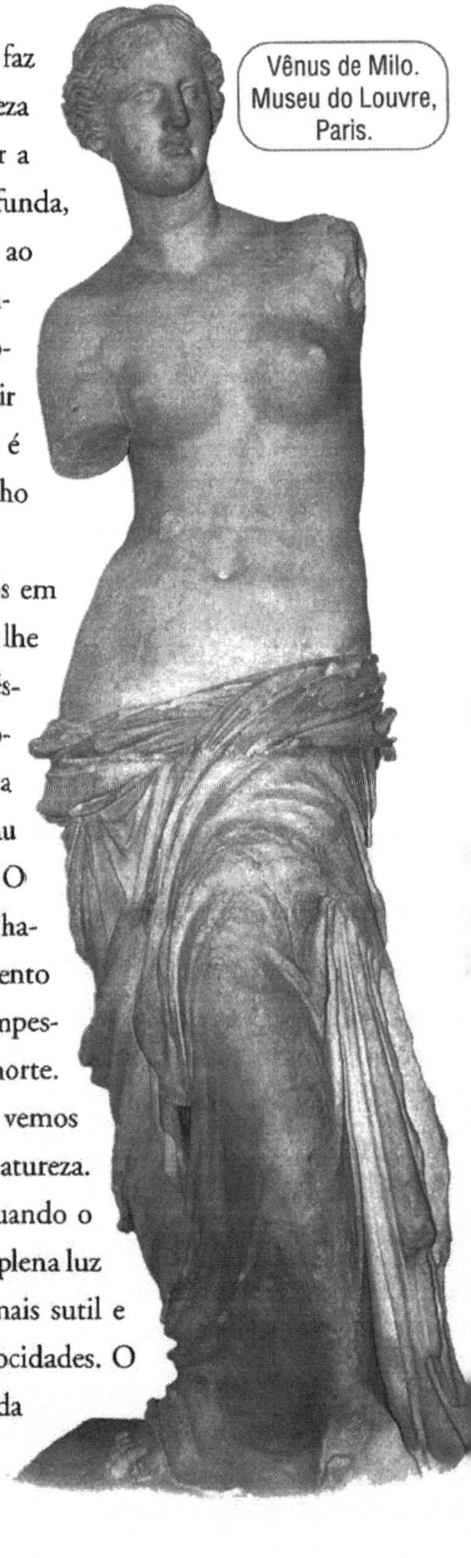

Vênus de Milo. Museu do Louvre, Paris.

Roma se elevou à custa de seus mestres gregos em grande parte porque não aceitou inteiramente que lhe ensinassem esses artifícios. Tinha uma tradição doméstica muito mais decente; mas, em última análise, sofreu da mesma idéia equivocada em relação à sua tradição religiosa, que era necessariamente, e num grau nada pequeno, a tradição pagã do culto à natureza. O problema que afetou toda a civilização pagã foi não haver para a grande massa de homens nenhum elemento místico, exceto o referente ao mistério das forças impessoais da natureza, como o sexo, o crescimento e a morte. Também no Império Romano, muito antes do fim, vemos o culto à natureza produzindo coisas contrárias à natureza. Casos como o de Nero tornaram-se proverbiais quando o sadismo se sentou num trono, audaciosamente, em plena luz do dia. Porém a verdade a que me refiro aqui é mais sutil e universal do que um catálogo convencional de atrocidades. O que aconteceu com a imaginação humana, tomada como um todo, foi que o mundo inteiro se viu tingido por paixões perigosas que rapidamen-

Nero assiste à tortura aos cristãos, anônimo. Gravura.

te se deterioravam, por paixões naturais que se tornaram antinaturais. Assim, tratar o sexo apenas como uma inocente coisa natural fez com que todas as demais coisas naturais inocentes ficassem empapadas e saturadas de sexo. Porque não se pode simplesmente igualar o sexo a emoções ou experiências elementares como comer e dormir. No momento em que deixa de ser um servo, o sexo se torna um tirano. Há algo de perigoso e fora de proporção em seu lugar na natureza humana, sejam quais forem as razões; e o sexo de fato precisa de uma purificação e de uma consagração especiais. A concepção moderna do sexo como algo tão livre quanto todas as outras sensações, do corpo como algo tão belo quanto qualquer árvore ou flor, é ou uma descrição do Jardim do Éden ou um exemplo de má psicologia de que o mundo se cansou há dois mil anos.

Não se deve confundir isso com o mero sensacionalismo moralista em torno do caráter pecador do mundo pagão. Ele não foi pecador, mas foi bom o suficiente para perceber que seu paganismo estava se tornando pecador ou estava seguindo o caminho lógico que leva à condição de pecado. Quero dizer com isso que a "magia natural" não tinha futuro; aprofundá-la significaria somente transformá-la em magia negra. Ela não tinha futuro; porque, no passado, tinha sido inocente por ser jovem. Poderíamos dizer que só era inocente por ser superficial. Os pagãos eram mais sábios do que o paganismo, por isso se tornaram cristãos. Milhares deles dispunham de filosofia, de valores familiares e de honra militar para sustentá-los; mas, a essa altura, a coisa puramente popular chamada religião certamente estava tirando o chão de debaixo deles. Quando se permite essa reação contra o mal, é certo repetir que se tratava de um mal presente em toda parte. Em outro sentido, mais literal, seu nome era Pã.

Não havia metáfora em dizer que essas pessoas precisavam de um novo céu e de uma nova terra, porque elas tinham desvalorizado sua própria terra e seu próprio céu. Como poderiam resolver seu problema olhando para o céu quando lendas eróticas estavam instaladas em estrelas por toda sua extensão; como poderiam aprender algo como o amor aos pássaros e às flores depois do tipo de histórias de amor que se contavam a esse respeito? É impossível aqui multiplicar provas, e um pequeno exemplo representará todos os outros. Sabemos que tipo de associações sentimentais a expressão "o jardim" desperta em nós; e que nos lembramos principalmente da melancolia e dos romances inocentes, ou, quase com a mesma freqüência, de alguma graciosa donzela ou algum gentil clérigo anglicano idoso percorrendo ao acaso uma cerca de teixo, talvez observando a paisagem a partir de um lugar alto da cidadezinha. Vamos permitir que alguém que saiba um pouco de poesia latina de repente se lembre do que um dia esteve no lugar do relógio de sol ou da fonte, obsceno e monstruoso sob o sol; e de que tipo era o deus de seus jardins.

Nada poderia purificar essa obsessão a não ser uma religião que fosse literalmente de outro mundo. Não era bom dizer a essas pessoas que tivessem uma religião cheia de estrelas e de flores; não havia uma flor nem mesmo uma estrela que não tivessem sido manchadas. Essas pessoas tinham de ir ao deserto, onde não podiam encontrar flores, ou até a caverna, onde não podiam ver estrelas. Nesse deserto e nessa caverna entrou o intelecto humano mais elevado por cerca de quatro séculos, e essa era a coisa mais sábia que ele podia fazer. Nada a não ser o totalmente sobrenatural se apresentou em favor de sua salvação; se Deus não pudesse salvar, os deuses sem dúvida não o poderiam. A Igreja Primitiva chamou os deuses do paganismo de demônios, e tinha toda a razão. Não importava a possível relação da religião natural com seus primeiros momentos; a essa altura, apenas diabos habitavam os templos vazios. Pã não era nada além de pânico. Vênus não passava de vício venéreo. Claro que nem por um momento digo que todos os pagãos individuais tinham esse caráter em tudo e por tudo; mas era como indivíduos que diferiam dele. Nada distingue o paganismo do cristianismo com tanta nitidez como o fato de a coisa individual chamada filosofia não ter nenhuma relação com a coisa social chamada religião. De qualquer forma, não era bom pregar a religião natural a pessoas para quem a natureza se tornara tão não natural quanto toda a religião. Elas sabiam muito melhor do que nós o que havia de errado com elas e que tipo de demônios ao mesmo tempo as tentavam e atormentavam; e, ao longo desse grande intervalo histórico, escreveram: "Para acabar com isso, só mesmo oração e jejum".

Ora, a importância histórica de São Francisco e a transição do século XII para o XIII residem no fato de eles terem marcado o fim desse castigo. Os homens no final da Idade das Trevas podem ter sido rudes, iletrados e ignorantes em tudo, exceto em guerras com tribos pagãs, mais bárbaras do que eles, mas eram puros. Eram como crianças; os primeiros momentos de suas rudes artes tiveram todo o prazer inocente das crianças. Temos de concebê-los na Europa como um grupo que vive sob pequenos governos locais, feudais na medida em que eram um resquício das implacáveis guerras com os bárbaros, muitas vezes monásticos e dotados de um caráter mais amigável e paternal, ainda um pouco imperiais porque Roma continuava a dominar como uma grande lenda.

Mas na Itália sobrevivera algo mais característico do espírito mais sofisticado da Antigüidade: a república. A Itália tinha por toda a parte pequenos estados, em larga medida de ideais democráticos, e muitas vezes povoados por cidadãos reais. Mas a cidade já não permanecia aberta como na época da paz romana, dependendo de altas muralhas para se defender da guerra feudal, e todos os cidadãos tinham de ser soldados. Uma dessas cidades ficava numa posição íngreme e importante nas colinas cobertas de árvores da Úmbria, e seu nome era Assis. Desse portão profundo sob suas altas torres viria a mensagem que era o evangelho do momento: "Realizadas suas tarefas guerreiras, seus pecados são perdoados". É a partir desses fragmentos de feudalismo e de liberdade, e de partes remanescentes do Direito Romano, que iria surgir, no começo do século XIII, a poderosa civilização da Idade Média.

É exagero atribuir essa civilização apenas à inspiração de um homem, mesmo que esse homem tenha sido o mais original gênio do século XIII. Sua ética elementar da fraternidade e da lealdade nunca desapareceu por completo, e o cristianismo nunca foi nada menos que cristão. As grandes obviedades sobre a justiça e a piedade podem ser encontradas nos mais grosseiros registros monásticos da transição bárbara ou nas mais rigorosas máximas do declínio bizantino. E no começo do século XI e no século XII, começara claramente um movimento moral mais amplo. Mas o que se pode razoavelmente dizer a seu respeito é que, acima de todos esses primeiros movimentos, havia ainda algo da austeridade antiga que vinha do longo período de penitência. Eram as primeiras luzes da manhã, mas ainda eram acinzentadas. Pode-se ilustrar isso simplesmente mencionando duas ou três dessas reformas anteriores à reforma franciscana. Claro que a própria instituição monástica era bem mais antiga; na verdade era quase tão antiga quanto o cristianismo. Seus conselhos de perfeição sempre haviam tomado a forma de votos de castidade, de pobreza e de obediência. Com esses objetivos que não são desse mundo, os mosteiros tinham há muito tempo civilizado grande

Esquema de estrutura feudal. Ilustração de 1920.

parte do mundo. Os monges haviam ensinado as pessoas a arar e a plantar, assim como a ler e escrever; haviam ensinado a elas quase tudo o que sabiam. Contudo, pode-se dizer sem mentir que os monges eram rigorosamente práticos no sentido de ser não só práticos como também rigorosos; mesmo que em geral fossem rigorosos consigo mesmos e práticos para as outras pessoas. Todo esse movimento monástico inicial há muito tempo estava estabelecido, e, com certeza, muitas vezes se deteriorara; mas, quando examinamos os primeiros movimentos medievais, esse caráter de maior seriedade ainda está claro. Podemos dar três exemplos para ilustrar isso.

Em primeiro lugar, o antigo modelo social da escravidão já estava começando a se dissolver. O escravo não apenas se tornara o servo, que era praticamente livre em sua própria lavoura e em sua vida familiar, mas muitos senhores estavam libertando tanto escravos como servos. Faziam-no pressionados pelos padres, mas sobretudo num espírito de penitência. Num certo sentido, é claro, toda a sociedade católica deve ter uma atmosfera de penitência; refiro-me, porém, ao espírito de penitência mais rigoroso que purificara os excessos do paganismo. Esses resgates eram cercados por uma atmosfera de leito de morte, porque muitos deles sem dúvida foram exemplos de arrependimento no leito de morte. Um ateu muito honesto, com o qual certa vez debati, afirmou: "Os homens só foram mantidos em estado de escravidão pelo medo do inferno". Argumentei que, se tivesse afirmado que os homens só foram libertos da escravidão pelo medo do inferno, teria ao menos se referido a um fato histórico de que não temos como duvidar.

Outro exemplo foi a profunda reforma da disciplina da Igreja pelo papa Gregório VII. Essa foi uma reforma realizada pelos mais elevados motivos e teve os mais saudáveis resultados: empreendeu uma rigorosa inquisição contra a venda de indulgências ou as corrupções financeiras do clero; insistiu que o pároco deveria reger sua vida por um ideal mais sério e mais dedicado ao auto-sacrifício. Mas o fato de ter estendido a todos a obrigação do celibato atingiu algo que, mesmo nobre, muitas pessoas veriam como vagamente negativo.

O terceiro exemplo é de certo modo o mais intenso de todos. Porque esse terceiro exemplo foi uma guerra; uma guerra heróica, que muitos consideraram santa, mas que ainda assim teve todas as sombrias e terríveis responsabilidades da guerra. Não há aqui espaço para dizer tudo o que deveria ser dito sobre a verdadeira natureza das Cruzadas. Todos sabem que, no momento mais obscuro da Idade das Trevas, surgiu na Arábia uma espécie de heresia que se tornou uma nova religião de tipo

Godfrey invade Jerusalém, Gustave Dorè. Gravura.

militar, mas nômade, e que invocava o nome de Maomé. Trazia em si mesma o caráter presente em muitas heresias, da muçulmana à monista (que vê a mente e a matéria como uma só coisa). Parecia ao herético uma saudável simplificação da religião, por reduzir tudo a uma única idéia, perdendo assim o fôlego e o equilíbrio do catolicismo. Seja como for, tinha o caráter objetivo de um perigo militar para o cristianismo, e este atingiu o cerne dessa heresia ao tentar reconquistar os Lugares Santos.

O grande duque Godfrey e os primeiros cristãos que invadiram Jerusalém eram heróis, ou então não há heróis neste mundo; eram, contudo, os heróis de uma tragédia.

Bem, usei esses três exemplos dos primeiros movimentos medievais para observar neles um caráter comum, relativo à penitência que veio depois do paganismo. Há em todos esses movimentos algo que é reconfortante, mas não deixa de ser desagradável, como vento soprando pelas fendas de uma montanha. Esse vento, austero e puro, de que falam os poetas, é na verdade o espírito da época, pois é o vento de um mundo que finalmente foi purificado. Os que conseguem avaliar atmosferas vêem algo de claro e limpo na atmosfera dessa sociedade rude e muitas vezes áspera. Suas próprias luxúrias são limpas, porque já não têm o odor de perversão. Suas próprias crueldades são limpas, pois já não são as crueldades cheias de luxúria do anfiteatro romano. Vêm ou de um horror bem simples à blasfêmia ou de uma fúria bem simples diante do insulto. Aos poucos, contra esse pano de fundo acinzentado, vai surgindo a beleza, como algo realmente novo e delicado, e acima de tudo surpreendente. O amor que volta não é mais o que um dia se chamou amor platônico, mas o que ainda é chamado de amor cavalheiresco. As flores e estrelas haviam recuperado sua inocência inicial. Considerava-se que o fogo e a água eram dignos de ser o irmão e a irmã de um santo. A purificação do paganismo finalmente se completara.

Porque a própria água havia sido lavada. O próprio fogo havia sido purificado pelo fogo. A água deixara de ser aquela em que se atiravam os escravos para alimentar os peixes. O fogo não era mais aquele que servia para sacrificar crianças ao deus fenício Moloc. As flores já não tinham o cheiro das guirlandas colhidas no jardim do deus erótico Príapo; as estrelas deixaram de ser sinais da frieza distante dos deuses, frios como os fogos frios. Eram, todos eles, como coisas que acabaram de ser feitas e aguardavam novos nomes daquele que viria nomeá-las. Nem o universo nem a terra conservavam agora o antigo significado sinistro do mundo.

Eles esperavam uma nova reconciliação com o homem, mas podiam ser reconciliados. O homem expulsara de si o último vestígio do culto à natureza, e podia assim voltar a ela.

Enquanto a manhã ainda não se mostrara por completo, numa pequena colina acima da cidade surgiu, silenciosa e repentinamente, uma figura escura contra a escuridão que desaparecia. Porque era o fim de uma longa e árdua noite, uma noite de vigília que as estrelas não deixaram de visitar. A figura permanecia de pé, com as mãos levantadas, como em tantas estátuas e quadros, rodeada por uma multidão de pássaros cantando; atrás dela, o dia estava nascendo.

São Francisco, anônimo.

Capítulo III

Francisco, o lutador

Conta uma história, que se não for verdadeira ainda assim faz sentido, que o próprio nome de São Francisco não era bem um nome, mas um apelido. Supõe-se, e essa idéia combina bem com seu caráter familiar e popular, que ele recebeu o apelido mais ou menos como um aluno a quem os colegas de escola chamam de "francesinho". De acordo com essa versão, o nome dele não era Francisco, e sim João; e seus companheiros o chamavam de "Francesco", ou "francesinho", por causa de sua paixão pela poesia francesa dos trovadores.

A história mais provável é que Francisco nasceu num momento em que seu pai estava ausente, e a mãe lhe deu o nome de João. Ao voltar de sua visita à França, entusiasmado pelo gosto e pelos costumes franceses, e pelo sucesso comercial que ali obtivera, o pai resolveu dar ao filho um novo nome, que significava "franco" ou "francês". Seja como for, o nome tem algum significado: o de ligar Francisco desde o início ao que ele mesmo considerava o romântico país imaginário dos trovadores.

O pai se chamava Pietro Bernardone, importante cidadão da guilda de mercadores de tecidos da cidade de Assis. É difícil descrever a posição de um homem como esse sem examinar a posição dessa guilda e até mesmo dessa cidade. Não corresponde exatamente ao que hoje conhecemos como mercador, homem de negócios ou comerciante, nem a alguma outra coisa que exista no mundo capitalista. Bernardone talvez tivesse empregados, mas não era empregador; quer dizer, não pertencia a uma classe que emprega pessoas em oposição a uma classe cujos integrantes trabalham como empregados. A única pessoa que sabemos que ele de fato empregou foi seu filho Francisco; este, somos tentados a imaginar, talvez fosse a última pessoa que um homem de negócios contrataria se lhe conviesse empregar qualquer outro. Era rico, como um camponês pode ser rico graças ao trabalho familiar; mas com certeza esperava que a família trabalhasse com tanta simplicidade quanto o camponês. Era um cidadão importante, mas pertencia a uma classe social que existia para evitar que ele fosse importante demais para ser um cidadão. Essa sociedade mantinha todas essas pessoas em seu próprio nível simples, e nenhuma prosperidade permitia fugir ao esforço que, em tempos modernos, levaria o rapaz a se parecer com um lorde ou um sofisticado cavalheiro ou algo diferente de um filho do mercador de tecidos. Trata-se de uma regra provada mesmo na exceção. Francisco era, de qualquer modo, conhecido de todos; e sua elegância honesta como trovador e divulgador de modas francesas fez dele uma espécie de líder informal dos jovens da cidade. Gastava tanto com extravagâncias quanto com atos benevolentes, como faria alguém que jamais poderia compreender exatamente o que é dinheiro. Isso levou sua mãe a dizer, numa mistura de alegria e irritação, como o faria a esposa de qualquer comerciante: "Ele parece mais um príncipe que nosso filho".

Podemos vê-lo pela primeira vez vendendo peças de tecido numa barraca no mercado, atividade que sua mãe poderia ou não incluir entre os hábitos de príncipe. Essa primeira visão do jovem no mercado é simbólica em mais de um aspecto. Ocorreu um incidente que talvez seja o mais breve e vívido resumo de algumas coisas curiosas que faziam parte de seu caráter, bem antes de ser transfigurado pela fé transcendental. Francisco vendia veludo e bordados finos a algum abastado mercador da cidade quando um mendigo apareceu pedindo esmolas — evidentemente, com modos pouco delicados. Tratava-se de uma sociedade rude e simples, destituída de leis que proibissem um homem faminto de exprimir sua necessidade de alimento, leis como as que vieram a existir numa época mais humanitária; e a falta de força policial organizada permitia que essas pessoas importunassem os ricos sem correr grandes riscos. Em muitos lugares, porém, havia, creio eu, o costume local de a guilda proibir que forasteiros interrompessem uma negociação; e é possível que algo assim tenha tornado ainda maior o erro do mendigo. Francisco sempre teve grande simpatia por pessoas levadas a cometer erros de modo inevitável. Nessa ocasião, sua atenção devia estar bem dividida durante a dupla entrevista; certamente estava distraído, talvez irritado. É possível que tenha ficado ainda menos à vontade devido a seu comportamento quase perfeito. Todos concordam que sua característica principal era a polidez, como uma das fontes públicas daquele ensolarado mercado italiano. Francisco poderia ter unido aos seus próprios poemas, como seu lema, os versos de Hilaire Belloc (1870-1953):

Cidade de Assis, Itália. À direita, Basílica de São Francisco.

Homenagem de um homem simples, Giotto. Afresco, 1295-1300, Basílica Superior de São Francisco, Assis.

Cortesia não tem o valor
Dado à santidade ou ao destemor
Mas em meu ir-e-vir eu bem via
Que a graça de Deus é Cortesia.[6]

Ninguém nunca duvidou de que Francisco Bernardone tivesse coragem, até mesmo do tipo viril e militar mais comum; e chegaria um tempo em que também não haveria dúvidas sobre sua santidade e a graça de Deus que trazia consigo. Mas creio que, se havia algo em que Francisco era escrupuloso, tratava-se dos próprios escrúpulos. Se havia algo de que se podia dizer que um homem tão humilde quanto ele se

[6] *Of Courtesy, it is much less/Than courage of heart or holiness,/Yet in my walks it seems to me/That the grace of God is Courtesy.*

orgulhava, tratava-se das boas maneiras. No entanto, por trás dessa cortesia perfeitamente natural, havia possibilidades mais amplas e até menos ponderadas, algo que já vislumbramos nesse incidente trivial. Seja como for, Francisco viu-se dividido entre os apelos de duas pessoas falando ao mesmo tempo, mas de algum modo concluiu o negócio com o comerciante; e, ao fazê-lo, percebeu que o mendigo desaparecera. Então saiu da barraca às pressas, deixando todas as peças de veludo e de bordados atrás de si, aparentemente sem ninguém para tomar conta, e correu pelo mercado como uma flecha. Ainda às carreiras, percorreu o labirinto de ruas estreitas e tortas da cidadezinha à procura de seu mendigo. Quando finalmente o encontrou, encheu de dinheiro o espantado pedinte. Então, recompondo-se, por assim dizer, jurou diante de Deus que nunca mais recusaria ajuda a um pobre. A enorme simplicidade dessa atitude é muito característica. Nunca um homem levou tão a sério suas próprias promessas. Sua vida foi marcada dramaticamente por votos severos; e votos severos que ele nunca deixou de cumprir.

Os primeiros biógrafos de Francisco, naturalmente sensíveis à grande revolução religiosa realizada por ele, com a mesma naturalidade examinaram seus primeiros anos de vida em busca de profecias e sinais de tal terremoto espiritual. Mas, escrevendo a uma distância maior, não vamos reduzir esse efeito dramático, e sim aumentá-lo, ao constatar que nessa época não havia nenhum sinal exterior de algo particularmente místico com relação ao rapaz. Ele não trazia em si a vocação precoce presente na vida de alguns santos. Para além de sua ambição principal de se tornar famoso como poeta francês, Francisco, ao que parece, desejava alcançar fama como soldado. Nasceu gentil; era corajoso à maneira comum dos rapazes, mas demarcou muito bem os limites tanto da gentileza como da bravura como o teria feito a maioria dos jovens; por exemplo, tinha o horror humano à lepra de que poucas pessoas sentiam necessidade de se envergonhar. Gostava dos enfeites alegres e chamativos próprios do gosto heráldico da época medieval e parece ter sido bem jovial. Se não pintou a cidade de vermelho, provavelmente teria preferido pintá-la com todas as cores do arco-íris, tal como na pintura medieval. Mas, nessa história do jovem com roupas alegres que partiu em louca carreira à procura do mendigo andrajoso que desaparecera, há certos aspectos de sua individualidade natural que precisam ser levados em consideração.

Havia, por exemplo, o espírito da rapidez. Num certo sentido, Francisco continuou a correr pelo resto da vida, como correra atrás do mendigo. Como quase todos os seus atos foram marcados pela misericórdia, delineou-se nele um simples elemento de delicadeza muito real, mas facilmente compreendido de maneira equivocada. Uma certa precipitação era inerente à sua alma. Esse santo deveria ser representado entre os outros santos como os anjos costumavam ser representados em pinturas de anjos: com pés alados ou mesmo com asas, seguindo a tradição que faz dos anjos ventos e mensageiros de uma chama ardente. É curioso, do ponto de vista lingüístico, que "coragem" tenha o significado de "correr", e alguns de nossos céticos demonstram que na realidade significa "correr de alguma coisa". Mas a coragem de Francisco tinha o sentido de agir com rapidez. Com toda a sua gentileza, havia algo de impaciência em sua impetuosidade. A verdade psicológica a esse respeito ilustra muito bem a confusão que hoje cerca a palavra "prático". Se chamamos de prático o que é mais imediatamente praticável, estamos seguindo o caminho mais fácil. Nesse sentido, São Francisco não era nem um pouco prático, e seus objetivos últimos nada tinham de terrenos. Mas se chamamos de prático a preferência pelo pronto esforço e energia, em oposição à dúvida e ao adiamento, ele foi realmente prático. Alguns talvez o julguem louco, mas ele foi justamente o oposto de um sonhador. É provável que ninguém o classificasse como um homem de negócios; mas ele era, decisivamente, um homem de ação. Em algumas de suas primeiras experiências, era até homem de ação demais; agia com excessiva rapidez e era prático demais para ser prudente. Mas em cada momento de sua trajetória incomum, podemos vê-lo agindo

Mercado medieval italiano.

com ímpeto da maneira mais inesperada, tal como quando correu pelas ruas tortuosas em busca do mendigo.

Outro elemento presente na história, em parte um instinto natural, antes de se tornar um ideal sobrenatural, era algo que talvez jamais tivesse desaparecido inteiramente naquelas pequenas repúblicas na Itália medieval; algo em geral mais claro para os habitantes do Sul do que para os do Norte, e creio que mais para católicos que para protestantes: a suposição bastante natural da igualdade entre os homens. Ela não tem nada a ver com o amor franciscano pelos homens; ao contrário, um de seus testes puramente práticos era a igualdade do duelo. Talvez um cavalheiro só pudesse ser de fato plenamente igualitário no dia em que lutasse com seu criado. Mas foi uma condição que antecedeu a fraternidade franciscana; e podemos percebê-la naquele primeiro incidente, de caráter mundano. Imagino que Francisco não soubesse ao certo a quem devia dar atenção, se ao mendigo ou ao mercador, e, depois de resolver o assunto com o mercador, voltou-se para tratar com o mendigo; ele os via como dois homens. Trata-se de algo muito mais difícil de descrever numa sociedade de que está ausente, mas foi o fundamento de todo o incidente; foi o que motivou o surgimento do movimento popular naquele tipo de lugar e com aquele tipo de homem. Sua generosidade criativa mais tarde atingiu alturas exorbitantes que alguns talvez julguem fora de propósito ou até insanas, mas fundamentou-se nesse elevado critério da igualdade humana.

Destaquei essa história da juventude de São Francisco, entre centenas de outras, e me detive um pouco nela, porque, enquanto não apreendermos seu significado, sempre teremos a impressão de que narramos a história com alguma superficialidade. São Francisco não é alguém que mereça ser visto de modo paternalista, contando-se meras histórias "bonitas" a seu respeito. Há muitas dessas histórias, mas elas são quase sempre empregadas como uma espécie de resquício sentimental do mundo da Idade Média, em vez de ser, como o santo é inegavelmente, um desafio para o mundo moderno. Temos de levar um pouco mais a sério sua trajetória humana, e a próxima história na qual podemos vislumbrá-la acontece num ambiente bem diferente, embora também revele, como por casualidade, certos abismos da mente e talvez do inconsciente. Francisco ainda parece um jovem mais ou menos comum, e é só quando o vemos desse modo que percebemos quão extraordinário ele deve ter sido.

Assis e Perúgia haviam entrado em guerra. Em nossos dias costuma-se dizer com ironia que essas guerras na verdade não "começavam", sendo antes travadas indefinidamente entre as cidades-estado da Itália medieval. Basta dizer que, se de fato se estendesse por um século, uma dessas guerras medievais talvez matasse o mesmo número de pessoas que matamos por ano em nossas excelentes guerras científicas modernas entre nossos grandes impérios industriais modernos. Mas os cidadãos da república medieval com certeza estavam limitados pelo fato de só lhes pedirem que morressem pelas coisas com as quais sempre viveram, pelas casas em que moravam, pelos santuários que veneravam e pelos dirigentes e representantes que conheciam. Eles não tinham ainda a visão mais ampla que lhes pedia para morrer em nome dos últimos rumores sobre colônias remotas veiculados por jornais desconhecidos. E se, a partir de nossa própria experiência, inferimos que a guerra paralisou a civilização, temos ao menos de admitir que essas cidades em guerra produziram alguns "paralíticos" que atendem pelo nome de Dante e Michelângelo, Ariosto e Ticiano, Leonardo da Vinci e Colombo, para não mencionar Catarina de Sena e o protagonista desta história. Embora lamentemos todo esse patriotismo local como um distúrbio típico da Idade das Trevas, é curioso que cerca de três quartos dos homens mais grandiosos que já existiram tenham vindo dessas cidadezinhas e estiveram muitas vezes envolvidos nessas guerrinhas. Resta ver o que produzirão as nossas grandes cidades, mas não parece haver nenhum sinal de algo desse tipo desde que elas ficaram maiores; e às vezes me volta à mente uma fantasia de minha juventude: que essas coisas só surgirão quando houver uma muralha ao redor de nossas menores cidades e quando o alarme soar no meio da noite para fazer os cidadãos pegarem suas armas.

Seja como for, o alarme soou em Assis, e os cidadãos se armaram. Entre eles estava Francisco, o filho do mercador de tecidos. Acompanhado de alguns lanceiros, ele foi lutar e, numa batalha ou ataque qualquer, foi feito prisioneiro juntamente com seu pequeno grupo. Considero bem provável que esse desastre tenha sido decorrente de alguma traição ou ato de covardia, pois, ao que parece, os companheiros se recusavam a se relacionar com um dos prisioneiros mesmo na prisão. Geralmente quando isso acontece, nessas circunstâncias, é porque alguém foi responsável pela prisão. Seja como for, alguém observou um fato pequeno, mas curioso, que talvez pareça mais negativo do que positivo. Dizem que Francisco mantinha com seus companheiros de prisão toda sua cortesia e mesmo jovialidade, mostrando-se "generoso e animado", como disse alguém, decidido a manter o ânimo deles e o seu próprio. E, ao encontrar aquele misterioso rejeitado, traidor, covarde ou o que tenham dito dele, Francisco simplesmente o tratou da mesma maneira que aos outros, sem frieza nem compaixão, mas com a mesma alegria desinteressada e a mesma cordialidade. Se houvesse naquela prisão um vidente, alguém dotado de alguma intuição, ele talvez percebesse que estava na presença de algo novo e quase anárquico: uma onda imensa levando a mares de caridade desco-

Batalha de San Romano, Paolo Ucello. Têmpera em madeira, 1454-57, National Gallery, Londres.

nhecidos. Porque de fato havia em Francisco de Assis algo diferente, algo que ele não via, mas que o impelia a ver coisas melhores e mais belas. Nenhum dos limites impostos à cordialidade e aos bons modos, todos os marcos da vida social que separam o tolerável do intolerável, todos os escrúpulos e condições convencionais que são normais e até nobres nos homens comuns, nenhuma dessas coisas que sustenta muitas sociedades decentes podia deter esse homem. Ele gostava à sua própria maneira; parecia gostar de todos, mas sobretudo daqueles de que todos não gostavam. Algo bem amplo e universal já estava presente naquela prisão; e o vidente de que falamos poderia ter visto na escuridão o halo vermelho da *caritas caritatum* que distingue um santo dos outros santos e dos outros homens. Ele poderia ter ouvido o primeiro murmúrio daquela bênção audaciosa que mais tarde assumiu a forma de uma blasfêmia: "Ele dá ouvidos àqueles a quem nem o próprio Deus escuta".

Talvez o vidente pudesse ter intuído essa verdade, mas é muito improvável que o próprio Francisco a percebesse. Ele agira a partir de uma generosidade ou, na excelente palavra medieval, liberalidade inconsciente, que lhe era inerente, algo que poderia ser quase ilegal se não fosse regido por uma lei mais divina, mas é improvável que já soubesse que a lei era divina. É evidente que, na época, Francisco não tinha nenhuma intenção de deixar o meio militar, e menos ainda de adotar a vida monástica. Ao contrário do que imaginam pacifistas e conformistas de plantão, não há nenhuma incoerência entre amar os homens e combatê-los, desde que o combate seja limpo e por uma boa causa. Mas tenho a impressão de que havia mais coisas envolvidas ali, que a mente do rapaz de alguma forma estava se inclinando para uma moralidade militar. Por volta dessa época, uma primeira calamidade cruzou seu caminho, na forma de uma doença que voltaria a afetá-lo muitas vezes, perturbando sua impetuosa carreira. A doença tornou-o mais sério, mas talvez apenas tenha feito dele um soldado mais sério ou mesmo aumentado a sua seriedade em relação às artes militares. E, enquanto ele convalescia, algo bem mais amplo do que os pequenos feudos e ataques de surpresa das cidades italianas abriu um caminho de aventura e ambição. A coroa da Sicília, um considerável centro de divergência na época, aparentemente fora reivindicada por um certo Gauthier de Brienne, e o pedido papal de ajuda a Gauthier entusiasmou alguns jovens cidadãos de Assis, incluindo Francisco, que propuseram que se marchasse até a Apúlia para apoiar o conde. Talvez o nome francês deste tenha tido alguma relação com isso, pois não podemos esquecer que, embora aquele fosse de certo modo um mundo de pequenas coisas, ele certamente estava voltado para grandes coisas. Havia mais internacionalismo nas terras salpicadas de pequeninas repúblicas do que nas imensas divisões nacionais impenetráveis e homogêneas de nossos dias. A autoridade legal dos magistrados de Assis dificilmente ia além de um disparo de arco das altas muralhas da cidade em batalha. Mas sua influência podia chegar até a passagem dos normandos pela Sicília ou o Palácio dos Trovadores em Toulouse, o imperador coroado nas florestas alemãs ou o grande papa morrendo no exílio em Salerno. Precisamos nos lembrar que, quando são principalmente religiosos, os interesses de uma época têm de ser universais. Nada pode ser mais universal do que o universo. E há vários aspectos da posição da religião nesse momento particular que as pessoas dos tempos modernos, não sem razão, deixam de perceber. É natural que as pessoas de hoje vejam esses povos tão remotos como povos antigos, e até mesmo como povos do princípio do mundo. Temos a impressão de que essas coisas aconteceram nos primeiros momentos da Igreja, mas esta já tinha bem mais de mil anos de existência. Ou seja, era bem mais velha que a França de agora, bem mais velha que a Inglaterra. E na época parecia velha; quase tão velha quanto hoje; talvez mais velha do que hoje. A Igreja parecia o grande Carlos Magno com sua longa barba branca, que já travara cem guerras com os pagãos, e que, na lenda, recebeu de um anjo a ordem de ir lutar mais uma vez, apesar de já ter duzentos anos. A Igreja alcançara seus primeiros mil anos e caminhava para seu segundo milênio; passara pela Idade das Trevas, na qual nada se podia fazer exceto combater desesperadamente os bárbaros e repetir teimosamente o credo. Continuava-se a recitar o credo depois da vitória ou da fuga, mas não é de estranhar que a repetição se tornasse um tanto monótona. A Igreja parecia velha na época, como parece agora; e alguns até pensavam que ela estava morrendo, como muitos pensam hoje. Na verdade, a ortodoxia não estava morta, mas talvez tivesse perdido a eficácia; alguns começavam até a considerá-la ineficaz. Os trovadores do movimento provençal já se orientavam, ou se desviavam, para as fantasias orientais e para o paradoxo do pessimismo, que sempre chegam aos europeus como algo novo quando sua própria sanidade parece deteriorada. É bem provável que, transcorridos todos esses séculos de desalentadora guerra externa e de rigoroso ascetismo interno, a ortodoxia oficial parecesse deteriorada. O frescor e a liberdade dos primeiros cristãos pareciam, então como agora, uma Idade do Ouro perdida e quase pré-histórica. Roma ainda era mais racional do que qualquer outra coisa; a Igreja era mesmo mais sábia, porém é provável que tenha se mostrado mais desgastada. A metafísica incoerente que se disseminara a partir da Ásia talvez parecesse então algo mais audacioso e atraente. Sonhos se acumulavam como nuvens negras sobre o sul da França para se precipitar como numa tempestade de maldições e de guerra civil. Só havia luz na grande planície ao redor de Roma, mas a luz era fraca e a planície achatada; e nada movia o ar parado e o silêncio imemorial ao redor da cidade sagrada.

Na casa sombria de Assis, Francisco Bernardone dormia e sonhava com armas. Na escuridão, sobreveio-lhe uma maravilhosa visão com espadas, parecida com a da cruz à maneira das Cruzadas, uma visão de lanças, escudos, elmos, pendurados num alto armário de armas, todas elas trazendo o sinal sagrado. Ao despertar, ele viu o sonho como uma trombeta chamando-o para o campo de batalha, e levantou-se às pressas para pegar o cavalo e as armas. Francisco adorava todos os exercícios cavalheirescos e sem dúvida era um excelente cavaleiro e guerreiro nos testes dos torneios e dos campos de batalha. Sem dúvida estava mais inclinado a um cavalheirismo cristão, mas também ansiava por glória, embora nele essa glória sempre tenha sido idêntica à honra. Ele não deixava de pensar de alguma maneira na coroa de louros que César deixara para todos os latinos. Enquanto

Carlos Magno. Bronze, séc. IX, Museu do Louvre, Paris.

Frade acompanhado de cruzados. Detalhe de mosaico da Basílica de São Marcos, Veneza.

se dirigia a cavalo para a guerra, nos grandes portões da imponente muralha de Assis pronunciou sua última bravata: "Voltarei como um grande príncipe".

Pouco depois de iniciar a jornada, sua doença se manifestou outra vez e o derrubou. Tendo em conta seu temperamento impetuoso, é bem provável que ele tenha partido antes de estar em condições de fazê-lo. E, nas trevas dessa segunda e mais devastadora interrupção, Francisco teve outro sonho em que uma voz lhe dizia: "Você não entendeu a visão. Volte à sua cidade". E, doente, ele fez o caminho de volta para Assis, mas então era uma figura cheia de desalento e desilusão, talvez ridícula, a quem nada mais restava a não ser esperar o que tivesse de acontecer em seguida.

Foi a primeira vez que desceu a um profundo desfiladeiro chamado Vale da Humilhação, que lhe parecia pedregoso e desolado, mas no qual depois descobriria muitas flores.

Mas em Francisco não havia só desilusão e humilhação; ele também estava muito intrigado e espantado. Estava convencido de que seus dois sonhos tinham algum significado, e não conseguia atinar com ele. À medida que, perdido em pensamentos, ou quem sabe em devaneios, percorria as ruas de Assis e os campos externos às muralhas da cidade, ocorreu com ele um incidente que nem sempre foi diretamente vinculado ao tema de seus sonhos, mas que me parece o óbvio ponto culminante deles. Francisco cavalgava sem destino por algum atalho, ao que parece em campo aberto, quando percebeu que uma figura vinha em sua direção e parou, porque viu que era um leproso. E imediatamente percebeu que aquele era um desafio à sua coragem, não lançado pelo mundo, mas lançado por aquele que conhece os segredos do coração do homem. Em sua direção vinha não o estandarte e as lanças de Perúgia, dos quais nunca lhe ocorrera fugir; não os exércitos que lutavam pela coroa da Sicília, que, por ser um homem corajoso, ele sempre vira como um mero perigo vulgar. Em direção a Francisco Bernardone, caminhava o seu medo; o medo que vem do interior e não do exterior, embora esse medo se mostrasse claro e horrível à luz do sol. Uma única vez em toda a longa jornada de sua vida, sua alma deve ter ficado paralisada. E ele desceu precipitadamente do cavalo, sem passar pelos estágios intermediários entre a total imobilidade e o movimento incontrolado. Então, aproximando-se do leproso, acolheu-o nos braços. Foi esse o início de uma longa vocação de ministério junto a muitos leprosos, aos quais prestou muitos serviços; ele deu àquele homem todo o dinheiro que podia dar, montou e afastou-se dali. Não sabemos que distância percorreu ou de que forma via as coisas ao redor, mas afirma-se que, quando olhou para trás, ele não conseguiu ver ninguém na estrada.

O conselho do crucifixo na igreja de São Damião, Giotto. Afresco, 1295-1230, Basílica superior de São Francisco.

Capítulo IV

FRANCISCO, O CONSTRUTOR

Chegamos agora à grande transformação da vida de Francisco de Assis, àquele ponto em que aconteceu com ele algo bem obscuro para nós, homens comuns e egoístas a quem Deus não fez em pedaços a fim de tornar novos.

Ao abordar esse difícil acontecimento, tendo em conta o meu objetivo de facilitar um pouco as coisas para o simpatizante mais secular, não sabia ao certo qual a melhor direção a tomar. Por isso resolvi dizer primeiro o que aconteceu, apresentando pouco mais de um grosseiro esboço do suposto significado do ocorrido. Depois, ao se ter uma idéia de seus desdobramentos na vida franciscana como um todo, talvez o seu significado mais pleno possa ser debatido com mais facilidade. Eis o que aconteceu. A história gira quase toda em torno das ruínas da igreja de São Damião, um antigo templo de Assis que aparentemente fora abandonado e estava se desmanchando. Naqueles dias de transição, sombrios e sem rumo, que se seguiram ao trágico colapso de suas ambições militares, provavelmente tornados ainda mais dolorosos por alguma perda de prestígio social que produzira um terrível efeito em seu espírito sensível, Francisco tinha o hábito de rezar ali, diante do crucifixo. Enquanto re-

O crucifixo de São Francisco e São Damião.

zava, ele ouviu uma voz que lhe dizia: "Francisco, você está vendo que minha casa está em ruínas? Vá e restaure-a para mim".

Ele então se levantou de um golpe e partiu. Ir fazer alguma coisa era uma das principais exigências de sua natureza; talvez ele tenha tomado essa atitude antes mesmo de refletir inteiramente sobre ela. Seja como for, sua ação foi decisiva e desde logo muito desastrosa para sua peculiar carreira social. Na rude linguagem convencional do mundo pouco afeito à compreensão, ele roubou. De seu ponto de vista cheio de entusiasmo, ele estendeu ao venerável pai, Pietro Bernardone, o prazer e o inestimável privilégio de colaborar, de modo mais ou menos inconsciente, com a reconstrução da igreja de São Damião. Para dizer a verdade, a primeira coisa que ele fez foi vender o cavalo e depois várias peças dos tecidos do pai, fazendo sobre eles o sinal-da-cruz para indicar que estavam destinados a atos de compaixão e de caridade. Pedro Bernardone não teve a mesma opinião. Na verdade, Pietro Bernardone era meio obtuso quando se tratava de entender o gênio e o temperamento de seu extraordinário filho. Em vez de compreender em que tipo de atmosfera e em que fervor de desejos abstratos o filho vivia, em lugar de simplesmente lhe dizer (como mais tarde o padre disse pragmaticamente) que ele fizera uma coisa imperdoável com as melhores intenções, o velho Bernardone agiu com a maior severidade possível, de modo legal e literal. Recorrendo a poderes políticos absolutos, como um pai pagão, manteve o filho preso como um ladrão qualquer. Ao que parece, a notícia chegou aos ouvidos das inúmeras pessoas que apreciavam o infeliz Francisco. Somando tudo, em seus esforços para construir a casa de Deus, Francisco só conseguira fazer sua própria casa ruir sobre si mesmo, soterrando-se sob os escombros. A questão se arrastou sombriamente; num dado momento, dizem que o arrasado rapaz se escondeu sob a terra, em alguma caverna ou porão, e ali permaneceu retraído, tomado pelo desespero, na escuridão. Esse foi certamente seu pior momento; o mundo inteiro viera abaixo; o mundo inteiro estava em cima dele.

A renúncia dos bens, Giotto. Afresco, 1295-1230, Basílica superior de São Francisco.

Quando ele saiu, talvez tenha demorado para alguém se dar conta de que algo acontecera. Ele e o pai foram convocados ao tribunal do bispo, porque Francisco recusara a autoridade de todos os tribunais legais. O bispo lhe dirigiu algumas observações, recheadas do excelente senso comum que a Igreja Católica mantém permanentemente como o pano de fundo de todas as atitudes intempestivas de seus santos. Então, disse a Francisco que certamente era sua obrigação devolver o dinheiro ao pai; que nenhuma bênção poderia recair sobre uma obra realizada por métodos injustos; e, em resumo (para dizer com todas as palavras), que, se o jovem fanático devolvesse o dinheiro ao velho tolo, o assunto

Frade músico. Gravura da Idade Média.

estaria encerrado. Francisco se viu invadido por novo estado de ânimo. Não mais parecia arrasado, e menos ainda rastejante, em relação ao pai, mas suas palavras não indicam, a meu ver, nem uma justa indignação ou insulto insolente nem algo parecido com uma mera continuidade da divergência. Ao contrário, elas fazem lembrar remotamente aquelas misteriosas frases de seu grande modelo: "Mulher, que existe entre nós?" (Jo 2,4) ou mesmo a terrível afirmação "Não me toque" (Jo 20,17).

Francisco se levantou diante de todos e disse: "Até este momento, chamei Pietro Bernardone de pai, mas agora sou servo de Deus. Vou devolver a meu pai não apenas o dinheiro como tudo que possa ser considerado dele, até as próprias roupas que ele me deu". E tirou todas as roupas, com exceção de uma peça; e eles viram que era uma túnica tecida com fios de cabelo.

Depois de empilhar as roupas no chão e jogar sobre elas o dinheiro, ele se virou para o bispo e recebeu sua bênção, como alguém que dá as costas à sociedade, e, de acordo com o relato, saiu como estava para o mundo frio. Ao que parece, era literalmente um mundo frio naquele momento, e havia neve no solo. Nessa mesma narrativa da grande crise de sua vida encontra-se um detalhe curioso, de significado muito profundo, a meu ver. Seminu, com sua túnica de cabelos, Francisco dirigiu-se para a floresta invernal, caminhando pelo chão congelado entre as árvores cobertas de neve; era um homem sem pai. Não tinha dinheiro, nem pais; ao que tudo indica, não tinha nenhuma ocupação, plano ou esperança neste mundo; e ao entrar na floresta, sob as árvores geladas, ele de repente começou a cantar.

Ao que parece, alguém se admirou que ele tivesse cantado em francês, ou em provençal, que era por conveniência chamado de francês.

Não era sua língua natal; e foi em sua língua natal que ele acabou por alcançar a fama como poeta; na verdade, São Francisco foi um dos primeiros poetas nacionais a usar os dialetos puramente nacionais da Europa. Era, porém, a língua com que todos os seus anseios e ambições de menino haviam se identificado; para ele, essa era a língua própria do romance. O fato de ela ter brotado nele nesse momento de extraordinária gravidade parece-me algo à primeira vista muito estranho e no final bastante significativo. O significado que teve, ou que pode ter tido, é o que vou tentar sugerir no próximo capítulo; basta indicar aqui que toda a filosofia de São Francisco girava em torno da idéia de uma nova luz sobrenatural a iluminar as coisas naturais, idéia que significava a recuperação última, em vez da recusa definitiva, das coisas naturais. E, para os propósitos desta parte puramente narrativa da questão, é suficiente recordar que, enquanto perambulava pela floresta invernal com sua túnica de cabelos, como o mais despojado dos eremitas, ele cantou na língua dos trovadores.

Enquanto isso, a narrativa volta naturalmente ao problema da igreja arruinada ou ao menos abandonada, que fora o ponto de partida do crime inocente e da sagrada punição do santo. Esse problema ainda dominava sua mente e logo o levou às suas incessantes atividades; eram, contudo, atividades de um novo tipo. E ele não mais tentou interferir na ética comercial da cidade de Assis. Francisco foi dominado por um desses grandes paradoxos que são ao mesmo tempo coisas sem importância: ele percebeu que, para construir uma igreja, não precisava se envolver em barganhas ou em questões jurídicas que estavam além de sua compreensão. Não precisava nem sequer pagar por ela, muito menos com o dinheiro de outros. Uma igreja deve ser construída simplesmente pondo mãos à obra.

Então, Francisco começou a procurar pedras. Pediu a todos que encontrou que lhe dessem pedras. Tornou-se assim um novo tipo de mendigo, invertendo a parábola: um pedinte que implora não por pão,

O sonho de Inocêncio III (detalhe), Giotto. Afresco, Basílica superior de São Francisco, Assis.

mas por pedras. Provavelmente, como aconteceu com ele tantas vezes no decorrer de sua extraordinária existência, a própria estranheza do pedido deu-lhe uma espécie de popularidade; e todo tipo de pessoas ociosas e de vida desregrada acabou por se apaixonar pelo benevolente projeto, tal como teriam caído de amores por uma aposta. Francisco trabalhou com as próprias mãos para reconstruir a igreja, carregando o material como um animal de carga e aprendendo as lições mais elementares e inferiores do trabalho. Há uma infinidade de histórias sobre Francisco nesse ou em outro período de sua vida, mas, como nosso objetivo aqui é simplificar, é melhor concentrar a atenção nessa reentrada definida do santo no mundo pelo humilde portão do trabalho braçal. Para dizer a verdade, toda a sua vida é acompanhada, como uma sombra projetada na parede, por uma espécie de duplo sentido. Todas as suas ações tinham algum tipo de representação simbólica; e talvez algum dia um historiador científico muito esperto tente provar que o próprio Francisco nunca passou de uma representação simbólica. Sem dúvida, naquela ocasião, Francisco estava empenhado em uma dupla tarefa e reconstruía algo além da igreja de São Damião. Além de aprender a lição geral de que sua glória não estava em vencer homens em batalha, mas em construir os monumentos positivos e criativos da paz, ele estava construindo algo mais, ou começava a fazê-lo: algo que com muita freqüência se transformava em ruínas, mas que nunca deixava de ser reconstruído; uma igreja que sempre podia ser construída outra vez mesmo que tivesse apodrecido até a pedra fundamental, uma igreja contra a qual os portões do inferno não prevaleceriam.

Na etapa seguinte, Francisco transferiu as mesmas energias de reconstrução arquitetônica para a igrejinha de Santa Maria dos Anjos, na Porciúncula. Ele já fizera algo semelhante numa igreja dedicada a São Pedro; e a qualidade de sua vida acima observada, que a fazia parecer um drama simbólico, levou muitos de seus biógrafos mais devotos a observar o simbolismo numérico das três igrejas (as três quedas de Cristo).

Havia de qualquer modo um simbolismo mais histórico e prático com relação a duas dessas igrejas. Porque a igreja original de São Damião veio a sediar a notável experiência que ele fez de uma ordem de mulheres, e do romance puro e espiritual de Santa Clara. E a igreja da Porciúncula permanecerá para sempre uma das grandes edificações históricas do mundo, pois foi ali que Francisco reuniu o pequeno grupo de amigos e

Igreja de Santa Maria dos Anjos, foto de 1925.

Igreja de Santa Clara.

entusiastas; ela foi o lar de muitos homens sem abrigo. Mas não sabemos ao certo se já nessa época ele resolvera tomar o caminho monástico. É impossível determinar o momento exato em que essa idéia apareceu em sua mente, mas os fatos nos levam a concluir que no início alguns amigos se uniram a Francisco, um a um, por terem a mesma paixão por sua simplicidade. O relato da forma como eles se consagraram é, contudo, muito importante, porque eles o fizeram em nome da simplificação de vida sugerida no Novo Testamento. Há muito tempo, a adoração de Cristo já se integrara à natureza passional do homem. Mas pode-se dizer que a imitação de Cristo, como uma espécie de plano ou esquema de vida organizado, começava ali.

Os primeiros a vislumbrar o que acontecia na alma de Francisco foram, ao que tudo indica, um sólido e rico cidadão, Bernardo de

Quintavalle, e Pedro, um padre de uma igreja vizinha. Eles merecem o crédito especialmente porque, na época, Francisco, se podemos dizer assim, chafurdava na pobreza e na ligação com leprosos e pedintes andrajosos; e esses dois homens tinham muito a perder; um, os confortos do mundo, e o outro, a ambição da Igreja. Bernardo, o burguês rico, agiu de modo bem literal e acabou por vender tudo e dar aos pobres. Pedro fez ainda mais, porque renunciou a uma cadeira de autoridade espiritual, provavelmente quando já era um homem maduro e, portanto, com hábitos mentais fixados, para seguir um jovem excêntrico que a maioria das pessoas provavelmente considerava um maníaco. Mais tarde talvez possamos ter uma idéia do que eles vislumbraram, e cuja glória Francisco vira. Por enquanto, vamos nos contentar em ver apenas o que toda Assis viu, o que não é totalmente indigno de comentário. Os cidadãos de Assis viram somente o camelo passar em triunfo pelo buraco da agulha e Deus fazendo coisas impossíveis porque, para Ele, todas as coisas eram possíveis; apenas um padre que vendeu as vestes como o coletor de impostos, não como o fariseu, e um homem rico que partiu feliz por não ter posses.

Afirma-se que essas três estranhas figuras construíram para si uma espécie de cabana ou tenda nas proximidades do hospital de leprosos. Ali falavam uns com os outros, nos intervalos do trabalho duro e do perigo (porque era preciso dez vezes mais coragem para cuidar de um leproso do que para defender a coroa da Sicília), de acordo com sua nova vida, quase como crianças falando uma linguagem secreta. Pouco podemos dizer do início da amizade entre essas três pessoas, mas sem dúvida continuaram amigos até o fim. Bernardo de Quintavalle ocupa na história um lugar parecido com o de Sir Bedivere "o primeiro a ser sagrado cavaleiro pelo rei Artur e o último a deixá-lo", porque vamos encontrá-lo de novo à cabeceira do santo em seu leito de morte e ali recebe algum tipo de bênção especial. Mas todas essas coisas pertencem a outro mundo histórico, e estavam bem distantes do trio andrajoso e fantástico em sua humilde e precária cabana. Não eram monges, a não ser no sentido mais literal e arcaico de eremitas. Eram, por assim dizer, três solitários que viviam juntos socialmente, mas não como uma sociedade. Visto de fora, tudo parece ter sido bem individual, quase próximo da insanidade. A ação de algo que trazia em si a promessa de um movimento ou missão só pôde ser sentida, como eu disse, na questão do apelo ao Novo Testamento.

Era uma espécie de *sors virgiliana* (o destino de que não se pode fugir, da *Eneida*, do poeta romano Virgílio, 70-19 a.C.) aplicado à Bíblia, uma prática que não era desconhecida dos protestantes, embora objeto de sua crítica, pode-se imaginar, por ser antes uma superstição de pagãos. De qualquer maneira, parece quase o oposto de pegar as Escrituras e abri-las ao acaso, mas São Francisco sem dúvida as abriu ao acaso. De acordo com uma história, ele simplesmente fez o sinal-da-cruz sobre o livro dos Evangelhos e o abriu em três lugares, lendo três textos. O primeiro era a história do jovem rico cuja recusa em vender todos os bens forneceu a ocasião para o grande paradoxo do camelo e da agulha. O segundo era a ordem aos discípulos de que não levassem coisa alguma com eles em sua jornada, nem bolsas nem bastão ou dinheiro. O terceiro foi o dito, que deve ser considerado literalmente crucial, segundo o qual o discípulo de Cristo também tem de carregar sua própria cruz. Há uma história um pouco parecida segundo a qual Francisco encontrou um desses textos, quase por acaso, simplesmente ao ouvir aquilo que estava casualmente no Evangelho do dia. Mas, ao menos de acordo com a versão anterior, parece que o incidente aconteceu bem no início de sua nova vida, talvez logo após seu rompimento com o pai, pois aparentemente foi depois desse oráculo que Bernardo, o primeiro discípulo, se apressou em distribuir todos os seus bens entre os pobres. Se assim foi, ao que parece o que se seguiu foi a vida ascética individual, cujo eremitério era a cabana. É claro que deve ter sido um eremitério público, mas mesmo assim era, num sentido bem real, afastado do mundo. São Simeão Estilita, no alto de sua coluna, foi num certo sentido um personagem

São Francisco e seu irmão de ordem (1597-1603), El Greco.

bem público; apesar de tudo, havia algo um pouco singular em sua situação. É provável que a maioria das pessoas julgasse a situação de Francisco peculiar; alguns talvez a vissem até como muito peculiar. Em toda sociedade católica, inevitavelmente havia algo, mesmo inconsciente, que permitia compreender isso melhor do que uma sociedade pagã ou puritana. Mas creio que, neste ponto, não convém exagerar essa simpatia pública potencial. Como já vimos, a Igreja e todas as suas instituições já tinham o ar de coisas antigas, estabelecidas e sensíveis, incluindo aí as instituições monásticas. Imagino que o senso comum era mais comum na Idade Média que em nossa polêmica época jornalística, mas homens como Francisco não são comuns em nenhuma época, e tampouco é possível compreendê-los plenamente recorrendo apenas ao senso comum. O século XIII foi sem dúvida um período progressista, talvez o único período efetivamente progressista da história humana. Mas só pode ser considerado progressista porque seu progresso foi bem organizado. Foi real e verdadeiramente o exemplo de uma época de reformas sem revoluções. As reformas, contudo, foram não apenas progressistas, mas bem pragmáticas, e favoreceram muito as instituições que privilegiavam a prática — as cidades e as associações profissionais de comércio e de trabalhos manuais. Ora, os homens financeiramente estáveis das cidades e das associações profissionais da época de Francisco de Assis provavelmente tinham muita estabilidade. Eles tinham condições econômicas mais igualitárias e contavam com um governo bem mais justo do que os modernos, que se embatem entre a inanição e os preços monopolistas do capitalismo, mas é bem provável que a maioria desses cidadãos fosse sisuda como os camponeses. Sem dúvida o comportamento do venerável Pietro Bernardone não indica uma delicada simpatia pelas sutilezas complexas e quase fantásticas do espírito franciscano. E só podemos avaliar a beleza e a originalidade dessa estranha aventura espiritual recorrendo ao bom humor e à simpatia, para expressar em palavras simples como uma pessoa pouco simpática como Pietro então a compreendeu. No próximo capítulo, farei um esforço, inevitavelmente inadequado, para conhecer melhor os meandros dessa história da construção das três igrejas e da pequena cabana. Neste capítulo, fiz apenas um esboço externo. E, ao concluí-lo, peço ao leitor que se lembre da verdadeira aparência que essa história possui quando vista a partir do exterior. Com uma crítica baseada num senso comum quase grosseiro que só consegue ver o incidente de má vontade, como seria possível entender a história?

Um jovem tolo ou malandro é flagrado roubando o pai e vendendo bens que devia proteger; e a única explicação que dá é que uma alta voz vinda do nada falou em seus ouvidos, dizendo-lhe que consertasse as rachaduras e buracos de determinada parede. Então ele se declara naturalmente independente de todos os poderes correspondentes à polícia ou aos magistrados, refugiando-se junto a um bispo compreensivo que se vê obrigado a repreendê-lo e a lhe dizer que ele cometeu um erro. O rapaz então tira as roupas em público e praticamente as lança no rosto do pai, anunciando ao mesmo tempo que este não é de modo algum seu pai. Depois percorre a cidade pedindo a todos a quem encontra que lhe dêem fragmentos de edificações ou materiais de construção, ao que parece em função de sua antiga obsessão de consertar a parede. Pode ser muito bom consertar rachaduras, mas de preferência por alguém que não esteja ele mesmo "rachado"; além disso, construtores que, por assim dizer, não tenham eles mesmos uma "telha" solta, são mais capazes de executar restaurações arquitetônicas. Por fim, o jovem perturbado passa a se vestir de andrajos e a viver na sujeira, e praticamente se arrasta para a sarjeta. É esse o espetáculo que Francisco deve ter oferecido a um número muito grande de vizinhos e amigos.

É provável que eles tenham se perguntado sobre como ele vivia; mas é provável que mendigasse pão como mendigava materiais de construção. Não obstante, ele sempre tinha o cuidado de pedir o pão mais preto ou o pior que pudesse encontrar, as crostas mais endurecidas ou algo pior que as migalhas destinadas aos cães, e que caem da mesa do homem rico. As-

O manto de presente, Giotto. Afresco, 1295-1230, Basílica superior de São Francisco.

sim ele provavelmente levava uma vida pior do que a do mendigo comum, porque o mendigo comia do melhor que pudesse encontrar e o santo, do pior. O fato é que ele estava disposto a viver de restos; e essa experiência provavelmente era bem pior do que a refinada simplicidade que vegetarianos e outros naturalistas chamariam de vida simples. Ao que parece, Francisco tratava a questão da roupa do mesmo modo que a da comida. Seguia o mesmo princípio de apanhar o que conseguisse, sem se preocupar em conseguir o melhor. De acordo com uma história, ele trocou suas próprias roupas pelas de um mendigo, e certamente ficaria contente em trocá-las pelas de um espantalho. Em outra versão, ele aceitou a túnica marrom grosseira de um camponês, mas é de presumir que só o fez porque o camponês lhe deu a túnica marrom mais velha, que provavelmente era mesmo velha. A maioria dos camponeses tinha pouca roupa para dar, e alguns deles só se dispunham a fazê-lo quando absolutamente necessário. Dizem

Dante exilado em mosteiro franciscano. Pintura de Pierre Jan Van der Ouderra (1841-1915).

que, no lugar da cinta a que renunciara (com um desdém simbólico ainda maior porque ela devia trazer a bolsa ou a carteira, como era moda na época), ele apanhou um pedaço de corda mais ou menos ao acaso, porque estava por perto, e o amarrou ao redor da cintura. Para ele, esse era sem dúvida um recurso desesperado, como o de um vagabundo bem pobre que eventualmente amarra as roupas com um pedaço de barbante. Com isso, tinha a intenção de mostrar que de alguma maneira conseguiria roupas, nem que tivesse de recorrer aos trapos retirados de latas de lixo. Dez anos depois, aquelas vestes provisórias eram o uniforme de cinco mil homens; e, cem anos depois, dispensando as pompas pontifícias, o grande Dante foi para o túmulo com elas.

Capítulo V

Le jongleur de Dieu

Muitos signos e símbolos poderiam ser usados para dar uma idéia do que de fato aconteceu na mente do jovem poeta de Assis. Na verdade, eles são ao mesmo tempo numerosos demais para ser selecionados e muito poucos para ser satisfatórios. Contudo, podemos encontrar um deles neste fato insignificante e aparentemente casual: ao fazer suas apresentações de poesia pela cidade, Francisco e seus companheiros se autodenominavam trovadores. No entanto, ao sair para fazer seu trabalho espiritual no mundo, seu líder dava a seus companheiros espirituais o nome de *jongleurs de Dieu*.

Não dissemos muita coisa a respeito da grande cultura dos trovadores surgida nas cidades francesas de Provença ou Languedoc, que teve enorme influência na história, nem falamos de como isso influenciou São Francisco. Poderemos dizer algo mais a esse respeito no momento de resumir sua relação com a história; por ora bastam-nos algumas observações sobre os fatos relevantes, e em especial sobre o elemento mais importante. Todos sabem quem foram os trovadores; todos sabem que, bem no começo da Idade Média, no século XII e no início do século XIII, surgiu no sul da França uma cultura que ameaçou rivalizar com a tradição ascendente de Paris ou até tomar o seu lugar. Seu principal produto foi uma escola de poesia, ou, para ser mais precisos uma escola de poetas. Eram principalmente poetas que cantavam o amor, embora com freqüência houvesse satiristas e críticos em geral. Sua posição pitoresca

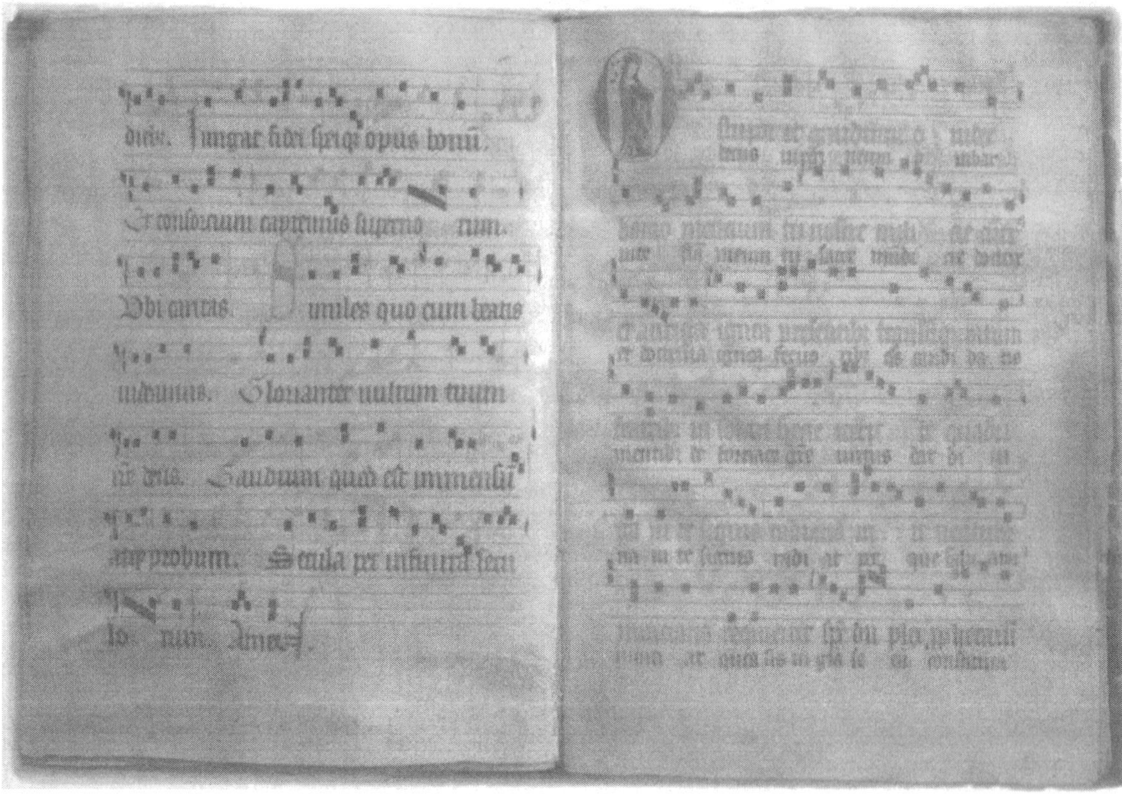

Partitura de 1351 usada por franciscanos.

na história deve-se em ampla medida ao fato de eles cantarem seus próprios poemas e de muitas vezes acompanharem o canto com instrumentos musicais leves do período; eram tanto menestréis como homens de letras. Uniam-se aos seus poemas de amor outras instituições de tipo decorativo ou fantástico que se ocupavam do mesmo tema. Havia uma denominada "Gaia Ciência", ou sabedoria feliz, que se esforçava em reduzir as delicadas nuanças do flerte e da sedução em uma espécie de sistema. Havia as chamadas Cortes de Amor, em que se abordavam os mesmos assuntos agradáveis com pompa e pedantismo. A esse respeito, é preciso lembrar um elemento com relação a São Francisco. Todo esse extraordinário sentimentalismo comportava evidentes riscos morais, mas é um erro supor que o único perigo de exagero seguisse a direção da sensualidade. O romance sulista na verdade estava inclinado a um excesso de espiritualidade, do mesmo modo que a heresia pessimista que produzia orientava-se para um excesso de espiritualidade. O amor nem sempre era animal; às vezes, era tão apartado do mundo que se aproximava do alegórico. O leitor percebe que a dama é o mais belo ser que pode existir, mas às vezes duvida se ela de fato existe. Dante contraiu uma certa dívida com os trovadores, e os debates sobre sua mulher ideal exemplificam muito bem essa dívida. Sabemos que Beatriz não era sua mulher, mas de qualquer maneira precisamos ter a mesma certeza de que tampouco era sua amante; e alguns críticos chegaram até a sugerir que ela não era nada, exceto sua musa inspiradora. Essa idéia de Beatriz como figura alegórica é, a meu ver, infundada, como o seria para qualquer homem que lesse o poema *Vita Nuova* e já tivesse amado. Mas a própria possibilidade de fazer essa insinuação ilustra a presença de algo abstrato e acadêmico nessas paixões medievais. Contudo, mesmo sendo abstratas, eram paixões bem passionais. Esses homens podiam se sentir quase como amantes, mesmo que de alegorias e abstrações. Convém ter isso em mente para perceber que São Francisco se expressava como um verdadeiro trovador quando dizia que também tinha uma dama cheia de glória e de graça, e que seu nome era Pobreza.

A peculiaridade a ser destacada aqui, contudo, está menos ligada à palavra trovador que à palavra *jongleur*. Ela está ligada sobretudo à passagem de um ao outro; e, por isso, é necessário entender mais um detalhe sobre os poetas da Gaia Ciência. Um *jongleur* não era o mesmo que um trovador, embora um mesmo homem pudesse ser tanto trovador como *jongleur*. Penso que quase sempre eram homens diferentes que se dedicavam a atividades diferentes. Em muitos casos, eles percorriam juntos o mundo, como companheiros de armas, ou melhor, de artes. Para ser mais preciso, o *jongleur* era um humorista, uma espécie de bobo da corte, ou eventualmente o que poderíamos chamar de malabarista. Imagino que este seja o melhor momento para contar a história do *jongleur* Taillefer, que, na batalha de Hastings (1066; nela, os normandos venceram os anglo-saxões), cantou a morte de Rolando enquanto jogava a espada para o alto e a apanhava tal como um malabarista apanha bolas. Em alguns momentos, pode ter sido até um acrobata; como na bela lenda intitulada "O Acrobata de Nossa Senhora", porque, pondo-se de cabeça para baixo, ficou diante de uma imagem da Virgem Divina, o que a levou, e a toda a corte celeste, a lhe agradecer e a confortá-lo. Podemos imaginar que o trovador geralmente exaltava o público com enfáticas e solenes declarações de amor, e depois o *jongleur* fazia seu número como uma espécie de alívio cômico. Ainda não se escreveu um glorioso romance medieval sobre dois companheiros como esses perambulando pelo mundo. De todo modo, se há algum lugar em que é possível encontrar o verdadeiro espírito franciscano fora da verdadeira história franciscana, trata-se da lenda do Acrobata de Nossa Senhora. Quando chamou seus seguidores de os *jongleurs de Dieu*, São Francisco se referia a algo bem próximo dos Acrobatas de Nossa Senhora.

Em algum lugar na passagem da ambição do trovador às brincadeiras do acrobata oculta-se, como sob uma parábola, a verdade de São Francisco. Entre os dois menestréis ou profissionais do entretenimen-

Jongleurs. Gravura medieval.

to, o humorista era, ao que tudo indica, o servo ou ao menos a figura secundária. São Francisco não estava brincando ao dizer que descobrira o segredo da vida na condição de servo e de figura secundária. Havia nessa sua disposição para servir, uma liberdade quase equivalente à intimidade. O humorista podia ser livre quando o cavalheiro era rígido; e era possível ser humorista no serviço que é a perfeita liberdade. Esse paralelo dos dois poetas ou menestréis talvez seja a melhor descrição preliminar e exterior da mudança franciscana de coração, concebida com uma imagem agradável ao mundo moderno. Claro que havia muito mais coisas envolvidas; e, por mais insuficiente que seja, precisamos nos esforçar para ir além da imagem e chegar à idéia. Essa idéia está tão próxima dos acrobatas que muitas pessoas chegam a considerá-la uma idéia confusa.

Na época ou por volta da época em que desapareceu na prisão ou caverna escura, Francisco passou por algum tipo de reversão psicológica, equivalente à de um salto mortal completo, uma vez que, ao fazer o círculo completo, voltou, ou aparentemente voltou, ao ponto de partida, à mesma posição normal. Somos obrigados a recorrer à comparação grotesca de acrobacia cômica, pois dificilmente outra coisa permitiria esclarecer o que houve. Contudo, em seu interior, isso representou uma profunda revolução espiritual. O homem que entrou na caverna não era o mesmo que saiu dela; parecia que ele havia morrido, que era um fantasma ou um espírito santificado. E os efeitos dessa mudança em sua atitude para com o mundo real foram inusitados. Ele passou a ver o mundo de maneira diferente da dos outros homens, como se tivesse saído engatinhando do buraco negro.

Poderemos apreender melhor a essência do que se passou recorrendo à parábola do Acrobata de Nossa Senhora. Ora, às vezes podemos ver uma cena, como uma paisagem, por exemplo, com mais clareza de cabeça para baixo. Alguns pintores de paisagens adotaram as posições mais surpreendentes e pantomímicas para ver uma paisagem dessa maneira por alguns instantes. Essa visão invertida, bem mais luminosa, mais estranha e arrebatadora, assemelha-se um pouco ao mundo que um místico como São Francisco vê todos os dias. Mas aqui está o essencial da parábola. Nosso Acrobata de Nossa Senhora não fica de cabeça para baixo *a fim de* ver flores e árvores com mais clareza ou de forma mais estranha. Ele não fez isso, e nunca lhe teria ocorrido fazê-lo. Nosso Acrobata de Nossa Senhora ficou de cabeça para baixo simplesmente para agradar Nossa Senhora. Se São Francisco tivesse feito o mesmo, e ele era bem capaz de fazê-lo, ele também o teria feito pelo mesmo motivo: um motivo de caráter puramente sobrenatural. Só *depois* disso, seu entusiasmo se ampliaria, contornando todas as coisas terrenas com uma espécie de halo. É por isso que não podemos representar São Francisco como um mero precursor romântico da Renascença e da retomada dos prazeres naturais em seu valor próprio. Todas as suas ações giram em torno do fato de que, para recuperar os prazeres naturais, era preciso olhá-los à luz de um prazer sobrenatural. Em outras palavras, ele repetiu em si mesmo o processo histórico de que falamos no capítulo introdutório: a vigília do ascetismo, que termina na visão de um mundo natural renovado. Mas, em seu caso pessoal havia mais do que isso; havia elementos que tornam o paralelo do *jongleur* ou acrobata bem mais apropriado do que este.

Podemos imaginar que, na cela ou caverna escura, Francisco tenha passado as horas mais sombrias de sua vida. Ele era por natureza um homem dotado daquela vaidade que é o oposto do orgulho; a vaidade

Acrobatas. Gravuras medievais.

que muito se aproxima da humildade. Ele nunca desprezara a opinião dos semelhantes, incluindo a admiração deles. Toda essa parte de sua natureza humana sofrera os mais pesados e esmagadores golpes. É possível que, após seu humilhante retorno da campanha militar frustrada, alguns o tenham chamado de covarde. É certo que, depois de sua briga com o pai por causa das peças de tecido, muitos o chamaram de ladrão. E mesmo os que mais gostavam dele, o padre que teve sua igreja restaurada por ele, o bispo que lhe deu a bênção, evidentemente o trataram com uma condescendência que quase beirava o desdém, lançando mais sombras que luzes sobre a forma como se encerrara a questão. Francisco se expusera ao ridículo. Para avaliar todo o peso dessa simples frase, basta se colocar no lugar do jovem que montou cavalos ou se dispôs à batalha, que se imaginou como um trovador e aceitou as convenções da camaradagem. A conversão de São Francisco, assim como a de São Paulo, envolveu algo como sua repentina derrubada do cavalo; mas num certo sentido a sua queda foi ainda pior do que a de São Paulo, pois montava um cavalo de guerra. Seja como for, não restava nele um único elemento que não fosse ridículo. Todos sabiam que ele, na melhor das hipóteses, se expusera ao ridículo. Era evidente que ele se expusera ao ridículo. Ele se vira como um objeto, bem pequeno e nítido como uma mosca andando num cristalino vidro de janela; e esse objeto era sem dúvida um bobo. E, enquanto olhava a palavra "bobo" escrita em letras luminosas diante de si, a própria palavra começou a brilhar e a se transformar.

Algumas histórias infantis diziam que, se alguém cavasse um buraco no centro da terra e fosse descendo sem parar, haveria um momento em que teria a impressão de estar subindo continuamente. Não sei se isso é verdade. E não sei, porque jamais cavei um buraco no centro da terra, e menos ainda rastejei por ele. Se não sei como é essa reversão ou inversão, é que nunca passei por ela. Pessoas comuns como este autor, e até o leitor, provavelmente nunca passaram por isso. E é justamente por isso que não podemos seguir São Francisco nessa última reviravolta espiritual em que a humilhação completa se transforma em santidade ou felicidade completa. Eu, por exemplo, não consigo ir além da primeira ruptura das barricadas românticas da vaidade varonil, que sugeri no parágrafo anterior. E mesmo esse parágrafo é, naturalmente, apenas uma hipótese, uma especulação individual sobre o que Francisco pode ter sentido, mas talvez ele tenha sentido algo bem diferente. Seja lá como for, foi bem parecido com a história do homem que cava aquele túnel em que, em um momento misterioso, a contínua descida se transforma em uma contínua subida. Nunca conseguimos subir desse jeito porque nunca descemos tanto. Sem dúvida, não podemos negar que isso aconteça; e quanto mais confiante e calmamente lemos a história humana, em especial a dos homens mais sábios, tanto mais concluímos que de fato acontece. Não pretendo de modo algum escrever sobre a essência interna intrínseca da experiência. Mas seu efeito externo, para os fins desta narrativa, pode ser expresso desta forma: ao sair de sua caverna de visão, Francisco estava usando a mesma palavra "bobo" como uma honraria, como os louros da vitória ou mesmo como uma coroa. Ele continuaria a ser bobo, iria se tornar cada vez mais bobo, seria o bobo da corte do rei do Paraíso.

Essa condição só pode ser representada por um símbolo, mas o símbolo da inversão é verdadeiro em outro sentido. Se um homem viu o mundo de cabeça para baixo, com todas as árvores e torres pendendo invertidas como num poço, um dos efeitos desse tipo de visão seria enfatizar a idéia de *dependência*. Há uma relação com o latim e uma relação literal; porque a própria palavra "dependência" significa somente "pender". Ela tornaria vívido o texto das Escrituras que diz que Deus fez o mundo pender do nada. Se, num de seus sonhos estranhos, São Francisco viu a cidade de Assis de cabeça para baixo, a cidade não precisa ter ficado nem um pouco diferente, a não ser por estar totalmente invertida. Mas o essencial é: enquanto para o olho normal a imensa alvenaria de suas muralhas ou as maciças fundações de suas torres de vigia e de sua elevada cidadela a fariam parecer mais segura e mais permanente, no momento em que ela foi virada de cabeça para baixo, esse mesmo peso a faria parecer mais vulnerável e mais em perigo. Trata-se apenas de um símbolo, mas ele corresponde ao fato psicológico. São Francisco poderia amar sua cidadezinha como antes, ou mais do que antes, mas a natureza do amor se alteraria mesmo ao ser aumentada. Ele poderia ver e amar cada telha dos telhados inclinados ou cada ave nos parapeitos, mas veria tudo isso sob uma nova e divina luz de perigo e dependência eternos. Em vez de simplesmente sentir orgulho de sua forte cidade porque ela não podia ser tirada do lugar, ele se sentiria grato a Deus todo-poderoso por ela não ter caído; seria grato a Deus por não fazer cair todo o cosmos como um vasto cristal a ser despedaçado em estrelas cadentes. Talvez São Pedro tenha visto o mundo dessa maneira ao ser crucificado de cabeça para baixo.

Em geral, é com cinismo que alguns dizem: "Bendito aquele que nada espera, porque nunca vai se desapontar". Mas foi com genuína felicidade e entusiasmo que São Francisco disse: "Bendito aquele que nada espera, porque de tudo vai desfrutar". Foi com essa determinação de começar do zero, do nada obscuro de seus próprios desertos, que ele pôde aproveitar até mesmo as coisas terrenas, como poucos o fizeram; e estes são os melhores exemplos vivos daquela determinação. Porque ninguém pode ganhar uma estrela ou merecer um pôr-do-sol. Há, contudo, mais coisas envolvidas, muito mais do que as palavras nos permitiriam expressar. Não podemos dizer simplesmente que, quanto menos pensa

Crucificação de São Pedro, 1546-1550, Michelângelo. Afresco, Capela Paulina, Vaticano.

em si, mais o homem pensa em sua boa sorte e em todas as dádivas de Deus. É igualmente verdade que ele pode ver mais aspectos das próprias coisas quando consegue apreender melhor de onde elas vieram, porque a origem das coisas é parte integrante delas e, na realidade, é a parte mais importante. Assim, as coisas se tornam ainda mais extraordinárias ao ser explicadas. O homem se espanta mais diante delas, mas tem menos medo delas; porque algo é realmente espantoso quando tem sentido e não quando não tem; e um monstro, disforme, estúpido ou apenas destrutivo, pode ser maior do que as montanhas, mas ainda é, num sentido literal, insignificante. Para um místico como São Francisco, os monstros tinham um significado; ou seja, eles tinham transmitido sua mensagem. Já não falavam numa língua desconhecida. Esse é o significado de todas essas histórias, sejam lendárias ou históricas, em que ele aparece como um mago que fala a linguagem dos animais e dos pássaros. O místico nada tem a ver com o mero mistério; o mero mistério é em geral mistério de pecado.

A transição do homem bom para o santo é uma espécie de revolução, mediante a qual uma pessoa para quem todas as coisas ilustram e iluminam Deus passa a ser uma pessoa para quem Deus ilustra e ilumina todas as coisas. É mais ou menos como a reversão que ocorre com o amante que diz que sua amada parece uma flor, para depois dizer que todas as flores lembram a amada. Um santo e um poeta que estejam próximos da mesma flor talvez pareçam dizer a mesma coisa, mas, na realidade, mesmo que os dois estejam dizendo a verdade, cada um dirá uma verdade diferente. Para um, a alegria da vida é causa de fé; para o outro, ela é antes o resultado da fé. Um dos efeitos dessa diferença é que, para o artista, a dependência divina se parece com o brilhante clarão do relâmpago, ao passo que, para o santo, ela é como a plena luz do dia. Por estar, em algum sentido místico, do outro lado das coisas, o santo vê que elas saem do divino como crianças saindo de um lar conhecido e aceito, em vez de ter contato com elas da maneira como elas se mostram nos caminhos do mundo, que é o que a maioria de nós faz. E o paradoxo disso é que, graças a esse privilégio, o santo é mais próximo, mais livre e fraterno, mais espontaneamente acolhedor do que nós. Para nós, os elementos são como arautos, mensageiros que nos dizem, com trombetas e roupas solenes, que estamos nos aproximando da cidade de um grande rei, mas o santo os saúda com uma familiaridade que beira a intimidade. Ele os chama de Irmão Fogo e Irmã Água.

Desse abismo quase niilista, surge assim algo nobre, chamado Louvor, algo que ninguém pode compreender enquanto o identificar com culto à natureza ou otimismo panteísta. Quando dizemos que um poeta louva toda a criação, em geral queremos dizer apenas que ele louva todo o universo. Mas o tipo de poeta a que me refiro louva mesmo a criação, no sentido de ato da criação. Ele louva a paisagem ou a transição da inexistência para a existência; enquadra-se aqui também a sombra da imagem arquetípica da ponte, que deu ao padre seu nome arcaico e misterioso ("intermediário"). O místico que passa pelo momento em que não existe coisa alguma além de Deus de certa maneira contempla o começo sem começo em que de fato nada mais existia. Ele admira não apenas todas as coisas como o nada a partir do qual todas as coisas foram feitas. De certo modo, ele suporta até mesmo a arrasadora ironia do Livro de Jó e é capaz de responder a ela; em algum sentido, ele está presente no momento em que são assentados os fundamentos do mundo, com as estrelas da manhã cantando juntas e os filhos de Deus exultando de alegria. Esse é apenas um distante esboço do motivo que levou o franciscano, andrajoso, sem dinheiro, sem abrigo e aparentemente sem esperança, a sair cantando canções que poderiam vir das estrelas da manhã, e a exultar, como um filho de Deus.

Esse sentido de imensa gratidão e de sublime dependência não era uma frase nem sequer um sentimento; toda sua importância reside no fato de corresponder à realidade concreta. Não se tratava de uma fantasia, mas de um fato, embora, diante dele, todos os fatos sejam fantasias. O fato de todos dependermos em todos os detalhes, a cada instante, de Deus, como diria um cristão, ou mesmo, como diria um agnóstico, da existência e da natureza das coisas, não é uma ilusão da imaginação; ao contrário, é o fato fundamental que escondemos, como se usássemos cortinas, com a ilusão da vida comum. Essa vida comum é algo admirável em si, do mesmo modo que a imaginação também é admirável. Mas é muito mais a vida comum do que a contemplativa que é criada pela imaginação. Quem viu o mundo inteiro pendendo de um fio de cabelo à disposição de Deus viu a verdade; quase poderíamos dizer a verdade nua e crua. Quem viu sua cidade de cabeça para baixo viu-a como ela realmente é.

Rossetti observa em algum lugar, com amargura, mas falando uma grande verdade, que o pior momento para o ateu é aquele em que ele se sente realmente grato e não tem ninguém a quem agradecer. O inverso dessa proposição também é verdadeiro; e sem dúvida essa gratidão pro-

Gravura do Livro de Jó, William Blake, 1825.

duziu, em homens como os que aqui consideramos, os mais puros momentos de alegria já conhecidos pelo ser humano. O grande pintor vangloriou-se por ter misturado todas as suas cores com o cérebro, e pode-se dizer que o grande santo misturou todos os seus pensamentos com agradecimentos. Todos os bens parecem melhores quando têm a aparência de presentes. Nesse sentido, é certo que o método místico estabelece uma relação exterior muito saudável com todas as outras coisas. Mas não podemos nos esquecer que todas as outras coisas foram relegadas para sempre ao segundo plano ante esse fato simples de dependerem da realidade divina. Na medida em que as relações sociais comuns trazem em si algo aparentemente sólido e auto-suficiente, mas ao mesmo tempo revelam que precisam ser sustentadas e escoradas; na medida em que estabelecem seu equilíbrio na sensação de segurança, e segurança no sentido de auto-suficiência, o homem que viu o mundo pendendo de um fio de cabelo tem de fato alguma dificuldade para levá-las muito a sério. Na medida em que até a autoridade e a hierarquia secular, até o que se considera naturalmente superior ou necessariamente subordinado, tendem ao mesmo tempo a nos situar no mundo e a nos deixar seguros de nossa posição, o homem que viu a hierarquia humana de cabeça para baixo não poderá deixar de exibir diante dessa superioridade um leve sorriso. A visão direta da realidade divina perturba convenções que em si mesmas são bastante saudáveis. O místico talvez aumente um pouco sua estatura, mas costuma perder parte de seu *status*. Ele já não pode saber ao certo quem é, simplesmente verificando sua própria existência nos registros paroquiais ou numa Bíblia de família. Um homem como esses talvez se pareça um pouco com um lunático que perdeu o nome, mas preservou sua natureza; um lunático que de um momento para outro esquece o tipo de homem que foi. "Até este momento, chamei Pietro Bernardone de pai, mas agora sou servo de Deus."

Todas essas profundas questões precisam ser expressas com frases curtas e imperfeitas; em poucas palavras, podemos dizer que essa iluminação é a descoberta de uma dívida infinita. Pode parecer paradoxal dizer que um homem pode ser tomado pela alegria ao descobrir que está em dívida. Mas isso só ocorre porque, em se tratando de comércio, o credor em geral não partilha dos transportes de alegria, especialmente quando a dívida é necessariamente infinita e, portanto, irrecuperável. Contudo, mais uma vez, o paralelo de uma história de amor natural do tipo mais nobre acaba imediatamente com a dificuldade. Ali, o credor infinito partilha de fato da alegria do devedor infinito, porque na realidade os dois são ao mesmo tempo credores e devedores. Em outras palavras, a dívida e a dependência tornam-se efetivamente prazeres na presença do amor não-maculado; a palavra "amor" é usada de maneira muito imprecisa e luxuriosa em simplificações populares como esta, mas aqui essa palavra é de fato a chave. É a chave de todos os problemas da moralidade franciscana que põem em dúvida a mente moderna corriqueira; mas é, acima de tudo, a chave do ascetismo. O maior e o mais sagrado paradoxo reside justamente no fato de o homem que se reconhece incapaz de pagar sua dívida continuar a pagá-la eternamente. Ele estará sempre devolvendo o que não pode devolver, e o que não se pode esperar que ele devolva. Ele estará sempre jogando coisas num poço sem fundo de agradecimentos insondáveis. Homens que se julgam modernos demais para compreender isso são na verdade ruins demais para entender; a maioria de nós é ruim demais para praticar isso. Não somos suficientemente generosos para ser ascéticos. O homem tem de ter a generosidade da entrega, da qual ele em geral só tem uma obscura idéia em seu primeiro amor, como se desse uma olhada em nosso jardim do Éden perdido. Mas quer veja quer não, a verdade está neste enigma: o fato de o mundo inteiro ter, ou ser, apenas algo bom: uma dívida ruim.

Se algum dia o tipo mais raro de amor romântico, que foi a verdade que sustentou os trovadores, sair de moda e for tratado como ficção, talvez possamos vê-lo ser objeto da mesma incompreensão que o mundo moderno mostra diante do ascetismo. Pois parece factível que alguns bárbaros tentem destruir o cavalheirismo no amor, assim como os bárbaros que dirigiam Berlim destruíram o cavalheirismo na guerra. Se isso um dia acontecesse, teríamos o mesmo tipo de desprezo e de dúvidas desprovidas de imaginação. Os homens perguntariam que tipo de mulher egoísta pode ter existido que cobrava impiedosamente tributos na forma de flores, ou que criatura gananciosa ela pode ter sido para exigir ouro puro na forma de uma aliança — da mesma maneira como perguntam que tipo cruel de

Deus pode ter exigido o sacrifício e abnegação total. Eles seriam incapazes de compreender o sentido que todos os amantes têm dado ao amor; e não poderiam entender que algo foi feito justamente por não ter sido exigido. Contudo, quer esses detalhes consigam ou não esclarecer as coisas maiores, é inútil estudar algo tão grandioso como o movimento franciscano permanecendo no estado de espírito moderno que despreza o sombrio ascetismo. O essencial com relação a São Francisco de Assis é que ele de fato foi ascético e sem dúvida não foi sombrio. Assim que foi derrubado do cavalo pela gloriosa humilhação de sua visão da dependência com respeito ao amor divino, ele se lançou ao jejum e à vigília do mesmo modo que se lançara furiosamente à batalha. Ele arremeteu com força o cavalo de batalha, mas não havia como interromper ou controlar o ímpeto fulminante com que o fez. Nada havia de negativo nisso; não se tratava de disciplina nem de simples estoicismo. Não era negação de si mesmo no mero sentido de autocontrole. Tratava-se de algo positivo como uma paixão; tinha toda a aparência de ser positiva como um prazer. Ele devorava o jejum como um homem devora comida. Ele se lançava na busca da pobreza como homens já cavaram loucamente em busca de ouro. E é precisamente a qualidade positiva e passional dessa parte de sua personalidade que constitui um desafio para a mente moderna no tocante a todo o problema da busca do prazer. Há inegavelmente o fato histórico; e, associado a ele, há outro fato moral quase tão inegável quanto aquele. É certo que ele seguiu esse curso heróico ou não natural desde o momento em que entrou na floresta invernal com sua túnica de cabelo até o momento em que desejou, mesmo na agonia da morte, ficar despido no chão descoberto para provar que não tinha nem era nada. E, podemos dizer, com uma certeza quase tão profunda, que as estrelas que passaram acima daquele cadáver esquelético e desgastado, despojado sobre o solo pedregoso, pela primeira vez, em todos os seus reluzentes círculos ao redor do mundo da humanidade que labuta, contemplaram um homem feliz.

O Sonho do Palácio (detalhe), Giotto. Afresco, 1290, Basílica superior de São Francisco, Itália.

Capítulo VI

O POBREZINHO

Daquela caverna, que era uma fornalha ardente de gratidão e humildade, saiu uma das mais fortes, estranhas e originais personalidades que a história humana já conheceu. Ele era, enfaticamente, entre outras coisas, aquilo que chamamos de personagem, quase como quando falamos de um personagem num romance ou peça de teatro. Não era só humanista, mas também humorista; humorista especialmente no antigo sentido de um homem que sempre mantinha seu estado de espírito, que fazia as coisas à sua maneira e fazia o que ninguém mais teria feito. As anedotas a seu respeito têm uma certa qualidade biográfica de que o exemplo mais familiar é o Dr. Johnson, e que inclui de outra maneira William Blake e Charles Lamb. A atmosfera só pode ser definida por uma espécie de antítese; o ato é sempre inesperado e nunca impróprio. Algo só é imaginado depois de ser dito ou feito; depois disso, porém, é visto apenas como algo natural. É surpreendentemente individual, mas inevitável. Essa qualidade de adequação e de surpresa repentinas é inerente a São Francisco e o diferencia da maioria dos homens de sua época. Eles estavam assimilando cada vez mais as sólidas virtudes sociais da civilização medieval, mas elas ainda eram mais sociais do que individuais. O mundo medieval estava bem à frente do mundo moderno em seu

Monumento a São Francisco, Assis, Itália.

São Francisco, Francisco de Zurbarán. Óleo, 1660, Alte Pinakothek, Munique.

sentido das coisas que todos os homens tinham em comum: a morte e a luz da razão, bem como a consciência comum que mantém as comunidades coesas. Faziam generalizações mais saudáveis e consistentes do que as loucas teorias materialistas de nosso cotidiano; na época ninguém teria tolerado um Schopenhauer e seu desprezo pela vida ou um Nietzsche, que dedicou sua vida ao desprezo. Mas o mundo moderno é mais sutil em seu sentido das coisas que os homens não têm em comum, nas variedades e diferenciações de temperamento que compõem os problemas pessoais. Todos os homens capazes de pensar percebem hoje que os grandes escolásticos tinham um pensamento prodigiosamente claro; mas era, digamos assim, deliberadamente insosso. Todos concordam em nossos dias que a mais grandiosa arte da época foi a arte das edificações públicas; a arte popular e comunitária da arquitetura. Mas não era uma época favorável à arte da pintura de retratos. Os amigos de São Francisco até trataram de providenciar um retrato dele, algo que quase lembra uma caricatura devota e afetuosa. Há nela linhas e cores tão pessoais que quase chegam a ser perversas, se pudermos usar a palavra perversidade para falar de uma inversão que foi igualmente uma conversão. Mesmo entre os santos, ele tem o ar de alguém excêntrico, se pudermos aplicar esse termo a alguém cuja excentricidade sempre consistiu em girar em torno do centro.

Antes de retomar a narrativa de suas primeiras aventuras, e da construção da grande fraternidade que foi o começo de uma revolução tão misericordiosa, julgo oportuno completar aqui esse retrato pessoal imperfeito, e, depois de tentar no último capítulo fazer uma hesitante descrição do processo, quero adicionar neste capítulo alguns elementos capazes de dar conta do resultado. Chamo de resultado o homem real que Francisco era após suas primeiras experiências de formação; o homem que as pessoas encontravam caminhando pelas estradas italianas com sua túnica marrom amarrada com uma corda. Porque esse homem é, excetuando-se a graça de Deus, a explicação de tudo o que veio de-

Patronos da religião, Han Holbein, gravura.

pois; os homens não agiam do mesmo modo depois de conhecerem São Francisco. Se depois disso vemos um grande tumulto, um apelo ao papa, multidões de homens vestidos de hábitos marrons cercando os assentos das autoridades, pronunciamentos papais, reuniões anti-religiosas, o julgamento e a sobrevivência triunfante, o mundo tomado por um novo movimento, a palavra frade tornar-se comum em todos os recantos da Europa, e nos perguntamos *por que* tudo isso aconteceu, só podemos chegar perto de uma resposta à nossa própria pergunta se, recorrendo de algum modo à nossa pálida e insuficiente imaginação, conseguimos ouvir uma voz humana ou ver um rosto humano sob um capuz. A única resposta é que Francisco Bernardone estava ali, e de algum modo temos de tentar imaginar o que teríamos visto se o encontrássemos frente a frente. Em outras palavras, depois de algumas incertas sugestões sobre sua vida interior, temos de voltar a considerá-la a partir de fora; como se ele fosse um estranho que caminha em nossa direção, ao longo das colinas da Úmbria, entre oliveiras e vinhas.

Francisco de Assis era uma figura delicada, com aquele tipo de delicadeza que, combinada a uma vivacidade excessiva, dá a impressão de pequenez. Era provavelmente mais alto do que parecia; de porte médio, nas palavras de seus biógrafos. Certamente era bastante ativo e, considerando as coisas pelas quais passou, deve ter tido uma resistência razoável. Tinha a cor morena própria dos habitantes do sul da Itália, com uma barba escura fina e pontuda como a que aparece nas imagens sob os capuzes dos elfos; e seus olhos tinham o brilho que o perturbava noite e dia. Há algo na descrição de suas palavras e atos que sugere que, bem mais do que a maioria dos italianos, ele recorria naturalmente a uma passional pantomima de gestos. Se assim era, também é certo que, no seu caso, os gestos eram de polidez ou de hospitalidade. E ambos esses fatos, a vivacidade e a cortesia, são os sinais exteriores de algo que o distingue bastante dos que poderiam ser mais parecidos com ele do que de fato são. Diz-se que Francisco de Assis foi um dos fundadores do teatro medieval e, portanto, do teatro moderno. Ele era justamente o oposto da pessoa de teatro no sentido egoísta, mas, apesar de tudo isso, era essencialmente uma pessoa dramática. É possível apreender melhor essa sua característica tomando-se o que se costuma considerar uma qualidade contemplativa, em geral descrita como amor à natureza. Somos obrigados a usar a expressão, embora ela seja totalmente equivocada.

São Francisco não era amante da natureza. Se entendemos essa expressão de maneira adequada, amante da natureza é exatamente o que ele não era. Do contrário, aceitaria o universo material como um ambiente vago, uma espécie de panteísmo sentimental. No período romântico da literatura inglesa, na época de Lord Byron e de Sir Walter Scott, era bem fácil imaginar que um eremita nas ruínas de uma capela (de preferência à luz da lua) pudesse encontrar a paz e algum prazer na harmonia de florestas solenes e estrelas silenciosas, enquanto pensava em algum pergaminho ou volume com iluminuras, sobre a natureza litúrgica de que o autor falou um tanto por alto. Em resumo, o eremita poderia amar a natureza como um segundo plano. Ora, para São Francisco nada estava em segundo plano. Poderíamos dizer que sua mente não comportava

São Francisco (detalhe de São Fransisco e seu irmão de Ordem, 1597-1603, El Greco.

um segundo plano, exceto talvez a divina escuridão a partir da qual o amor divino anunciara uma a uma cada criatura dotada de cor. Ele via todas as coisas como personagens dramáticos, distintos de seu cenário, jamais como um quadro, mas em ação, como numa peça teatral. Um pássaro se aproximava dele como uma flecha; algo com uma história e um propósito, mas que era propósito de vida, não de morte. Um arbusto o fazia parar do mesmo modo que uma brigada; e ele estava igualmente pronto para dar as boas-vindas tanto à brigada como ao arbusto.

Em uma palavra, estamos falando de um homem que não tomava a floresta pelas árvores. São Francisco era um homem que não tomava a floresta pelas árvores. Queria ver cada árvore como algo separado e quase sagrado, como um filho de Deus e, portanto, como irmão ou irmã do homem. Mas não queria ficar à frente de um cenário usado apenas como pano de fundo e demarcado: "Cenário: uma floresta". Poderíamos dizer que ele era dramático demais para o drama. Em suas comédias, o cenário teria de adquirir vida; as paredes teriam de falar de verdade como Snout, o caldeireiro (de *Sonho de uma Noite de Verão*, de Shakespeare), e as árvores iriam andando para a colina de Dunsinane (de *Macbeth*, de Shakespeare). Todas as coisas ficariam em primeiro plano; e, nesse sentido, sob as luzes da ribalta. Todas seriam em todos os sentidos personagens. É essa a condição em que ele, como poeta, é o próprio oposto de um panteísta. Ele não chamava a natureza de mãe; chamava um burrico específico de irmão ou uma pomba de irmã. Se chamasse uma garça de tia ou um elefante de tio, como possivelmente o faria, ainda assim estaria indicando que eles eram criaturas específicas às quais o Criador atribuíra um lugar particular, não meras expressões da energia evolutiva das coisas. É nisso que seu misticismo se aproxima tanto do senso comum da criança. Uma criança não tem dificuldades para entender que Deus fez o cão e o gato, mesmo que saiba bem que a criação de cães e gatos a partir do nada é um processo misterioso que está além de sua imagina-

São Francisco. Ilustração para a *Divina Comédia*, Duilio Cambellotti (1876-1960).

ção. Mas nenhuma criança entenderia qual a intenção de se misturar o cão, o gato e tudo o mais para formar um monstro com inúmeras pernas e dar a ele o nome de natureza. A criança se recusaria terminantemente a entender um animal assim. São Francisco era um místico, mas acreditava no misticismo, não na mistificação. Como místico, era inimigo mortal de todos os místicos que diluíam as extremidades das coisas e as faziam desaparecer em seu ambiente. Era um místico da luz do dia e da escuridão, mas não um místico das coisas indefinidas. Era exatamente o oposto do visionário oriental que só é místico porque é cético demais para ser materialista. São Francisco era decisivamente realista, usando-se a palavra "realista" em seu sentido bem mais medieval. Quanto a isso, ele estava bem integrado ao melhor espírito de sua época, que acabara de ganhar a batalha contra o nominalismo[7] do século XII. Nesse aspecto, havia mesmo algo simbólico na arte e na decoração contemporâneas do período, bem como na heráldica, a arte dos escudos. As aves e os animais franciscanos eram bem parecidos com as aves e os animais heráldicos, não por serem animais fabulosos, mas por serem tratados como se fossem fatos, claros, positivos e não afetados pelas ilusões da atmosfera e da perspectiva. Nesse sentido, São Francisco podia ver uma ave negra num campo azul ou um carneiro prateado num campo verde. Mas a heráldica da humildade era mais rica que a do orgulho, porque via todas as coisas dadas por Deus como algo mais precioso e único do que os brasões que príncipes e nobres haviam atribuído a si mesmos. Das profundezas dessa entrega, ela se elevava mais alto do que os mais nobres títulos do feudalismo, mais do que os louros de César ou a Coroa de Ferro da Lombardia. Eis um exemplo de extremos que se tocam: o *pobrezinho*, que se privara de tudo e dissera não ter nome, assumiu o mesmo título que um deslumbrado ditador asiático, em selvagem fanfarronice, atribuíra a si mesmo, chamando-se Irmão do Sol e da Lua.

[7] Doutrina que acredita que os conceitos são meros nomes, duvidando da existência *real* das coisas. (N. do T.)

Essa qualidade de algo notável e mesmo surpreendente nas coisas tais como São Francisco as via é importante aqui para ilustrar um aspecto de sua própria vida. Como via as coisas dramaticamente, ele também era dramático. Temos de levar em conta, nem é preciso dizer, que ele era poeta, e que só pode ser entendido como poeta. Mas tinha um dom poético negado à maioria dos poetas: toda sua vida era um poema. Francisco não era tanto um menestrel que se limitava a cantar suas próprias canções quanto um dramaturgo capaz de representar toda a sua peça. Ele disse coisas mais criativas do que as escreveu. Ele fez coisas mais criativas do que as que expressou. Toda sua vida pareceu-se com uma sucessão de cenas nas quais ele tinha uma espécie de dom perpétuo para levar as coisas a uma bela crise. Falar sobre a arte de viver tornou-se então algo mais artificial do que artístico. Mas São Francisco fez do próprio ato de viver uma arte, ainda que não premeditada. Muitos de seus atos parecem grotescos e embaraçosos ao gosto racionalista. Mas eram sempre atos e não explicações, e sempre diziam o que ele queria que dissessem. A espantosa vivacidade com que ele gravou a si mesmo na memória e na imaginação da humanidade deve-se em grande parte ao fato de ele ser visto repetidas vezes nessas condições dramáticas. Desde o momento em que tirou as roupas e as lançou aos pés do pai ao momento em que já à morte se estendeu na terra nua fazendo a figura da cruz, sua vida foi constituída por essas atitudes inconscientes e esses gestos decididos. Seria fácil encher páginas e páginas de exemplos, mas vou seguir aqui o método que julguei mais conveniente neste breve esboço, tomando apenas um exemplo típico e examinando-o com o maior número possível de detalhes, na esperança de tornar o sentido mais claro. O exemplo tomado aqui ocorreu em seus últimos dias de vida, mas lembra curiosamente os primeiros e dá o acabamento à notável unidade desse romance de religião.

A frase sobre sua condição de Irmão do Sol e da Lua, e da Água e do Fogo, está em seu famoso poema chamado Cântico das Criaturas ou Cântico do Sol. Ele o cantou enquanto perambulava pelas pradarias na

Frei franciscano escriba.

fase mais brilhante de sua carreira, em que dirigia ao céu todas as paixões de um poeta. Trata-se de uma obra muito característica, que por si só é capaz de nos desvendar muitos aspectos de São Francisco. Embora em alguns pontos seja simples e direta como uma balada, há nela algo sutil que a diferencia disso. Observe-se, por exemplo, o sentido do sexo nas coisas inanimadas, que vai bem além dos gêneros arbitrários da gramática. Não foi por acaso que ele chamou o fogo de irmão, ardente, alegre e forte, e a água de irmã, pura, clara e inviolada. Lembremos que o politeísmo grego e romano transformado em alegoria, que na poesia européia era muitas vezes uma inspiração e com muita freqüência uma convenção, não perturbava nem auxiliava São Francisco. Quer tenha lucrado ou perdido com isso, ele nunca teve a idéia de ligar Netuno (o deus do mar) e as ninfas com a água, nem Vulcano (o deus do fogo) e os ciclopes (monstros de um só olho) com a chama. É exatamente isso que

São Paulo, Giotto. Afresco, Basílica superior de São Francisco, Assis.

ilustra o que já foi sugerido; o fato de que, longe de uma volta ao paganismo, a renascença franciscana foi uma espécie de novo começo e de primeiro despertar depois do sono do paganismo. Foi sem dúvida responsável por um certo frescor. Seja como for, São Francisco foi, digamos, o fundador de um novo folclore; mas ele sabia distinguir suas sereias de seus "sereios", e suas bruxas de seus magos. Para resumir, ele teve de criar sua própria mitologia, mas distinguia num relance as deusas dos deuses. Esse fantástico instinto para os sexos não é o único exemplo desse instinto criativo. A mesma felicidade curiosa está presente no fato de ele designar o sol com um título mais nobre além do de irmão; uma expressão que um rei usaria ao se referir a outro, correspondente a "Monsieur notre frère" (Senhor nosso irmão). É como uma pequena sombra meio irônica da reluzente primazia que tinha nos céus pagãos. Conta-se que um bispo se queixou de um não-conformista por este ter dito Paulo em vez de São Paulo; e acrescentou:"Ele deveria ao menos tê-lo chamado de Senhor Paulo." Assim, São Francisco está livre de toda obrigação de clamar ao Senhor Deus Apolo (deus identificado com o sol), mas, em seu novo céu acolhedor como um quarto de criança, ele o saúda como Senhor Sol. É em relação a coisas como essas que ele tem uma espécie de infância inspirada, que só tem paralelo nos contos infantis. Um pouco desse mesmo espanto difuso, mas saudável, encontra-se na história da "Mana" Raposa e do "Mano" Coelho, em que, respeitosamente, o homem é chamado de Senhor Homem.

Esse poema, pleno de jovialidade e das lembranças da infância, percorre toda a sua vida como um refrão, e trechos dele aparecem continuamente em sua fala cotidiana. Talvez sua linguagem especial tenha se manifestado pela última vez num incidente que sempre me pareceu muito marcante, e que ainda assim ilustra bem o grande estilo e os grandes gestos a que me refiro. Impressões desse tipo dependem de imaginação e, portanto, de gosto. De nada adianta discutir a seu respeito, pois elas são interessantes justamente por transcenderem as palavras. Mesmo quando as usam, elas parecem completadas por algum movimento ritual semelhante a uma bênção ou a um golpe. Assim, num exemplo supremo, há algo que ultrapassa qualquer exposição, algo como o movimento irresistível ou a poderosa sombra de uma mão, tornando mais escuras até as trevas de Getsêmani: "Dorme agora, e descansa...". Alguns chegaram até a parafrasear e ampliar a história da Paixão.

São Francisco estava próximo do momento de sua morte. Poderíamos dizer que já era bem velho quando esse incidente ocorreu. Sua velhice era, contudo, prematura, pois não completara 50 anos quando morreu, desgastado por sua vida de luta e de jejum. Ao sair do estranho ascetismo e da revelação ainda mais estranha de Alverno, era também um homem desgastado. Como se evidenciará no momento em que abordarmos esses eventos, sua vida talvez não tenha ficado mais sombria só por causa da doença ou da decadência do corpo. Ele terminara de perder a ilusão de acabar com as Cruzadas convertendo os islamitas, e ficara ainda mais desapontado ao perceber, em sua própria ordem, sinais de fraqueza e do predomínio de um espírito mais político e prático. Suas últimas energias esvaíram-se em protesto. Então, alguém lhe disse que estava prestes a perder a visão. Se conseguimos fornecer aqui a mais pálida idéia daquilo que São Francisco sentia com relação à glória e à opulência da terra e do céu, à forma, cor e simbolismo heráldicos de aves, animais e flores, será possível ter uma noção do que significava para ele ficar cego. Mas o remédio talvez tenha se revelado pior que a doença.

O remédio, sem dúvida de resultados incertos, consistia em cauterizar o olho, e sem anestesia. Ou seja, para tentar curá-lo, seria preciso queimar suas pupilas vivas com um ferro em brasa. Talvez fosse pior do que muitas das torturas do martírio, que ele invejou na história dos mártires da Igreja e buscou inutilmente na Síria. Quando levantaram a barra da fornalha, ele se levantou como se fizesse uma reverência e falou com uma presença invisível: "Irmão Fogo, Deus te fez belo, forte e útil; rezo para que sejas delicado comigo".

Se existe uma arte da vida, creio que esse momento foi uma de suas obras-primas. Não são muitos os poetas que puderam se lembrar de sua própria poesia num momento como esse, e menos ainda viver um de seus próprios poemas. Mesmo o poeta inglês William Blake teria ficado confuso se, ao ler os nobres versos *"Tiger, tiger, burning bright"* (Tigre, tigre, viva chama), visse assomar à janela de seu chalé em Felpham um enorme tigre de verdade, evidentemente disposto a lhe arrancar a cabeça. Ele teria de balançar a cabeça antes de cumprimentá-lo polidamente, e sobretudo terminar calmamente de recitar seu poema. Quando desejou ser uma nuvem ou uma folha levada pelo vento, Percy Shelley certamente ficaria muito surpreso se de repente começasse a girar no ar, de cabeça para baixo, mil metros acima do mar. Mesmo John Keats, sabendo que sua vida era frágil, poderia se incomodar ao descobrir que o verdadeiro e rubro Hipocrene que ele acabara de beber voluntariamente continha de fato uma droga, que o faria desaparecer de verdade à meia-noite sem sentir. Para Francisco não havia droga, havia muita dor. Mas seu primeiro pensamento foi uma de suas primeiras fantasias das canções da juventude. Ele se lembrou de uma época em que uma chama era uma flor, apenas a flor mais gloriosa e alegremente colorida do jardim de Deus; e quando aquela coisa brilhante voltou a ele na forma de um instrumento de tortura, ele a saudou de longe como um velho amigo, chamando-a pelo apelido que poderia ser seu verdadeiro nome de batismo.

Trata-se apenas de um incidente retirado de uma vida cheia de incidentes como esses; e eu o escolhi em parte porque ele mostra o que se quer dizer aqui com a sombra de gesto presente em todas as palavras de Francisco, o gesto dramático próprio dos habitantes do sul da Itália; e, em parte, porque sua referência especial à cortesia remete a outra coisa digna de nota. O instinto popular de São Francisco, e sua eterna preocupação com a idéia de fraternidade, serão entendidos de maneira totalmente equivocada se forem vistos apenas como o que costuma ser denominado camaradagem, o tipo de fraternidade das "batidinhas nas costas". Inimigos e até partidários do ideal democrático têm veiculado a idéia de que essa atitude é necessária a esse ideal. Supõe-se que igualdade se traduza numa atitude de igual incivilidade, quando obviamente deveria se traduzir numa atitude de igual civilidade. Essas pessoas se esqueceram do próprio sentido e origem da palavra civilidade se não conseguem perceber que ser incivil é ser não cívico. Mas, de todo modo, não era essa a igualdade que Francisco de Assis promovia, mas uma igualdade oposta, uma camaradagem fundada realmente na cortesia.

Mesmo nessa imprecisa região imaginária de suas simples fantasias sobre flores e animais, e até sobre seres inanimados, ele mantinha sempre uma espécie de deferência. Um amigo meu certa vez me disse que determinada pessoa era o tipo de homem que pede desculpas a um gato. São Francisco realmente o faria. Antes de começar a pregar numa mata tomada pelo chilrear das aves, ele dizia, com um gesto delicado: "Irmãzinhas, se vocês já disseram o que tinham a dizer, é hora de eu também ser ouvido". E todos os pássaros ficavam em silêncio — e eu posso acreditar nisso com a maior facilidade. Seguindo o meu plano de tornar as coisas compreensíveis para o homem moderno, tratei à parte o tema dos poderes milagrosos que São Francisco com toda a certeza possuía. Contudo, mesmo sem levar em conta esses poderes, os que possuem semelhante personalidade magnética ou esse interesse profundo pelos animais costumam ter sobre eles um poder extraordinário. O poder de

São Francisco sempre era exercido com essa elaborada polidez. Grande parte disso era, sem dúvida, uma espécie de brincadeira simbólica, uma pantomima piedosa destinada a transmitir a distinção vital de sua missão divina, o fato de ele não somente amar como reverenciar a Deus em todas as suas criaturas. Por isso ele não pedia desculpas apenas ao gato ou às aves, mas até à cadeira por se sentar nela ou à mesa, por ocupá-la. Quem acompanhou sua vida com o único objetivo de zombar dele, como se ele fosse uma espécie de adorável lunático, facilmente poderia ter a impressão de que ele era um louco capaz de reverenciar todo poste ou de tirar o chapéu para toda árvore. Tudo isso fazia parte de sua tendência para o gesto criativo. Ele costumava recorrer a uma espécie de alfabeto mudo para oferecer ao mundo suas lições. Mas se esse elemento estava presente em questões de maior ou menor importância, seu significado tornou-se bem mais sério na verdadeira obra de sua vida, que era um apelo à humanidade ou, mais apropriadamente, aos seres humanos.

A Confirmação da Regra, Giotto. Afresco, Basílica superior de São Francisco, Assis.

Eu disse que São Francisco evitava deliberadamente tomar a floresta pelas árvores. É ainda mais verdadeiro que ele não confundia a multidão com os homens. O que distingue esse democrata tão genuíno de um simples demagogo é que ele nunca enganou nem foi enganado pela ilusão da sugestão de massa. Seja qual for seu gosto por monstros, ele nunca viu diante de si uma besta de muitas cabeças. Via apenas a imagem de Deus, multiplicada, porém nunca monótona. Para ele, um homem era sempre um homem, e não desaparecia numa densa multidão mais do que no deserto. Ele honrava todos os homens; ou seja, não apenas amava como respeitava todos eles. Era isso o que lhe dava um poder fora do comum. Do papa ao mendigo, do sultão da Síria em seu pavilhão aos ladrões andrajosos que se esgueiravam para fora da floresta, nunca houve um homem que olhasse aqueles ardentes olhos castanhos sem ter a certeza de que Francisco Bernardone se interessava de fato por *ele*, por sua própria vida individual interior, do berço ao túmulo. Ninguém nunca duvidou que era valorizado pessoalmente e levado a sério, e não simplesmente adicionado aos restos de alguma política social ou aos nomes de algum documento clerical. Ora, só a cortesia é capaz de expressar externamente essa idéia religiosa e moral particular. A exortação não a exprime, dado que ela não é simples entusiasmo abstrato; a beneficência também não, pois ela não é mera piedade. Essa idéia só pode ser expressa por um tratamento geral que podemos chamar de boas maneiras. Podemos dizer, se quisermos, que São Francisco, na nua e despojada simplicidade de sua vida, se apegou a um naco de luxo: as maneiras da corte. Contudo, enquanto na corte há um rei e uma centena de cortesãos, nessa história há um só cortesão no meio de cem reis. Porque ele tratava toda a multidão de homens como uma multidão de reis. E essa era real e verdadeiramente a única atitude que atingia a parte do homem que ele desejava atingir. E não se pode fazer isso dando ouro, nem sequer pão; porque, como diz o provérbio, quem não sabe dar faz da generosidade desdém. Não se pode fazê-lo nem mesmo dedicando tempo e atenção,

pois muitos filantropos e burocratas benevolentes fazem isso com um desdém bem mais frio e desagradável. Nenhum plano, nenhuma proposta ou arranjo eficiente é capaz de devolver a um homem abatido o respeito por si mesmo e a sensação de falar de igual para igual. Um gesto o faz.

Era com um gesto assim que Francisco de Assis se movia entre os homens, e logo se descobriu que havia ali algo mágico, algo que agia, nos dois sentidos, como um feitiço. Mas esse gesto deve ser sempre entendido como totalmente natural, porque era na verdade um gesto de desculpas. É preciso imaginar Francisco como alguém que andava pelo mundo rapidamente, revelando uma espécie de polidez impetuosa, quase como o movimento do homem que se ajoelha meio às pressas e meio por obediência. O rosto impulsivo sob o capuz marrom era o de um homem que está sempre se dirigindo a algum lugar, como se, ao caminhar, observasse ao mesmo tempo o vôo dos pássaros. E esse sentido de movimento corresponde de fato à revolução que ele fez, porque o trabalho que passamos a descrever agora foi como um terremoto ou um vulcão, como uma explosão que, com grande energia, exteriorizou as forças acumuladas durante dez séculos nas fortalezas ou nos redutos monásticos e, sem pensar nas conseqüências, lançou todas as suas riquezas até os confins da terra. Recorrendo à antítese, é apropriado dizer que o que São Bento reuniu, São Francisco distribuiu; mas, no mundo das coisas espirituais, o que fora armazenado nos celeiros como grãos foi espalhado pelo mundo como sementes. Os servos de Deus, que até então eram uma guarnição sitiada, tornaram-se um exército em marcha; os caminhos do mundo se viram tomados, como num trovão, pelos passos deles — e, bem à frente dessa tropa à qual a cada momento se juntavam novos elementos, ia um homem cantando, com a mesma simplicidade com que cantara naquela manhã na floresta invernal em que caminhara sozinho.

São Francisco e o sultão da Síria, Gustave Dorè. Gravura.

Capítulo VII

As três Ordens

Interior da Basílica de São Francisco.

Sob determinado ponto de vista, duas pessoas podem constituir um grupo, ao passo que três não; em outros, três são um grupo e quatro não, como podemos comprovar pelas inúmeras figuras tanto históricas como fictícias que andam em trios, como os Três Mosqueteiros ou os Três Soldados de Rudyard Kipling. Sob outro ponto de vista, porém, quatro pessoas formam um grupo e três não, se usarmos a palavra "grupo" com o significado menos definido de multidão ou massa. Com o quarto homem, entra a sombra de uma aglomeração; o grupo já não é formado por três pessoas concebidas individualmente. Essa sombra do quarto homem caiu sobre o pequeno eremitério da Porciúncula quando um homem chamado Egídio, ao que parece um pobre trabalhador, foi convidado por São Francisco a fazer parte dele. Egídio não teve dificuldades para se familiarizar com o mercador e com o religioso que já eram companheiros de Francisco, mas, com sua chegada, cruzou-se uma linha invisível. Porque, a essa altura, alguém se deu conta de que o aumento do pequeno grupo se tornara potencialmente infinito, ou ao menos que seus limites haviam se

Basílica de São Francisco, gravura, Assis, Itália.

tornado permanentemente indefinidos. Foi provavelmente na época dessa transição que Francisco teve outro sonho cheio de vozes, mas agora as vozes eram um clamor das línguas de todas as nações: franceses, italianos, ingleses, espanhóis e alemães falavam da glória de Deus cada qual em sua língua; era um novo Pentecostes ou uma Babel de melhor sorte.

Antes de descrever seus primeiros passos para regularizar o grupo em crescimento, vale a pena falar um pouco sobre sua concepção de grupo. Ele não chamou seus seguidores de monges, e, ao menos por enquanto, não sabemos sequer se ele os pensava como monges. Ele lhes deu um nome, que geralmente é traduzido como frades menores; porém estaríamos bem mais próximos do que se passava por sua mente se o traduzíssemos quase literalmente por Irmãozinhos. Ao que parece, Francisco já decidira que eles fariam os três votos — de pobreza, de castidade e de obediência — que sempre caracterizaram um monge. Mas temos a impressão de que ele temia menos a idéia de monge que a de abade. Seu temor era que as grandes chefias espirituais — que haviam levado até seus ocupantes mais santos a sentirem ao menos uma espécie de orgulho impessoal e corporativo — trouxessem consigo um elemento de pompa capaz de deteriorar sua versão extrema e quase extravagantemente simples da vida de humildade. A maior diferença entre sua disciplina e a disciplina do antigo sistema monástico estava, é claro, na idéia de que os monges deviam tornar-se itinerantes e quase nômades, em vez de permanecer no mesmo lugar. Eles deviam se misturar com o mundo, e o monge mais antigo naturalmente perguntaria: como se misturar com o mundo sem se apegar a ele? Essa era uma dúvida bem mais real do que uma religiosidade descomprometida poderia considerar, mas São Francisco tinha uma resposta para ela, uma resposta própria; e o interesse do problema reside justamente nessa resposta.

O bom bispo de Assis mostrou-se horrorizado diante da vida difícil que os Irmãozinhos levavam na Porciúncula: sem conforto, sem posses, alimentando-se com qualquer coisa que conseguissem e dormindo em

O Sonho do Palácio, Giotto. Afresco, Basílica superior de São Francisco, Assis.

um canto qualquer, em geral no chão. São Francisco lhe respondeu com aquela astúcia curiosa e quase atordoante que os que não são santos não conseguem entender de jeito nenhum. Ele disse: "Se tivéssemos posses, precisaríamos de armas e de leis para defendê-las". Essa frase é a chave de toda a política que ele desejava implantar. Apoiava-se numa lógica bastante sólida, e quanto a isso ele nunca deixou de ser lógico. Estava pronto a reconhecer que não tinha razão em quase tudo, mas estava bem convencido de que estava certo com respeito a essa regra particular. Só uma vez o viram irritado; e isso aconteceu quando falaram de abrir uma exceção a essa regra.

Seu argumento era: o homem dedicado deve ir a qualquer lugar no meio dos homens, até mesmo do pior tipo de homens, desde que não pudesse ser manipulado por nenhum meio. Se tivesse vínculos ou necessidades como os homens comuns, o homem dedicado se tornaria igual a eles. São Francisco era o último homem do mundo a pensar mal dos homens comuns por serem homens comuns. Esses homens recebiam dele mais afeição e admiração do que de qualquer outra pessoa. Mas, para levar o mundo a um novo entusiasmo espiritual, ele conseguia ver claramente — com uma clareza que nada tinha de fanatismo ou de sentimentalismo — que os frades não deviam ser como homens comuns, que o sal não deve perder o sabor mesmo ao ser usado na comida cotidiana da natureza humana. E a diferença entre um frade e um homem comum estava no fato de o frade ser mais livre do que o homem comum. O frade precisava estar livre do claustro, porém era ainda mais importante que estivesse livre do mundo. É sensato dizer que há um sentido no qual o homem comum não pode ser livre do mundo, ou melhor, não deveria ser livre do mundo. O mundo feudal, em particular, era um complicadíssimo sistema de dependência, mas o mundo feudal não constituía todo o mundo medieval e este tampouco constituía o mundo inteiro. O mundo todo compõe-se de dependências. A vida familiar é por natureza, tanto quanto a vida feudal, um sistema de dependências. Os sindicatos modernos, tanto quanto as associações profissionais feudais, dependem umas das outras até mesmo para ser independentes de outras organizações. Tanto na vida medieval como na moderna, mesmo quando existem em prol da liberdade, essas limitações têm um considerável grau de casualidade. Elas resultam, em parte, das circunstâncias; às vezes, constituem o resultado quase inevitável das circunstâncias. Assim, o século XII fora a era dos votos; e havia nesse gesto feudal do voto um elemento de relativa liberdade, porque ninguém pede votos de escravos, como não os pediria a instrumentos utilizados na lavoura. Ainda assim, na prática, um homem ia para a guerra em defesa de uma antiga casa de determinada cidade ou sob as ordens de um grande doge da região, por ter nascido naquela cidade ou pertencer àquela região. Mas nenhum homem precisava obedecer ao pequeno Francisco, com sua velha túnica marrom, a não ser que tivesse optado por isso. Mesmo em suas relações com seu líder escolhido, esse homem era, num certo sentido, relativamente livre, em comparação com o mundo que o cerca. Era obediente, mas não dependente. E era livre como o vento, quase completamente livre, em sua relação com o mundo circundante. Esse mundo era, como se observou, uma rede de dependências — feudais, familiares e outras. Para São Francisco, os Irmãozinhos deviam ser como peixinhos capazes de se mover livremente no interior dessa rede. E eles só podiam fazê-lo por serem peixinhos, escorregadios, portanto. O mundo não podia recorrer a nada para aprisioná-los, não podia agarrá-los pelas franjas das roupas ou pelas fúteis coisas exteriores da vida, como costuma fazer conosco. Um franciscano mais tarde diria: "O monge não deve possuir nada além de sua harpa", querendo dizer, imagino, que ele só devia dar valor à sua música, a música que lhe cabia, como menestrel, levar em serenatas a todos os castelos e choupanas, a canção de júbilo do Criador com sua criação e com a beleza da fraternidade entre os homens. Ao imaginar a vida desse tipo de vagabundo visionário, podemos antever também o lado prático do ascetismo que intriga os que se julgam pessoas práticas. Era preciso ser magro para poder atravessar as barras e sair da jaula; era preciso ser leve para cavalgar com rapidez e ir bem longe. Todo o cálculo, digamos assim, que havia nessa inocente astúcia era que o

Frade. Gravura, anônimo.

monge precisava vencer e suplantar o mundo, a ponto de fazer com que este não soubesse bem o que fazer com ele. Não era possível fazer, a quem vivia jejuando, a ameaça de matá-lo de fome. Não era possível arruiná-lo e reduzi-lo à mendicância, porque ele já era mendigo. Até mesmo bater nele com uma vara produzia uma satisfação insignificante, porque ele só se permitia alguns saltos e exclamações de alegria, uma vez que a indignidade era sua única dignidade. Não se podia colocar sua cabeça na forca sem correr o risco de circundá-la por um halo.

Uma distinção entre os antigos monges e os frades modernos dizia respeito sobretudo às coisas práticas e em especial à disposição de agir. As antigas fraternidades, com suas residências fixas e sua existência encerrada, tinham as mesmas limitações que as casas comuns. Por mais simples que fosse sua vida, os monges precisavam contar com dado número de celas, um certo número de leitos ou ao menos certo espaço cúbico; assim, estavam limitados pela terra e pelos materiais de construção que possuíam. Mas como alguém podia se tornar franciscano simplesmente prometendo correr o risco de comer frutos selvagens na beira da estrada ou pedir migalhas na cozinha de alguém, dormir sob uma cerca ou ficar pacientemente de pé na soleira de alguma porta, não havia razões econômicas para impedir que, num curto período de tempo, houvesse um número considerável de entusiastas excêntricos. Devemos também lembrar que todo esse rápido desenvolvimento estava repleto de uma espécie de otimismo democrático, inerente ao caráter pessoal de São Francisco. O próprio ascetismo dele era, num certo sentido, o máximo de otimismo. Ele exigia muito da natureza humana não por desprezá-la, mas por confiar nela. Francisco esperava muito dos homens fora do comum que o seguiam, porém também esperava muito dos homens comuns aos quais os enviava. Pedia comida aos leigos com a mesma confiança com a qual pedia à fraternidade que fizesse jejum. Mas contava com a hospitalidade dos seres humanos por considerar toda casa como casa de um amigo. Ele amava e honrava os homens comuns e as coisas comuns; podemos até dizer que só enviava os homens fora do comum para estimular os homens a ser comuns.

Esse paradoxo ficará mais claro quando lidarmos com a interessantíssima questão da Ordem Terceira, que foi criada para ajudar homens comuns a ser comuns com um júbilo fora do comum. O que importa agora é a audácia e simplicidade do plano franciscano de abrigar seus soldados no meio da população; não pela força, mas pela persuasão, e até pela persuasão da impotência. Era um ato de confiança e, portanto, um cumprimento. E alcançava completo sucesso. Era um exemplo de algo que sempre esteve ligado a São Francisco, um tipo de tato que parecia sorte por ser simples e direto como um raio. Há muitos exemplos, em suas relações pessoais, desse tipo de tato sem tática; essa surpresa que se obtinha indo ao fundo da questão. Conta-se que um jovem frade oscilava entre um estado doentio de depressão e de humildade, algo muito comum na juventude e no culto aos heróis; ele estava convencido de que seu herói o odiava ou desprezava. Podemos imaginar como diplomatas sociais cheios de táticas fariam o possível para evitar cenas e agitações, a cautela com que psicólogos observariam e tratariam esses casos delicados. Francisco dirigiu-se resolutamente ao rapaz, que, como era de esperar, se mostrava reservado e calado como um túmulo, e disse: "Não deixes que teus pensamentos te perturbem, porque és querido por mim, e na verdade um dos mais queridos. Saibas que és digno de minha amizade e de minha sociedade; assim, fala comigo, em confiança, sempre que o quiseres, e com a amizade aprende a fé". Ele falava à humanidade da mesma maneira como falou ao jovem perturbado. Francisco sempre ia ao fundo da questão; sempre parecia ter mais certeza e mais simplicidade do que a pessoa a quem se dirigia. Parecia ao mesmo tempo estar abrindo a guarda e, no entanto, chegava ao coração. Algo nessa atitude desarmava o mundo como ele nunca mais voltaria a ser desarmado. Francisco era melhor do que outros homens; era um benfeitor de outros homens, mas mesmo assim não era odiado. O mundo entrava na

Igreja por uma porta mais nova e mais próxima, e, por meio da amizade, aprendia a fé.

O pequeno núcleo reunido na Porciúncula ainda era reduzido o bastante para caber numa salinha quando São Francisco resolveu dar seu primeiro passo importante e até sensacional. Dizem que havia apenas doze franciscanos no mundo inteiro quando ele decidiu, por assim dizer, marchar sobre Roma e fundar uma ordem franciscana. Talvez alguém tenha julgado desnecessário esse recurso a uma sede remota, uma vez que era possível fazer algo numa escala menor, sob as ordens do bispo de Assis e do clero local. Com mais probabilidade, as pessoas não viam a

Capela de Porciúncula, interior da Igreja Santa Maria dos Anjos, Assis.

necessidade de incomodar o supremo tribunal do cristianismo sobre a denominação que um punhado de homens desejava dar ao seu próprio grupo. Mas Francisco era obstinado e, digamos, um pouco cego quanto a isso; e sua cegueira brilhante é muito característica dele. Mesmo satisfeito com pequenas coisas, ou até apaixonado por elas, ele nunca avaliou, como as pessoas comuns, a desproporção entre as pequenas e as grandes coisas. Ele nunca viu as coisas na nossa escala, mas com uma estonteante desproporção que faz a mente girar. Embora às vezes se parecesse com um desenho fora de escala, como um mapa medieval alegremente colorido, assemelhava-se, mais uma vez, a um atalho para a quarta dimensão. Afirma-se que Francisco fez uma viagem para, em audiência com o Imperador, coroado entre seus exércitos sob a águia do Sacro Império Romano, interceder por algumas avezinhas. Ele era bem capaz de enfrentar cinco imperadores para interceder por uma só ave. Com dois companheiros, ele já se dispusera a converter o mundo maometano. E, com onze companheiros, foi pedir ao papa para criar um novo mundo monástico.

De acordo com São Boaventura, Inocêncio III, o grande papa, estava no terraço da igreja de São João de Latrão, certamente resolvendo as grandes questões políticas que perturbavam seu reino, quando de repente se viu diante de alguém com roupas de camponês que ele pensou ser alguma espécie de pastor. Ao que parece, ele se livrou do pastor o mais rápido possível, e talvez até o tenha considerado louco. Seja como for, Inocêncio não pensou mais naquilo até que, diz o grande biógrafo franciscano, teve naquela noite um estranho sonho. Em sua fantasia, ele viu todo o imponente templo de São João de Latrão, em cujos altos terraços caminhava com tanta segurança, inclinando-se e contorcendo-se horrivelmente contra o sol como se suas cúpulas e pequenas torres fossem abaladas por um terremoto. Ao olhar de novo, viu que uma figura humana sustentava a igreja como uma coluna esculpida viva; e a figura era a do esfarrapado pastor ou camponês que ele despachara no terraço. Seja isso

O papa Bonifácio III recebe São Francisco. Relevo.

fato ou metáfora, trata-se de uma metáfora bem fiel à inesperada facilidade com que Francisco obteve a atenção e o favor de Roma. Seu primeiro amigo parece ter sido o cardeal Giovanni di San Paolo, que intercedeu em favor dele diante de um conclave de cardeais reunidos com esse propósito. É interessante observar que as dúvidas levantadas com relação ao pedido de Francisco se referiam à possibilidade de a regra da ordem ser demasiado rigorosa para seres humanos, porque a Igreja Católica está sempre atenta ao ascetismo excessivo e aos seus males. É provável que, ao dizer que era indevidamente rigorosa, a julgassem indevidamente perigosa. Pois um certo elemento que só pode ser chamado de perigo é o que caracteriza a inovação em comparação com instituições mais antigas do tipo. Num certo sentido, o frade era de fato o oposto do monge. O valor da antiga vida monástica residia na presença de uma tranqüilidade não somente ética, mas também econômica. Dessa tranqüilidade vieram as obras pelas quais o mundo nunca será suficientemente grato: a preservação dos clássicos, o início do estilo gótico, os esboços da ciência e da filosofia, os manuscritos com iluminuras e os vitrais. O essencial com relação à vida do monge era que todas as questões econômicas estavam resolvidas para sempre; ele sabia onde ia conseguir sua refeição, mesmo que esta fosse bem simples. Mas o essencial em relação ao frade era que ele não sabia se ia conseguir uma refeição. Havia sempre a possibilidade de isso não ocorrer. Havia nele um elemento do que poderia ser chamado de romance, como o do cigano ou aventureiro. Mas havia também um elemento de potencial tragédia, como a do desocupado ou do homem que só tem trabalho de vez em quando. Assim, os cardeais do século XIII compadeceram-se ao ver aqueles homens passar por vontade própria a uma condição à qual os pobres de nosso século são lançados todos os dias por uma fria coerção e nela mantidos pela polícia.

A argumentação do cardeal San Paolo parece ter sido mais ou menos esta: talvez seja mesmo uma vida difícil, mas afinal é a vida que os Evangelhos aparentemente descrevem como a ideal; façam as alterações que considerarem sábias ou humanas nesse ideal, mas não se comprometam dizendo que os homens *não* devem realizá-lo se puderem. Veremos a importância desse argumento quando nos debruçarmos sobre o aspecto mais elevado da vida de São Francisco, que pode ser chamado de a Imitação de Cristo. O resultado da discussão foi que o papa aprovou verbalmente o projeto e prometeu endossá-lo definitivamente se o movimento alcançasse proporções mais consideráveis. É provável que Inocêncio, que pessoalmente não era um homem de mentalidade comum, tivesse bem poucas dúvidas de que esse crescimento iria ocorrer; de qualquer maneira, suas dúvidas não duraram muito. O próximo episódio na história da ordem é simplesmente a aceitação de seus padrões por um número cada vez maior de pessoas. Como já observamos, esse crescimento era possível, pois a ordem franciscana, por sua própria natureza, não tinha a mesma necessidade de recursos normais e de edificações públicas requeridos por qualquer sociedade comum. Até a volta dos doze pioneiros da audiência papal parece ter sido uma espécie de procissão triunfal. Num lugar em particular, afirma-se, toda a população de uma cidadezinha — homens, mulheres e crianças — abandonou o trabalho, os bens e a casa sem levar nada e se apresentou aos frades, pedindo-lhes para entrar imediatamente no exército de Deus. Segundo a história, foi nessa ocasião que São Francisco pensou pela primeira vez numa Ordem Terceira que permitisse que os homens partilhassem do movimento sem deixar o lar e os hábitos da humanidade normal. No momento, o mais importante é considerar essa história como apenas um exemplo da febre de conversão com que São Francisco já estava contagiando as estradas da Itália. Era um mundo de andarilhos, de frades indo e vindo sem parar pelas estradas principais e pelos caminhos secundários, procurando garantir uma aventura espiritual a todos que os encontrassem por acaso. A Primeira Ordem de São Francisco entrara para a história.

Só podemos concluir este grosseiro esboço com alguma descrição da Segunda e da Terceira Ordens, embora elas tenham sido fundadas mais tarde, cada qual num momento. A Ordem Segunda era uma ordem de mulheres que veio a existir graças, naturalmente, à bela amizade que uniu São Francisco de Assis e Santa Clara. Nenhuma outra história deixou mais confusos e perdidos mesmo os críticos mais simpáticos de outro credo. Porque nenhuma outra está mais claramente ligada ao teste simples que considero crucial em toda essa crítica. Quero dizer que o problema desses críticos é não acreditarem que um amor celestial possa ser tão real quanto um amor terreno. No momento em que é tratado como amor real, igual a um amor terreno, o enigma se resolve com a maior facilidade. Uma menina de 17 anos, de nome Clara e pertencente a uma das mais nobres famílias de Assis, entusiasmou-se com a vida do convento; e Francisco a ajudou a fugir de casa e entrar para a vida religiosa. Se preferirmos, podemos dizer que ele a ajudou a

Franciscano prega para camponês. Gravura de Hartwich.

fugir para viver com o amor de sua vida, o claustro, desafiando o pai como ele próprio fizera. Na verdade, a cena possui muitos dos elementos de uma fuga romântica comum, porque Clara escapou por um buraco nos muros, fugiu pela floresta e foi recebida à meia-noite à luz de tochas. Mesmo a senhora Margaret Oliphant (1828-1897), em seu belo e cuidadoso estudo (1885) de São Francisco, diz que foi "um incidente que dificilmente podemos registrar com satisfação".

Bem, sobre o incidente só vou dizer uma coisa: se de fato tivesse sido uma fuga romântica e a menina se tornasse noiva em vez de freira, o mundo moderno faria dela uma heroína. Se o comportamento do frade em relação a ela fosse o mesmo do outro em relação a Julieta, todos veriam Clara com a mesma simpatia com que vêem Julieta. Não é conclusivo dizer que Clara só tinha 17 anos; Julieta tinha 14 anos. Em tempos medievais, com essas tenras idades, meninas se casavam e meninos travavam batalhas; e uma menina de 17 anos no século XIII com certeza tinha maturidade suficiente para saber o que queria. Todas as pessoas sãs que examinarem o que veio depois não terão dúvidas de que Santa Clara sabia de fato o que queria. Mas o que interessa no momento é que o romantismo moderno costuma ver com bons olhos e até incentivar que os pais sejam desafiados em nome do amor romântico. Pois sabe que o amor romântico é uma realidade. Talvez haja algo a dizer em favor dos pais de Clara, ou de Pietro Bernardone. Logo, talvez haja muito a dizer em favor dos Montescos e dos Capuletos (de *Romeu e Julieta*), mas o mundo moderno não deseja que se diga, e não diz. É inegável que, assim que, por um momento, aceitamos como hipótese aquilo que São Francisco e Santa Clara supunham o tempo todo como um absoluto, ou seja, que há uma relação divina direta mais gloriosa que qualquer romance, a história da fuga de Santa Clara passa a ser apenas um romance com final feliz. E, considerando que alguns milhões de homens e mulheres viveram e morreram tratando essa relação como

São Francisco e Santa Clara, Giotto. Afresco Basílica superior de São Francisco, Assis.

uma realidade, não pode ser considerado filósofo alguém que não consiga nem ao menos tratar isso como uma hipótese.

Quanto ao resto, podemos imaginar que nenhum adepto da chamada emancipação da mulher lamentará a revolta de Santa Clara. Ela conseguiu verdadeiramente, no jargão moderno, viver sua própria vida, a vida que ela mesma queria ter, distinta da vida que as ordens dos pais e os arranjos convencionais queriam forçá-la a ter. Ela se tornou a fundadora de um grande movimento feminino que até hoje influencia profundamente o mundo; e ocupa um lugar entre as grandes mulheres do mundo. Não sabemos se ela teria sido tão grandiosa ou útil se tivesse fugido para casar ou mesmo ficado em casa e feito um *mariage de convenance*. Um homem sensível que considera a questão apenas de fora e não tenha a intenção de considerá-la a partir de dentro talvez possa dizer isso. Mas alguém que não sabe ao certo se é digno de escrever sobre São Francisco sem dúvida gostaria de ter palavras melhores que estas para descrever a amizade de São Francisco e Santa Clara. Afirmei muitas vezes que é possível expressar melhor os mistérios dessa história simbolicamente a partir de certas atitudes e ações silenciosas. E não conheço melhor símbolo que o da lenda popular que diz que uma noite, pensando que as árvores e a casa santa estavam em chamas o povo de Assis para lá acorreu a fim de extinguir o incêndio. Ao chegar, contudo, encontraram tudo muito calmo no interior da casa, em que, num de seus raros encontros, São Francisco e Santa Clara partilhavam o pão e falavam do amor de Deus. Dificilmente haveria melhor imagem para aquela paixão profundamente pura e não carnal do que o halo vermelho que circundava as figuras inconscientes na colina, uma língua de fogo que se alimentava de nada e que punha o próprio ar em chamas.

Mas se a Ordem Segunda foi o memorial de um amor não terreno como esse, a Ordem Terceira foi o memorial igualmente sólido de uma simpatia bastante sólida com amores terrenos e vidas terrenas. Nos países protestantes e na própria história protestante é difícil compreender e admitir essa característica da vida católica, as ordens leigas em contato com as ordens clericais. A visão que aludimos nestas páginas nunca se limitou a monges ou mesmo a frades. Ela tem inspirado grandes multidões de homens e mulheres comuns casados, que vivem vidas como a nossa, mas de modo inteiramente diferente. Aquela glória matinal que São Francisco espalhou na terra e no céu pairou como raio de sol secreto sobre uma infinidade de tetos e no interior de uma infinidade de cômodos. Em sociedades como as nossas, sabe-se muito pouco sobre esse segmento franciscano. Nada se sabe desses obscuros seguidores. E, se isso é possível, sabe-se menos ainda de pessoas bem conhecidas que pertenceram a ela. Se imaginarmos que um membro da Ordem Terceira de São Francisco passe por nós na rua, ficaríamos mais surpresos com as figuras famosas do que com as estranhas. Para nós, seria como a revelação de alguma poderosa sociedade secreta. Lá vai São Luís, o grande rei, senhor da justiça superior, cuja balança tinha pratos que pendiam em favor dos pobres. Lá vai Dante, coroado de louros, o poeta que, em sua vida de paixões, louvou a Senhora Pobreza, cujas vestes acinzentadas são tecidas de púrpura e totalmente gloriosas no interior. Grandes nomes de todos os tipos dos séculos mais recentes e racionalistas se revelariam; o grande Luigi Galvani (1737-1798), por exemplo, o pai da eletricidade, o mago que criou tantos sistemas modernos de estrelas e sons. Um segmento tão variado bastaria para provar que a São Francisco não faltou a simpatia dos homens normais — se é que a prova não é toda a sua vida.

Mas, na verdade, sua vida de fato o provou, e possivelmente de modo mais sutil. Há, imagino, alguma verdade na idéia de um de seus biógrafos modernos, de que mesmo suas paixões naturais eram singularmente normais e até nobres, no sentido de se dirigir a coisas que não eram ilegítimas em si, mas somente para ele. Nunca houve ninguém a quem se pudesse empregar com menos propriedade a palavra "arrependimento" do que São Francisco de Assis. Talvez houvesse muito romantismo em seu estado de espírito, mas não havia nele nada de sentimental. Francisco não era melancólico o bastante para isso. Seu temperamento era demasiado agitado e apressado para se deixar perturbar por dúvidas e reconsiderações sobre seu itinerário, embora se recriminasse por não andar mais rápido. Mas suspeita-se que, quando enfrentou o demônio, como tem de fazer todo homem que mereça ser chamado de homem, os murmúrios se referiram mais aos instintos saudáveis que ele teria aprovado nos outros; não tinham nenhuma semelhança com o paganismo de tons espectrais que enviou suas cortesãs demoníacas para atacar Santo Antônio no deserto. Se São Francisco tivesse apenas agradado a si mesmo, ele o teria feito com prazeres mais simples. Ele era movido mais pelo amor que pela luxúria, e por nada mais incontrolável do que os sinos que se tocam nos casamentos. É o que sugere a estranha história de que ele desafiou o demônio fazendo

Expulsando demônios de Arezzo, Giotto. Afresco, Basílica superior de São Francisco, Assis.

imagens na neve e exclamando que elas lhe bastavam como esposa e família. É o que se pode apreender a partir da frase usada por ele ao negar que estivesse liberto do pecado: "Ainda posso ter filhos", quase como se sonhasse mais com filhos do que com uma mulher. E isso, se for real, dá um toque final à verdade sobre seu caráter. Havia nele tanto do espírito da manhã, tanta coisa curiosamente jovem e pura, que nele mesmo o que era ruim era bom. Assim como é possível dizer de algumas pessoas que a luz de seu corpo são trevas, assim também é possível dizer desse espírito luminoso que as próprias sombras de sua alma eram de luz. O próprio mal só podia surgir nele na forma de um bem proibido; e ele só podia ser tentado por um sacramento.

Capítulo VIII

O ESPELHO DE CRISTO

Nenhum homem que tenha recebido a liberdade da fé corre o risco de cair nas extravagâncias secretas em que mais tarde caíram franciscanos, ou melhor, *fraticelli* (Irmãozinhos) degenerados, ao procurar ver em São Francisco um segundo Cristo, o Criador de um novo Evangelho. Uma concepção como essa torna sem sentido todas as motivações da vida do homem, porque nenhum homem se empenharia em aumentar reverentemente algo com que devia rivalizar, nem se limitaria a professar para seguir aquilo que devia suplantar. Pelo contrário, como veremos mais tarde, este pequeno estudo insistirá que foi a sabedoria papal que salvou o grande movimento franciscano para o mundo inteiro e para a Igreja universal, evitando que ele se tornasse um tipo de seita estagnada e de segunda classe que chamam de nova religião. Tudo o que se escreve aqui deve ser compreendido não somente como diferente, mas como diametralmente oposto à idolatria dos *fraticelli*. A diferença entre Cristo e São Francisco era a diferença entre Criador e criatura; e certamente nenhuma criatura teve mais consciência desse contraste colossal do que o próprio São Francisco. Mas essa interpretação deve-se também ao fato de ser perfeitamente verdadeiro e vitalmente importante que Cristo foi o padrão ao qual São Francisco tentou se moldar, e que em muitos aspectos a vida humana e histórica dos dois foi até curiosamente coinci-

São Francisco em oração, Murillo. Óleo sobre tela, O. L. Vrouwekathedraal, Antuérpia.

São Francisco em êxtase, Giotto. Afresco, Basílica superior de São Francisco, Assis.

dente; e, acima de tudo, que, pelo menos comparado à maioria de nós, São Francisco se aproximou de maneira bem sublime de seu Mestre, e, mesmo sendo um intermediário e um reflexo, é um maravilhoso e mesmo assim misericordioso espelho de Cristo. E essa verdade sugere outra, que, embora a meu ver nem todos tenham facilidade em perceber, é um argumento bastante forte em favor da autoridade de Cristo como algo constante na Igreja Católica.

O cardeal Newman escreveu, em sua obra mais controvertida, uma frase que poderia ilustrar o que queremos dizer ao afirmar que o credo de Francisco tende para a lucidez e a coragem lógica. Falando da facilidade com que a verdade pode ser levada a parecer sua própria sombra ou distorção, o cardeal disse: "E se o Anticristo é como Cristo, suponho que Cristo seja como o Anticristo". O mero sentimento religioso pode muito bem se chocar com o fim da frase, mas ninguém poderia contestá-la, a não ser o lógico que disse que os imperadores romanos César e Pompeu eram muito parecidos, especialmente Pompeu. Talvez seja menos chocante se eu disser aqui, o que a maioria de nós esqueceu, que, se São Francisco era como Cristo, Cristo era como São Francisco. E o que me interessa agora é que é de fato muito esclarecedor perceber que Cristo era como São Francisco. Quero dizer o seguinte: que, se os homens encontram certos enigmas e afirmações difíceis de aceitar na história da Galiléia, e se encontram as respostas para esses enigmas na história de Assis, isso de fato mostra que se transmitiu um segredo numa tradição religiosa e não em outra. Mostra que a arca que foi fechada na Palestina pôde ser aberta na Úmbria, porque é a Igreja que guarda as chaves.

Ora, na verdade, embora sempre tenha parecido natural explicar São Francisco à luz de Cristo, poucos tiveram a idéia de explicar Cristo à luz de São Francisco. Talvez a palavra "luz" não seja aqui a metáfora correta, mas a mesma verdade é admitida na já consagrada metáfora do espelho. São Francisco é o espelho de Cristo do mesmo modo que a lua é o espelho do sol. A lua é bem menor que o sol, mas está também mais próxima de nós; e, sendo menos vívida, é mais visível. Exatamente no mesmo sentido São Francisco está mais perto de nós e, sendo um simples homem como nós, é também mais fácil de ser imaginado. Por ser necessariamente menos misterioso, ele não nos fala de muitos mistérios. Mas, para dizer a verdade, muitas coisas menores que parecem mistérios nos lábios de Cristo pareceriam meros paradoxos característicos nos lábios de São Francisco. Parece natural reler os incidentes mais afastados no tempo com a ajuda dos incidentes mais recentes. É um lugar-comum dizer que Cristo viveu antes do cristianismo e, portanto, viveu como uma figura histórica. Ele é uma figura da história pagã. Quero dizer que o ambiente em que Cristo vivia não era o do cristianismo, mas o do velho império pagão; e só a partir disso, para não falar da distância no tempo, concluímos que as circunstâncias que ele encontrou são mais alheias a nós do que as de um monge italiano que ainda podemos encontrar nos dias de hoje. Suponho que o comentário mais bem fundamentado dificilmente pode avaliar o peso concreto ou convencional de todas as palavras ou frases de Cristo, saber quais delas pareceram na época uma ilusão comum e quais pareceram uma estranha fantasia. Esse ambiente arcaico deixou muito do que ele disse como uma espécie de hieróglifo, algo sujeito a muitas e particulares interpretações individuais. Mas temos a impressão de que bastaria traduzi-las para o dialeto úmbrico dos primeiros franciscanos para pensar que quase todas elas pertencem à história dos franciscanos, que são, sem dúvida, num certo sentido, fantásticas, mas bem familiares. Há todo tipo de controvérsia crítica em torno da passagem que pede aos homens que olhem os lírios do campo e façam o que eles fazem, sem se preocupar com o amanhã. O cético ora nos diz que devemos ser verdadeiros cristãos e fazer isso, ora nos explica que é impossível fazê-lo. Quando é comunista e ateu, ele em geral não sabe se nos critica por pregar o impraticável ou por não colocá-lo instantaneamente em prática. Não vou discutir aqui as questões éticas e econômicas. Apenas observo que mesmo os que ficam intrigados com o dito de Cristo, dificilmente hesitariam em aceitá-lo como dito de São Francisco. Ninguém se surpreenderia em descobrir nos lábios de Francisco: "Peço-vos enfaticamente, Irmãozinhos, que sejais sábios como a Irmã Margarida e o Irmão Dente-de-Leão, porque eles nunca passam a noite acordados pensando no amanhã, mas têm coroas douradas como reis e imperadores, ou como Carlos Magno em toda a sua glória".

A ordem de oferecer a outra face e de dar o casaco ao ladrão que roubou o manto suscitou ainda mais amargura e espanto. Muitos dizem que ela se aplica ao caráter maléfico da guerra entre as nações — um assunto sobre o qual nada parece ter sido dito diretamente. Tomada dessa maneira literal e universal, a ordem se refere mais claramente ao caráter maléfico de toda lei e de todo governo. Mas há muitos prósperos pacificadores que se chocam muito mais com a idéia de usar a força bruta dos soldados contra um estrangeiro poderoso do que com a de

São Francisco em meditação, El Greco (1590-1604). Óleo sobre tela.

usar a força bruta dos policiais contra um concidadão pobre. Aqui, mais uma vez, contento-me em dizer que o paradoxo se torna perfeitamente humano e provável se for dito por Francisco aos franciscanos. Ninguém se surpreenderia em ler que, depois de ouvir aquelas palavras, o Irmão Junípero foi atrás do ladrão que lhe levara o capuz e lhe pediu que levasse também o hábito, porque São Francisco lhe mandara fazer isso. Ninguém se surpreenderia se São Francisco dissesse a um jovem nobre prestes a ser aceito em sua ordem que, em vez de perseguir um bando de malfeitores para recuperar os sapatos, ele devia ir atrás deles para lhes dar também as meias. Podemos gostar ou não da atmosfera que essas coisas implicam, mas sabemos qual é ela. Reconhecemos um certo tom como tão natural e claro quanto o de uma ave: o tom de São Francisco. Há nele um quê de delicada zombaria com respeito à própria idéia de posses; algo de esperança de desarmar o inimigo por meio da generosidade; algo de um sentido bem-humorado de espantar o mundo com o inesperado; um elemento de júbilo em levar ao extremo uma convicção entusiasmada. Mas, seja como for, não temos dificuldade em reconhecer tudo isso se conhecemos um pouco a literatura dos Irmãozinhos e o movimento que começou em Assis. Parece razoável concluir que, se foi esse espírito que possibilitou essas coisas estranhas na Úmbria, foi esse mesmo espírito que as tornou possíveis na Palestina. Se ouvimos o mesmo tom inconfundível e provamos o mesmo sabor indescritível em duas coisas tão distantes uma da outra, parece natural supor que o mais distante de nossa experiência foi igual ao mais próximo dela. Se partimos do pressuposto de que Francisco falava aos franciscanos, não é irracional sugerir que Cristo também falava a algum grupo dedicado que tinha a mesma função dos franciscanos. Em outras palavras, parece simplesmente natural sustentar, como sustentou a Igreja Católica, que esses conselhos de perfeição eram parte de uma vocação particular de surpreender e de despertar o mundo. Seja como for, é importante notar que de fato vemos essas características particulares, com toda a sua adequação aparentemente fantástica, reaparecerem depois de mais de mil anos, vemos que são produzidas pelo mesmo sistema religioso que afirma haver continuidade e autoridade nas cenas em que elas apareceram pela primeira vez. Todo tipo de filosofia poderia repetir os elementos corriqueiros do cristianismo. Mas foi a Igreja antiga que conseguiu surpreender outra vez o mundo com os paradoxos do cristianismo. *Ubi Petrus ibi Franciscus* (Onde está Pedro, aí está Francisco).

Se compreendermos que foi inspirado por seu divino Mestre que São Francisco praticou esses atos simplesmente estranhos ou excêntricos de caridade, seremos obrigados a entender que a mesma inspiração o levou a praticar também atos de negação de si mesmo e de austeridade. É claro que essas parábolas mais ou menos brincalhonas sobre o amor dos homens foram criadas após um cuidadoso estudo do Sermão da Montanha. Mas é evidente que ele estudou com cuidado ainda maior o sermão silencioso naquela outra montanha, a montanha chamada Gólgota (onde Cristo foi crucificado). Mais uma vez, ele falava a verdade histórica sem tirar nem pôr quando disse que no jejum e nas humilhações estava tentando fazer parte do que Cristo fez; e, mais uma vez, parece provável que, como a mesma verdade aparece nos dois lados de uma corrente de tradição, a tradição preservou a verdade. Mas a significação desse fato no momento afeta a próxima fase da história pessoal do próprio homem. Porque à medida que fica mais claro que sua grande estrutura coletiva é um fato consumado e que venceu o perigo de desaparecer no começo, à medida que se evidencia que já existe algo concreto denominado Ordem dos Frades Menores, essa ambição mais individual e mais intensa de São Francisco se torna cada vez mais clara. Assim que passa a ter certeza de contar com seguidores, ele de fato não se compara com eles, diante dos quais poderia parecer um mestre; ele se compara cada vez mais com seu Mestre, diante do qual parece apenas um servo.

Godofredo impõe tributos aos emires, Gustave Dorè. Gravura.

Essa é, pode-se dizer de passagem, uma das conveniências morais e mesmo práticas do privilégio ascético. Qualquer outro tipo de superioridade pode ser orgulho. Mas o santo nunca é orgulhoso, porque sempre está, por hipótese, na presença de um superior. A objeção a uma aristocracia é que ela é um sacerdócio sem deus. Mas, de qualquer forma, naquela época São Francisco concebia o serviço que se dispôs a realizar cada vez mais como sacrifício e crucificação. Ele estava repleto do sentimento de que não sofrera o bastante para merecer nem mesmo ser um seguidor distante de seu Deus sofredor. E essa passagem de sua história pode ser resumida grosseiramente como a Busca do Martírio.

Era essa a idéia principal da notável iniciativa de sua expedição à procura dos sarracenos na Síria. Havia de fato outros elementos em sua concepção, elementos que merecem ser compreendidos melhor. Sua idéia era naturalmente acabar com as Cruzadas, num duplo sentido: levá-las ao fim e realizar seu objetivo. Mas ele queria fazer isso por meio da conversão e não da conquista; ou seja, por meios intelectuais, não materiais. É difícil agradar a mente moderna, e ela em geral vê crueldade no modo de ação de Godofredo, o comandante dos cruzados, e fanatismo no modo de ação de Francisco. Quer dizer, considera não prático todo método moral, do mesmo modo como acabou de considerar imoral todo método prático. Mas a idéia de São Francisco estava bem longe de ser fanática ou mesmo não prática; embora talvez ele visse o problema com simplicidade demais, porque não tinha o saber de seu grande herdeiro, o místico Raimundo Lúlio (1232/33-1316), que, embora dotado de maior entendimento, foi, tanto quanto ele, bem pouco entendido. Francisco realmente abordou a questão de maneira muito pessoal e peculiar, mas era essa a maneira com que ele lidava com quase tudo. Era de certo modo uma idéia simples, assim como a maioria de suas idéias era simples. Mas não era uma idéia tola; havia muita coisa a dizer a favor dela e ela podia ter dado certo. Era, naturalmente, apenas a idéia de que é melhor criar cristãos do que destruir muçulmanos. Se o mundo islâmico se convertesse, o mundo inteiro seria mais unido e feliz como nunca, por um motivo: três quartos das guerras da história moderna nunca teriam acontecido. Não era absurdo supor que, sem força militar, missionários que também eram mártires pudessem conseguir realizar essa idéia. A Igreja conquistara a Europa desse modo e ainda pode conquistar a Ásia ou a África assim. Mas depois de se conceder tudo isso, ainda há outro sentido em que

São Francisco não pensava, no Martírio como um meio para alcançar um fim, mas quase como um fim em si; para ele, o fim supremo era se aproximar do exemplo de Cristo. Em todos os seus dias de dedicação e de atividade predominava um único refrão: não sofri o bastante; não me sacrifiquei o bastante; ainda não sou digno nem da sombra da coroa de espinhos. Ele vagava pelos vales do mundo à procura da colina que se parecia com um crânio.

Pouco antes de sua partida final para o Oriente, realizou-se uma vasta e triunfante assembléia de toda a ordem perto da Porciúncula, que ficou conhecida como Capítulo das Esteiras, em decorrência da maneira como esse poderoso exército acampava no campo. Diz a tradição que foi nessa ocasião que São Francisco encontrou São Domingos pela primeira e última vez. Diz também, o que é bem provável, que o espírito prático do espanhol chegou quase a se assustar diante da devota irresponsabilidade do italiano, que reunira aquela multidão sem organizar um grupo encarregado de fornecer alimentação. Domingos, o espanhol, como quase todo espanhol, era um homem com mente de soldado. Sua caridade assumia a forma prática de provisão e preparação. Porém, deixando de lado as disputas sobre a fé que esses incidentes geram, ele provavelmente não compreendeu nesse caso a força da simples popularidade produzida pela simples personalidade. Em todos os seus saltos no escuro, Francisco tinha a extraordinária capacidade de cair de pé. Todo o povo do campo desceu como uma avalancha para fornecer comida e bebida àquela espécie de piquenique piedoso. Camponeses levaram barris de vinho e carne de caça; grandes nobres caminhavam por ali fazendo o trabalho de criados. Foi uma vitória bem real do espírito franciscano de uma fé inabalável não só em Deus como no homem. Claro que há muitas dúvidas e discussões sobre toda a história e sobre toda a relação de Francisco e Domingos; e a história do Capítulo das Esteiras é contada pelo lado franciscano. Mas vale a pena mencionar esse possível encontro justamente porque se diz que foi um

Visão de São Domingos, Bernardo Daddi. Afresco.

pouco antes de partir em sua cruzada sem sangue que São Francisco conheceu São Domingos, que tem sido muito criticado por ter se dedicado a uma cruzada bem mais sangrenta. Não há espaço neste livrinho para explicar como São Francisco e São Domingos teriam no final sido favoráveis à defesa da unidade cristã pela força das armas. Precisaríamos escrever um livro bem grande só para desenvolver essa idéia desde o princípio. Porque a mente moderna não sabe nada da filosofia da tolerância, e porque o agnóstico comum de épocas recentes na verdade não sabe o que diz ao falar de liberdade religiosa e igualdade. Ele tomou sua própria ética como evidente por si mesmo e a pôs em prática; foi o que ocorreu com a decência ou o erro da heresia adamítico (que defendia a volta do homem à condição de Adão no paraíso). Por isso ele fica tão chocado ao ouvir que alguma outra pessoa, muçulmana ou cristã, usou a ética *dela* e *a* colocou em prática, como ocorre com a reverência ou o erro da heresia atéia. E o agnóstico acaba por pegar todo esse dilema ilógico totalmente confuso, em que o inconsciente se encontra com o desconhecido, e chama isso de

O encontro de São Francisco e São Domingos, Benozzo Gozzoli. Afresco, 1452, Capela Apsidal, Montefalco.

liberalidade de sua própria mente. O homem medieval estava convencido de que um sistema social baseado numa dada idéia tinha de lutar por essa idéia, fosse ela simples como o islamismo ou cuidadosamente equilibrada como o catolicismo. O homem moderno pensa a mesma coisa, como se pode ver quando os comunistas atacam suas idéias sobre a propriedade. Só não pensa com tanta clareza, pois não pensou sua própria idéia de propriedade. É provável que São Francisco tenha concordado com São Domingos, sem aceitar totalmente, que a guerra em favor da verdade era correta como último recurso, mas também é certo que São Domingos concordou entusiasmado com São Francisco que era muito melhor vencer convencendo e esclarecendo, se isso fosse possível. São Domingos se dedicou bem mais a convencer do que a conquistar, mas havia uma diferença entre os métodos simplesmente porque havia uma diferença entre os dois homens. Havia em quase tudo que São Francisco fazia uma espécie de, no bom sentido, infantilidade, e mesmo, no bom sentido, de teimosia. Ele se jogava nas coisas de repente, como se a idéia acabasse de surgir em sua mente. Ele se dedicou ao seu empreendimento na região do mar Mediterrâneo como se fosse um garotinho correndo em direção ao mar.

No primeiro ato dessa tentativa, ele se distinguiu notavelmente ao se tornar Santo Padroeiro dos Clandestinos. Francisco nunca pensou em esperar apresentações, negociações ou o apoio de algumas pessoas ricas e responsáveis com que já contava. Ele simplesmente viu um navio e se lançou nele, como se lançava em tudo. Isso lembra muito uma corrida, que faz com que toda a sua vida se assemelhe a uma escapada ou mesmo, literalmente, a uma fuga. Francisco ficou quieto no meio da carga, com um companheiro que levou consigo em sua pressa, mas a viagem aparentemente fracassou e perdeu o rumo, terminando com um retorno forçado à Itália. Ao que parece foi depois desse falso começo que se realizou a grande reunião na Porciúncula, e entre ela e a jornada final à Síria houve também a tentativa de enfrentar a ameaça muçulmana pregando aos mouros na Espanha. Na verdade, nesse país, muitos dos primeiros franciscanos já haviam tido um glorioso sucesso ao ser martirizados. Mas o grande Francisco estendeu ainda assim os braços a esses tormentos e desejou em vão essa agonia. Ninguém estaria mais pronto a dizer que ele, Francisco, era provavelmente menos semelhante a Cristo do que os outros que já haviam encontrado seu Calvário, mas ele o manteve consigo como um segredo, como a mais estranha tristeza do homem.

Sua viagem seguinte teve mais sucesso, uma vez que ele ao menos conseguiu chegar ao cenário de operações. Ele chegou ao quartel da Cruzada, que ficava diante da cidade sitiada de Damieta, e, sempre agindo com rapidez e sozinho, foi procurar o quartel dos sarracenos. Conseguiu uma entrevista com o sultão, e foi nela que ele se ofereceu, e alguns dizem que tentou fazê-lo, para se lançar ao fogo como uma provação divina, desafiando os mestres religiosos muçulmanos a fazer o mesmo. Não há dúvida de que ele o faria imediatamente. Na verdade, lançar-se ao fogo dificilmente poderia ser mais desesperado do que se colocar no meio das armas e instrumentos de tortura de uma horda de maometanos fanáticos e lhes pedir que renunciassem a Maomé. Afirma-se ainda que os muftis (conhecedores das leis) maometanos mostraram certa frieza com respeito à competição proposta, e que um deles saiu sem nada dizer enquanto ela estava sendo discutida. Mas seja lá por que motivo, Francisco evidentemente voltou tão livre quanto estava ao ir. Talvez haja alguma verdade na história da impressão individual que a proposta causou no sultão, tratada pelo narrador como uma espécie de conversão secreta. Talvez haja algo de verdadeiro na sugestão de que o santo homem foi inconscientemente protegido no meio de orientais semibárbaros pelo halo de santidade que nesses lugares supostamente envolve os tolos. Há provavelmente a mesma ou uma maior verdade na explicação mais generosa da cortesia e da compaixão que se misturaram a coisas mais descontroladas nos sultões do tipo e da tradição de Saladino. Por fim, há talvez um quê de verdade na sugestão de que a história de São Francisco tem de ser contada como uma espécie de tragédia e comédia irônica chamada "O homem que não conseguia ser morto". As pessoas gostavam demais dele para deixá-lo morrer por sua fé, e receberam o homem em vez de receber a mensagem. Mas tudo isso não passa de especulação sobre um enorme esforço difícil de

A prova do fogo diante do sultão, Giotto. Afresco, Basílica superior de São Francisco, Assis.

avaliar, por ter ficado incompleto, como o começo de uma ponte que poderia ter unido Oriente e Ocidente, e permanece como um dos grandes "e se tivesse acontecido" da história.

Enquanto isso, o grande movimento na Itália avançava a passos de gigante. Apoiado pela autoridade papal, bem como pelo entusiasmo popular, criara uma espécie de camaradagem entre todas as classes, iniciando uma agitada reconstrução de todos os aspectos da vida religiosa e social. De modo especial, começou a se exprimir naquele entusiasmo pela construção que caracteriza todos os renascimentos da Europa Ocidental. Um evento notável foi a fundação em Bolonha de uma magnífica casa de missão dos frades menores, e grande número deles, ao lado de simpatizantes, cercaram esse acontecimento de um coro de aclamação.

As estigmas, Giotto. Afresco, Basílica superior de São Francisco, Assis.

Sua unanimidade sofreu uma estranha interrupção. Um homem sozinho no meio daquela multidão de repente se voltou e passou a denunciar a construção como se fosse um templo babilônio. Indignado, ele perguntou desde quando a Senhora Pobreza fora insultada com o luxo dos palácios. A figura furiosa era Francisco, que retornara de sua cruzada ao Oriente; e essa foi a primeira e a última vez que ele falou irado com seus filhos.

Falaremos mais tarde sobre essa séria separação entre sentimento e política, em função da qual muitos franciscanos, e em certa medida o próprio Francisco, recusaram a política mais moderada que acabou por prevalecer. Por ora basta observá-la como mais uma sombra que caiu sobre seu espírito depois da desilusão no deserto, e como, de certo modo, o prelúdio da próxima fase de sua carreira, que é a mais isolada e mais misteriosa. É verdade que todos os elementos desse episódio parecem estar sob alguma sombra de disputa, inclusive o momento em que ocorreu; há autores que o situam bem antes na narrativa. Mas se foi ou não o ponto culminante da história em termos cronológicos, o foi com certeza em termos lógicos, e pode ser mais bem indicado aqui. Digo indicado, pois não podemos oferecer mais que uma indicação, uma vez que se trata de um mistério tanto no sentido moral mais importante como no sentido histórico mais trivial. Seja como for, estas parecem ter sido as condições do problema: Francisco e um jovem companheiro, em suas andanças costumeiras, passaram por um grande castelo todo iluminado devido às comemorações relativas à honra de cavaleiro atribuída a um filho da casa. Eles entraram nessa mansão aristocrática, que tomou seu nome do monte Feltro, à sua maneira bela e casual, e começaram a dar seu próprio tipo de boa nova. Ao menos algumas pessoas ouviram o santo "como se ele fosse um anjo de Deus"; entre elas estava um cavalheiro chamado Orlando de Chiusi, proprietário de muitas terras na Toscana, que decidiu brindar São Francisco com uma singular e pitoresca cortesia. Ele deu ao santo uma montanha, uma dádiva um tanto fora do comum entre as muitas possíveis. Pode-se supor que a regra franciscana, que proibia aceitar dinheiro, não previra detalhadamente como agir com respeito à aceitação de montanhas. E é claro que São Francisco só a aceitou do modo como aceitava tudo: como uma conveniência temporária, e não como uma posse pessoal. Então, ele a transformou numa espécie de refúgio para a vida eremítica, não para a vida monástica, e se recolhia lá quando desejava uma vida de oração e de jejum, que não pedia nem aos amigos íntimos. Era o Monte Alverno, parte dos Montes Apeninos, monte encimado sempre por uma nuvem escura dotada de uma extremidade ou halo de glória.

Talvez nunca se possa saber o que de fato aconteceu ali. Imagino que a questão tenha sido objeto de controvérsias entre os mais devotos estudiosos da vida santa e entres este e os estudiosos mais seculares. Talvez São Francisco nunca tenha falado com ninguém sobre o assunto, o que seria bem típico dele. Seja como for, o certo é que, de todo modo, ele falou muito pouco a esse respeito; acho que, pelo que dizem, ele só tratou disso com um único homem. Embora sujeito a essas dúvidas verdadeiramente sagradas, confesso que, para mim, esse relato solitário e indireto que chegou até nós parece bem com um relato de algo real, de algo mais real do que as chamadas realidades cotidianas. Até mesmo algo de duplo sentido e de imagem surpreendente, por exemplo, pode dar a impressão de uma experiência capaz de abalar os sentidos — como é o caso da passagem do Apocalipse sobre as criaturas sobrenaturais cheias de olhos. Ao que parece, São Francisco viu o céu acima de si ocupado por um grande ser com asas, semelhante a um serafim, que formava a figura da cruz. Não se sabe ao certo se a figura estava crucificada ou na posição da crucificação, ou se simplesmente a estrutura de suas asas incluía um enorme crucifixo. Mas parece claro que havia dúvidas sobre a possibilidade da crucificação, porque São Boaventura diz com todas as letras que São Francisco duvidava que um serafim pudesse ser crucificado, visto que esses principados não estavam sujeitos a passar pela Paixão. São Boaventura sugere que a aparente contradição deve ter significado que São Francisco seria crucificado como espírito, dado que não podia ser crucificado como homem. Seja qual for o significado da visão, contudo, sua idéia geral é bem vívida e bastante intensa. São Francisco viu acima de si, ocupando todo o espaço do céu, alguma força inconcebível imemorial, antiga como o Ancião dos Dias (cf. Dn 7), cuja calma os homens tinham concebido na forma de touros alados ou de querubins monstruosos, e todo esse prodígio alado estava sofrendo dores como um pássaro ferido. Esse serafim sofredor, afirma-se, perfurou o coração de

São Francisco com uma espada de pesar e piedade; pode-se deduzir que uma espécie de crescente agonia acompanhou o êxtase. Por fim, de alguma maneira o Apocalipse desapareceu do céu e a agonia interior cessou; e o silêncio e o ar natural tomaram conta das primeiras luzes do dia e se assentaram lentamente nos precipícios e nas profundas fendas dos Apeninos.

A cabeça do solitário afundou, em meio a todo o relaxamento e tranqüilidade em que o tempo pode fluir com a sensação de algo encerrado e completo; e, ao olhar para baixo, ele viu marcas de pregos em suas próprias mãos.

Estigmas de São Francisco, Domenico Ghirlandaio. Afresco, 1482-1485, Santa Trinità, Florença.

Capítulo IX

MILAGRES E MORTE

Desenho do púlpito da Basílica de São Francisco, Assis.

A espantosa história dos estigmas de São Francisco, que vimos no final do capítulo anterior, foi de certo modo o fim de sua vida. Num sentido lógico, teria sido o fim mesmo que tivesse acontecido no começo. No entanto, tradições mais verdadeiras situam-na em uma data posterior, sugerindo que pairou sempre uma sombra sobre os dias que lhe restaram na terra. Quer São Boaventura tenha razão ao sugerir que São Francisco viu nessa visão do serafim algo quase semelhante a um vasto espelho de sua própria alma, que podia ao menos sofrer como um anjo, embora não como um deus, quer ela tenha expresso, por meio de imagens mais primitivas e colossais do que a arte cristã, o paradoxo essencial da morte de Deus, é evidente, a partir de suas conseqüências tradicionais, que a intenção era fazer do acontecimento uma coroa e um lacre. Parece que foi depois de ter essa visão que ele começou a ficar cego.

Mas o incidente tem outro lugar, mais importante, neste grosseiro e limitado esboço. É esta a ocasião natural de considerar brevemente e de modo coletivo todos os fatos ou fábulas de outro aspecto da vida de São Francisco, um aspecto que eu não diria mais discutível, porém certamente mais discutido. Falo do amontoado de testemunhos e de tradições referentes aos seus poderes milagrosos e experiência sobrenaturais, com os quais seria fácil preen-

Portas de entrada da Basílica de São Francisco, Assis.

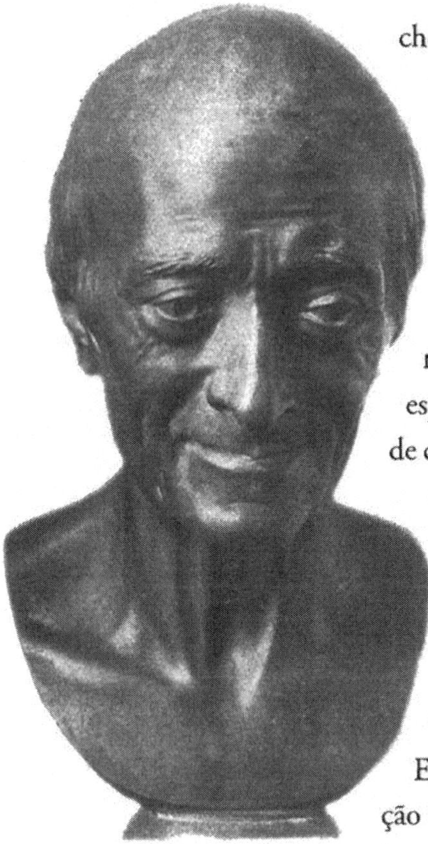

Voltaire, bronze.

cher e embelezar todas as páginas da história, mas certas condições inerentes à narrativa tornam melhor reunir, um tanto às pressas, todas essas jóias num monte.

Adotei aqui esse percurso para fazer concessão a um preconceito. Trata-se, em larga medida, de um preconceito do passado, preconceito que está claramente desaparecendo em dias de maior iluminação e, especialmente, de maior quantidade de experimentos e de conhecimentos científicos. Mas é um preconceito que ainda resiste hoje em muitas pessoas da geração mais velha e ainda é tradicional em muitos membros da mais jovem. Falo, é claro, da chamada crença de que "milagres não acontecem", como, penso eu, Matthew Arnold exprimiu ao manifestar o ponto de vista de tantos de nossos tios e tios-avôs vitorianos. Em outras palavras, foram os vestígios dessa simplificação cética por meio da qual alguns dos grandes filósofos do começo do século XVIII popularizaram (por um curto período) a impressão de que havíamos descoberto a regulação do cosmos como o funcionamento de um relógio, de um relógio tão simples que era possível distinguir quase num único olhar o que poderia ou não poderia ter acontecido na experiência humana. Deve-se lembrar que esses verdadeiros céticos, da era de ouro do ceticismo, tinham uma atitude de desdém tanto diante das primeiras fantasias científicas como das lendas religiosas remanescentes. Quando disseram ao filósofo francês Voltaire (1694-1777) que haviam encontrado um peixe fóssil nos picos dos Alpes, ele riu abertamente da história, dizendo que algum monge ou eremita que fazia jejum enterrara os ossos do peixe ali, provavelmente para cometer mais alguma fraude monástica. Todos sabem agora que a ciência acabou por se vingar do ceticismo. A fronteira entre o crível e o incrível não somente voltou a ser tão pouco definida quanto o foi em algum momento distante bárbaro, como também o crível está obviamente aumentando e o incrível diminuindo. Um homem da época de Voltaire não sabia qual o próximo milagre que teria de jogar no lixo; um homem de nossa época não sabe qual o próximo milagre que terá de engolir.

Mas muito antes de essas coisas acontecerem, nos dias de minha meninice, em que vi pela primeira vez a figura de São Francisco à distância, e me atraindo mesmo a essa distância, nos dias vitorianos que de fato separavam seriamente as virtudes dos milagres dos santos — mesmo naqueles dias eu não podia deixar de me sentir indefinidamente espantado por não imaginar como esse método poderia ser aplicado à história. Mesmo na época eu não entendia bem, nem entendo agora, a partir de que princípio se deve fazer uma seleção das crônicas do passado que dão a impressão de ser uma só coisa. Todo o nosso conhecimento de alguns períodos históricos, e de modo notável do período medieval, fundamenta-se em certas crônicas relacionadas entre si que foram escritas por pessoas, algumas de nome desconhecido, e que estão todas mortas, ou que ao menos não podem ser submetidas a um exame comparativo nem, em alguns casos, corroboradas. Nunca tive uma idéia muito clara sobre a natureza do direito com que historiadores aceitaram uma quantidade de detalhes fornecidos por essas pessoas como definitivamente verdadeiros, e de repente negaram sua veracidade quando um dos detalhes era sobrenatural. Não me queixo por serem eles céticos; fico sem entender por que os céticos não são mais céticos. Posso compreender que eles digam que esses detalhes nunca deveriam ser incluídos num relato histórico a não ser por lunáticos ou mentirosos, mas, nesse caso, a única conclusão é que o relato histórico foi escrito por mentirosos ou lunáticos. Eles escrevem, por exemplo: "O fanatismo dos monges encontrou facilidades para divulgar a história de que milagres já estavam acontecendo no túmulo de Thomas Becket". Por que não dizem também: "O fanatismo dos monges encontrou facilidades para divulgar a injúria segundo a qual quatro cavaleiros da corte do rei Henrique assas-

A morte de Thomas Becket, gravura.

sinaram Thomas Becket na catedral"? Eles escrevem coisas como: "A credulidade da época aceitou prontamente que Joana D'Arc tinha sido inspirada para indicar o Delfim, o primogênito do rei, mesmo estando ele disfarçado". Por que não escrevem, seguindo o mesmo princípio: "A credulidade da época era tamanha que supôs que uma obscura camponesa poderia obter uma audiência na corte do Delfim"? Assim, no caso presente, quando dizem que há uma estranha história segundo a qual São Francisco se lançou ao fogo e saiu ileso, qual o exato princípio que os proíbe de contar uma estranha história segundo a qual São Francisco invadiu o acampamento dos ferozes muçulmanos e saiu de lá vivo? Peço apenas uma informação, porque pessoalmente não vejo a lógica da coisa. Vou tentar dizer que não houve uma só palavra escrita sobre São Francisco por um contemporâneo que fosse pessoalmente incapaz de acreditar numa história milagrosa e contá-la. Talvez tudo isso sejam somente fábulas de monges, e nunca houve um São Francisco, nem um Santo Thomas Becket ou uma Joana D'Arc. Isso é sem dúvida uma *reductio ad absurdum*, mas é uma *reductio ad absurdum* da concepção que considerou todos os milagres um absurdo.

E na lógica abstrata, esse método de seleção levaria aos maiores absurdos. Uma história essencialmente absurda só poderia significar que a autoridade era indigna de crédito. Não pode significar que outras partes da história tenham de ser encaradas com total credulidade. Se alguém diz que encontrou um homem de calças amarelas que pulou dentro de sua própria garganta, não devemos exatamente jurar sobre a Bíblia ou ser queimados na estaca por dizer que o homem usava calças amarelas. Se alguém afirma que subiu num balão azul e descobriu que a lua é feita de queijo verde, não temos exatamente de receber uma declaração pública em cartório para garantir que o balão era azul nem que a lua é verde. E a conclusão realmente lógica gerada pela atitude de lançar dúvidas sobre todas as histórias como as de São Francisco é lançar dúvidas sobre a existência de homens como São Francisco. E houve de fato um momento no mundo moderno, uma espécie de destacada marca d'água do ceticismo insano, em que de fato se disse e se fez esse tipo de coisa. As pessoas viviam dizendo que São Patrício, o padroeiro da Irlanda, não existiu; algo que é inegavelmente um erro humano e histórico tão estúpido quanto dizer que São Francisco não existiu. Houve por exemplo um período em que a loucura da explicação mitológica dissolveu grande parte da história sólida no calor e no brilho universal e exuberante do sol-mito. Creio que esse sol particular já se pôs, mas têm surgido muitas luas e meteoros para ocupar seu lugar.

Joana D'Arc alvejada em batalha, gravura.

São Francisco, naturalmente, seria um excelente sol-mito. Como poderia alguém perder a chance de ser um sol-mito quando é na verdade mais conhecido por uma canção chamada O Cântico do Sol? Não é preciso dizer que o fogo na Síria era o nascer do sol no Oriente e as feridas que sangravam na Toscana eram o pôr-do-sol no Ocidente. Eu poderia explicar essa teoria de modo consideravelmente longo, mas, como costuma ocorrer com teóricos tão sofisticados, ocorre-me uma teoria que promete mais. Não posso imaginar como todos, incluindo eu mesmo, possam ter deixado de perceber que a história de São Francisco tem origem totêmica. Trata-se sem dúvida de uma história simplesmente cheia de totens. As florestas franciscanas têm tantos totens quanto qualquer história de índios peles-vermelhas. Francisco é levado a se chamar de jumento porque no mito original Francisco era apenas o nome dado ao verdadeiro jumento quadrúpede, que mais tarde se tornou mais ou menos um deus ou herói semi-humano. E é sem dúvida por isso que eu costumava sentir que o Irmão Lobo e a Irmã Ave de São Francisco eram, mais ou menos, como a "Mana" Raposa e a "Mana" Vaca de Tio Remo. Algumas pessoas dizem que há um estágio inocente da infância em que de fato acreditamos que uma vaca fala ou que uma raposa fez um boneco de piche. Seja como for, existe um período de desenvolvimento intelectual no qual de fato acreditamos que São Patrício foi um Sol-Mito ou que São Francisco foi um totem. Contudo, para a maioria de nós essas duas fases de paraíso já passaram.

Como vou sugerir num instante, há um sentido no qual podemos distinguir, para propósitos práticos, entre coisas prováveis e improváveis numa história como essa. Não é tanto uma questão de crítica cósmica sobre a natureza do evento quanto de crítica literária sobre a natureza da história. Contam-se algumas histórias que são mais sérias do que outras. Mas, fora isso, não vou tentar aqui nenhuma diferenciação definitiva entre elas. Não vou fazer isso por uma razão prática que afeta a utilidade da minha ação; falo do fato de que, num sentido prático, todos os elementos da questão estão de novo na fornalha, da qual podem sair moldadas coisas em formas que o racionalismo teria chamado de monstros. Os pontos fixos da fé e da filosofia permanecem os mesmos. Um homem pode ou não acreditar que o fogo em determinado caso, possa deixar de queimar, dependendo do motivo pelo qual ele acha que o fogo geralmente queima. Se o fogo queima nove pedaços de lenha porque é sua natureza ou destino fazer isso, então também vai queimar o décimo. Se queima nove pedaços de lenha porque é a vontade de Deus que ele queime, pode ser da vontade de Deus que não queime o décimo. Ninguém pode defender essa diferença fundamental sobre a razão das coisas; e é tão natural que um teísta acredite em milagres quanto que um ateu não acredite neles. Em outras palavras, há apenas um motivo inteligente para um homem não acreditar em milagres: o fato de ele não acreditar no materialismo. Mas esses pontos fixos de fé e de filosofia são coisas para um livro teórico e não têm um lugar apropriado aqui. E na questão da história e da biografia, que têm seu lugar aqui, nada é fixo. O mundo está numa mistura entre o possível e o impossível, e ninguém sabe qual será a próxima teoria científica que vai apoiar alguma antiga superstição. Três quartos dos milagres atribuídos a São Francisco já seriam explicados pelos psicólogos, não, é verdade, da maneira como um católico explicaria. Há todo um conjunto de milagres de São Francisco; os milagres de cura. Que benefício se obtém se um cético superior os descarta como impensáveis no momento em que a cura por meio da fé já virou um negócio dos americanos como o espetáculo do circo de P. T. Barnum?[8] Há todo um conjunto parecido de histórias de Cristo "lendo os pensamentos dos outros". Para que censurá-los ou deixá-los ocultos porque trazem o rótulo de "milagres", quando a leitura de pensamentos já é um jogo de salão como o das cadeiras? Há todo um outro conjunto, a ser estudado separadamente, se fosse possível esse estudo científico, dos prodígios bem atestados realizados com relíquias ou fragmentos santos. Para que descartar tudo isso como inconcebível, quando mesmo

[8] Trata-se do empresário de espetáculos norte-americano Phineas Taylor Barnum (1810-1891), cujo lema era "Quanto mais, melhor". Em seu famoso circo, oferecia espetáculos de todos os tipos, exibindo animais selvagens, teatros populares e até mesmo aberrações, às vezes fraudulentas, como uma sereia, o menor anão do mundo, uma menina de duas cabeças, entre outros. Para promovê-los, não hesitava em "enfeitar" suas histórias e assim atrair ainda mais a atenção. Alguns o consideram o pai da publicidade moderna e criador de "O melhor espetáculo do mundo". (N.do E.)

Passagens da vida de Cristo. Mosaico. Basílica de São de Marcos, Veneza.

esses truques de salão mediúnicos comuns giram em torno de tocar algum objeto conhecido ou segurar algum objeto pertencente à pessoa? Claro que não acredito que esses truques tenham a mesma natureza das boas obras do santo, exceto talvez no sentido de *Diabolus simius Dei* (o Diabo imita Deus). Mas a questão não é em que acredito e por que acredito, mas em que e por que o cético não acredita. A moral para o biógrafo e historiador prático é que ele tem de esperar até que as coisas assentem um pouco mais antes de afirmar que não acredita em alguma coisa.

Sendo assim, ele pode escolher entre dois caminhos; e não foi sem hesitação que escolhi um deles. O caminho melhor e mais ousado seria contar toda a história de forma direta, com milagres e tudo, como ela foi contada pelos historiadores originais. E é provável que os novos historiadores tenham de voltar a esse caminho bom e simples. Mas é preciso lembrar que este livro é declaradamente apenas uma introdução a São Francisco ou ao estudo de São Francisco. Quem precisa de uma introdução é, por sua própria natureza, quem não conhece o assunto. No caso dessas pessoas, é preciso fazer que elas ouçam São Francisco; e, para fazer isso, é perfeitamente legítimo organizar os fatos de modo que o familiar venha antes do desconhecido, e o que podem compreender imediatamente venha antes do que têm dificuldades para entender. Devo ficar muito agradecido se este pequeno e mal-arrumado esboço tiver uma linha ou duas que leve pessoas a estudar São Francisco sozinhas; e, se o estudarem sozinhas, elas logo vão descobrir que a parte sobrenatural da história parece tão natural quanto o resto. Mas era necessário que meu esboço fosse apenas um esboço meramente humano, porque eu estava apenas apresentando seu apelo a toda a humanidade, incluindo a humanidade cética. Assim, segui o outro caminho, o de mostrar primeiro que só um tolo poderia deixar de perceber que São Francisco de Assis foi um ser humano histórico bem real, para depois resumir brevemente neste capítulo os poderes sobre-humanos que foram com certeza parte dessa história e dessa humanidade dele. Resta dizer algumas palavras sobre algumas distinções que podem ser razoavelmente observadas na questão por todo e qualquer homem, seja qual for sua opinião: ele não pode confundir a importância e o ponto alto da vida do santo com as fantasias ou rumores que foram apenas as bordas de sua reputação.

Há uma quantidade tão imensa de lendas e anedotas sobre São Francisco de Assis, e tantas coletâneas admiráveis que contêm quase todas elas, que fui levado nestes limites estreitos a adotar uma política um pouco mais limitada, a de seguir uma linha de explicação e apenas mencionar aqui e ali um caso ou outro para ilustrar essa explicação. Se isso acontece com todas as lendas e histórias, é especialmente verdadeiro no tocante às lendas sobre milagres e às histórias que tratam do sobrenatural. Se fôssemos tomar algumas histórias do jeito que se apresentam, ficaríamos com a impressão bastante espantosa de que a biografia contém mais eventos sobrenaturais do que naturais. Ora, é claramente contrário à tradição católica, que coincide em tantos aspectos com o senso comum, supor que essa é a verdadeira proporção dessas coisas numa vida humana prática. Além disso, mesmo consideradas como histórias sobrenaturais ou extraordinárias, elas obviamente se enquadram em algumas classes diferentes, não tanto por causa da nossa experiência com milagres quanto devido à nossa experiência com histórias. Algumas têm o caráter de contos de fadas, ainda mais em sua forma do que no acontecimento que narram. São evidentemente histórias contadas ao pé da fogueira a camponeses ou filhos de camponeses, em condições nas quais ninguém está propondo uma doutrina religiosa para ser aceita ou rejeitada, mas apenas elaborando uma história da maneira mais simétrica, de acordo com algum tipo de plano ou padrão decorativo que está presente em todos os contos de fada. Outras são claramente, em sua forma, enfáticas provas, isto é, são testemunhos que podem ser tanto verdadeiros como falsos, e qualquer juiz da natureza humana terá dificuldades em avaliar que são mentiras.

Admite-se que a história dos estigmas não é uma lenda, mas só pode ser uma mentira. Quero dizer que sem dúvida não é um acréscimo lendário posteriormente à fama de São Francisco, mas é algo que começou quase imediatamente nos escritos de seus primeiríssimos biógrafos. É praticamente necessário sugerir que foi uma conspiração; na verdade, tem havido certa disposição para atribuir a fraude ao infeliz irmão Elias de Cortona, que tantos têm se mostrado dispostos a considerar um útil vilão universal. Afirma-se na verdade que esses primeiros biógrafos, São Boaventura, Tomás de Celano (o primeiro biógrafo) e os Três Companheiros,[9] embora declarem que São Francisco recebeu as chagas místicas, não dizem que as viram. Não considero esse argumento conclusivo, porque ele vem somente da própria natureza da narrativa. Os Três Companheiros, de qualquer maneira, não estão fazendo uma declaração pública em cartório; portanto, nenhuma das partes aceitas de sua história tem a forma de uma declaração dessas. Eles escrevem uma crônica de uma descrição comparativamente impessoal e bastante objetiva. Eles não dizem: "Vi as chagas de São Francisco"; dizem: "São Francisco recebeu chagas". Mas também não dizem: "Vi São Francisco entrar na Porciúncula"; dizem: "São Francisco entrou na Porciúncula". Mas ainda não consigo entender por que se deve confiar neles como testemunhas

[9] O nobre Ângelo Trancredi, Leão, secretário e confessor de São Francisco, e Rufino, primo de Santa Clara. (N.do T.)

O milagre do homem sedento, Giotto. Afresco, Basílica superior de São Francisco, Assis.

oculares de um dos fatos e não confiar em seu testemunho com relação ao outro fato. O testemunho é um só; seria uma interrupção anormal da história se eles de repente começassem a fazer promessas solenes e juramentos, dando nome e endereço, declarando com a mão sobre a Bíblia que eles mesmos viram e verificaram os fatos físicos em questão. Logo, tenho a impressão de que essa discussão particular nos leva de volta à questão geral que já mencionei: a de por que se deve acreditar numa só parte dessas crônicas se se considera que elas estão cheias de coisas inacreditáveis. Mas é mais uma vez provável que se descobrisse que isso se reduz, em última análise, ao simples fato de alguns homens não poderem acreditar em milagres por serem materialistas. Isso é bastante lógico, mas essas pessoas estão obrigadas a negar o extraordinário tanto no testemunho de um mestre da ciência moderna como no de um cronista monástico medieval. E há nesta época muitos mestres para eles contestarem.

Mas, não importa o que se pense dessas coisas sobrenaturais no sentido relativamente material e popular dos atos sobrenaturais, vamos deixar de entender tudo o que há de essencial com relação a São Francisco, especialmente depois de Alverno, se não percebermos que ele tinha uma vida sobrenatural. E há cada vez mais elementos sobrenaturais em sua vida à medida que ele se aproxima da morte. Esse elemento sobrenatural não o afastou do natural, porque se fundamentava na idéia de que o sobrenatural o unia ainda mais perfeitamente com o natural. O sobrenatural não o deixou sombrio nem o desumanizou, porque todo o sentido de sua mensagem se apoiava na idéia de que isso deixava o homem cheio de alegria e de humanidade. Sua posição e sua mensagem, contudo, fundamentavam-se na idéia de que a força responsável por tudo isso era uma força sobrenatural. Se essa simples distinção não fosse evidente em toda a sua vida, seria difícil que alguém deixasse de percebê-la ao ler o relato de sua morte.

De certo modo, pode-se dizer que Francisco andou pelo mundo como homem prestes a morrer e, do mesmo modo, como homem vivo. Quando ficou cada vez mais evidente que sua saúde estava se enfraquecendo, ele parece ter sido levado de um lado para o outro como uma representação da doença ou quase como uma representação da mortalidade. Ele foi a Reiti, a Núrsia, talvez a Nápoles, certamente a Cortona, à beira do lago de Perúgia. Mas há algo profundamente surpreendente, e perturbador, no fato de que, finalmente, ao que parece, sua chama de vida se reacendeu, e seu coração se encheu de júbilo, ao ver, à distância nas colinas de Assis, as solenes colunas da Porciúncula. Ele, que se tornara andarilho por causa de uma visão, que negara a si mesmo todo sentido de lugar e de posse, cujo evangelho e glória eram inteiramente não ter um lar, recebeu uma espécie de flechada parta[10] da natureza, a picada do sentido de lar. Ele também teve sua *maladie du clocher*, saudades do lar; embora seu lar fosse mais amplo do que o nosso. "Nunca", exclamou ele, com a súbita energia dos espíritos fortes à beira da morte, "abandoneis este lugar. Ide a qualquer lugar ou fazei toda peregrinação, mas sempre retornai ao vosso lar; porque esta é a santa casa de Deus." E a procissão passou sob os arcos de sua casa, e ele se estendeu na cama, e seus irmãos se reuniram ao seu redor para a última longa vigília. Parece-me que este não é o momento de tratar das disputas subseqüentes sobre quais sucessores ele abençoou ou de que forma e com que significado. Naquele intenso momento, ele abençoou todos nós.

Depois de se despedir de alguns de seus amigos mais próximos, e especialmente mais antigos, ele foi tirado, a pedido seu, de sua própria cama grosseira e colocado no chão nu, dizem alguns que vestindo apenas uma túnica de cabelos, como o fizera ao se dirigir pela primeira vez à floresta fria, saindo da presença do pai. Foi a afirmação de sua grande idéia fixa: o louvor e a ação de graças que alcançam as alturas mais inimagináveis vindos do despojamento e do nada. Podemos ter certeza de que, enquanto estava deitado ali, seus olhos queimados e cegos só viam seu objeto e sua origem. Podemos ter certeza de que a alma, em seu último isolamento inconcebível, tinha diante de si nada menos que Deus Encarnado e Cristo Crucificado. Mas nos homens de pé ao seu redor, deve ter havido outros pensamentos misturados com esses, e muitas lembranças devem ter se acumulado, como fantasmas à meia-luz, à medida que o dia chegava ao fim e descia a grande escuridão na qual todos perdemos um amigo.

Porque quem ali estava deitado não era Domingos dos Cães do Senhor, líder de guerras lógicas e controversas que podiam ser reduzidas a um plano e passadas a outros como um plano; o mestre de uma

[10] Alusão aos certeiros arqueiros da Pártia, cidade grega. (N. do T.)

máquina de disciplina democrática por meio da qual outros podiam organizar-se. O que deixava o mundo era uma pessoa, um poeta, uma perspectiva de vida que era como uma luz que não se voltou a ver no mar ou na terra, uma coisa que não será substituída nem repetida enquanto a terra durar. Afirma-se que houve apenas um cristão, aquele que morreu na cruz; é mais verdadeiro dizer que só houve um franciscano, de nome Francisco. Por mais grandiosa e feliz que seja a popular obra que ele deixou, havia algo que ele não podia deixar, assim como um pintor de paisagens não pode deixar seus próprios olhos no testamento. Era um artista em vida que fora chamado a ser um artista em morte; e ele tinha mais direito do que Nero, o tipo oposto a ele, de dizer *Qualis artifex pereo* (morro como artista). Porque a vida de Nero tinha sido cheia das poses de ocasião como as de um ator, ao passo que a do úmbrio Francisco tinha sido dotada de uma graça espontânea e contínua igual à do atleta. Mas São Francisco tinha coisas melhores a dizer e em que pensar, e seus pensamentos se elevaram a alturas às quais não podemos acompanhá-los, a alturas divinas e vertiginosas às quais só a morte pode nos elevar.

Estavam ao seu redor os irmãos em hábitos marrons, aqueles que o amaram mesmo tendo depois entrado em disputas uns com os outros. Lá estava Bernardo, seu primeiro amigo, e Ângelo, que fora seu secretário, e Elias, seu sucessor, que a tradição tentou transformar numa espécie de Judas, mas que parece ter sido pouco pior do que um funcionário no cargo errado. Sua tragédia foi que ele tinha um hábito franciscano sem um coração franciscano, ou ao menos uma mente bastante não-franciscana. Mas embora tenha sido um mau franciscano, Elias poderia ter sido um bom dominicano. De todo modo, não há razão para duvidar de que ele amava Francisco, porque rufiões e selvagens o amaram. De qualquer maneira, Elias estava com os outros enquanto as horas passavam e as sombras aumentavam na casa da Porciúncula, e ninguém precisa pensar tão mal dele a ponto de dizer que seus pensamentos esta-

Morte e ascensão de São Francisco, Giotto. Afresco, 1325, Capela Bardi, Florença.

vam no momento voltados para o tumultuoso futuro, para as ambições e controvérsias de seus dias posteriores.

Pode-se alimentar a fantasia de que os pássaros devem ter percebido quando aconteceu, e movimentado um pouco o céu ao anoitecer. Do mesmo modo como tinham uma vez, segundo se conta, se distribuído aos quatro ventos, formando a figura da cruz, quando ele lhes fizera sinal para que se dispersassem, eles devem ter nesse outro momento escrito com essas linhas interrompidas um augúrio mais terrível no céu. Talvez houvesse, escondidas na floresta, criaturas agachadas que nunca mais seriam muito notadas e compreendidas; e afirma-se que os animais têm às vezes consciência de coisas que os homens, superiores a eles em termos espirituais, no momento não podem ver. Não sabemos se um arrepio percorreu a espinha de todos os ladrões, de todos os excluídos, de todos os marginalizados, para lhes dizer o que acontecera com aquele que nunca soube o que é o desprezo.

As lamentações de Santa Clara, Giotto. Afresco, Basílica superior de São Francisco, Assis.

Mas ao menos nas passagens e alpendres da Porciúncula houve uma repentina imobilidade, e todas as figuras marrons ficaram paradas como estátuas de bronze, para ver parar o grande coração que só se partiu quando tinha dentro de si o mundo inteiro.

Capítulo X

O TESTAMENTO DE SÃO FRANCISCO

Num certo sentido, é sem dúvida uma triste ironia que São Francisco, que durante toda a vida desejou que todos os homens concordassem uns com os outros, tenha morrido em meio a crescentes desacordos. Contudo, não devemos exagerar essa discórdia, ao contrário do que fizeram alguns, de modo a transformá-la em mera derrota de todos os ideais de Francisco. Há alguns que dizem que sua obra foi simplesmente arruinada pela maldade do mundo, ou por aquilo que supõem ser a maldade sempre maior da Igreja.

Este livrinho é um ensaio sobre São Francisco, não sobre a Ordem Franciscana, e menos ainda sobre a Igreja Católica, o papado ou a política implantada com relação aos franciscanos extremos, ou os *fraticelli*. Logo, é necessário apenas observar, com bem poucas palavras, qual foi a natureza geral da controvérsia que se estabeleceu depois da morte do grande santo, e que em certa medida perturbou seus últimos dias de vida. O detalhe dominante foi a interpretação do voto de pobreza, ou da recusa de todas as posses. Ninguém, pelo que sei, propôs interferir no voto de cada frade de que não teria posses pessoais. Quer dizer, ninguém propôs interferir em sua negação da propriedade privada. Mas alguns franciscanos, invocando a autoridade de Francisco em seu próprio benefício, foram além disso, e penso que mais longe do que qualquer pessoa

Aparição para o papa Gregório X, Giotto. Afresco, Basílica superior de São Francisco, Assis.

já tinha ido. Propuseram abolir não só a propriedade privada como a propriedade. Ou seja, recusaram-se a ser corporativamente responsáveis por qualquer coisa; por edificações, provisões ou instrumentos; recusaram-se a tê-los coletivamente como posse, embora os usassem coletivamente. É inegável que muitos, especialmente no grupo dos primeiros defensores da idéia, eram homens de espírito esplêndido e altruísta, totalmente devotados ao ideal do grandioso santo. Também não há dúvidas de que o papa e as autoridades da Igreja não consideraram essa concepção um arranjo viável, e, para modificá-lo, chegaram a desconsiderar certas cláusulas do testamento de São Francisco. No entanto, não é nada fácil ver que era um arranjo viável ou mesmo um arranjo, porque na realidade era a recusa a arranjar qualquer coisa. Todos sabiam, naturalmente, que os franciscanos eram comunistas, mas isso não era tanto ser comunista quanto anarquista. Não há dúvida de que, seja qual for o argumento, alguém ou alguma coisa tem de ser responsável pelo que aconteceu, em relação a alguns prédios históricos, bens corriqueiros e móveis. Muitos idealistas do tipo socialista, como Bernard Shaw ou Herbert George Wells, trataram essa disputa como se fosse apenas um caso de tirania de pontífices abastados e malévolos esmagando o verdadeiro cristianismo de socialistas cristãos. Mas, na verdade, esse ideal extremo foi num certo sentido o próprio reverso do socialista, ou mesmo do social. O que esses entusiastas recusaram foi justamente a propriedade social em que o socialismo se baseia; eles se recusaram essencialmente a exercer a função primordial dos socialistas: tomar posse legalmente em sua condição corporativa. E também não é verdade que o tom dos papas com relação a esses entusiastas tenha sido simplesmente rigoroso e hostil. O papa manteve por um longo tempo um compromisso que criou especialmente para respeitar sua ponderada objeção; era um compromisso nos termos do qual o próprio papado assumia a propriedade, na condição de uma espécie de procurador, em nome dos proprietários que se recusavam a tocar nessa propriedade. A verdade é que o incidente mostra duas coisas bem comuns na história católica, mas bem pouco compreendidas pela história jornalística da civilização industrial. Mostra que os santos eram às vezes homens grandiosos, enquanto os papas eram homens sem grandeza. Porém mostra também que, em algumas ocasiões, os grandes homens estão errados e os homens sem grandeza com a razão. E afinal vai ser muito difícil que alguma pessoa de fora, imparcial e de mente organizada, consiga negar que o papa estava certo ao insistir que o mundo não era feito somente para franciscanos.

Pois era isso que estava por trás da divergência. No fundo dessa questão prática particular, havia algo bem mais amplo e mais pleno de conseqüências, algo cuja agitação e perturbação podemos sentir ao ler sobre a controvérsia. Podemos chegar a dizer que a verdade última é a seguinte: São Francisco era um homem tão grandioso e original que tinha em si alguma coisa daquilo que dá origem ao fundador de uma religião. Muitos de seus seguidores estavam mais ou menos prontos, em seu coração, a tratá-lo como o fundador de uma religião. Estavam dispostos a deixar o espírito franciscano escapar do cristianismo do mesmo modo como o espírito cristão escapara de Israel. Desejavam deixar que o espírito franciscano ofuscasse o espírito cristão da mesma forma como o espírito cristão ofuscara Israel. Francisco, o fogo que percorria as estradas da Itália, devia ser o começo de um incêndio em que a antiga civilização cristã seria consumida. Era esse o problema que o papa tinha de resolver: se Francisco absorveria o cristianismo ou o cristianismo absorveria Francisco. E ele tomou a decisão correta, independentemente dos deveres da posição que ocupava, porque a Igreja podia incluir tudo o que havia de bom nos franciscanos, mas os franciscanos não podiam incluir tudo o que havia de bom na Igreja.

Há uma consideração que, embora suficientemente clara em toda a história, talvez não tenha sido bem percebida, especialmente por aqueles que não podem ver a questão a partir de um certo senso comum católico que é mais amplo até mesmo do que o entusiasmo franciscano. Mas essa consideração vem dos próprios méritos do homem que eles admiram com tanta razão. Francisco de Assis, como já foi dito tantas vezes, era poeta, isto é, era uma pessoa capaz de exprimir sua própria personalidade. Ora, homens como esses em geral se caracterizam pelo fato de suas próprias limitações os tornarem ainda mais grandiosos. Eles são o que são, não somente por causa do que possuem como, em certa medida, por causa do que não possuem. Mas os limites que formam os contornos de tal retrato pessoal não podem ser usados como limites para a humanidade inteira. São Francisco é um exemplo bem intenso dessa qualidade do homem genial: nele, mesmo o que é negativo é positivo, por ser parte de seu caráter. Um excelente exemplo do que digo pode ser encontrado em sua atitude com relação à aprendizagem e aos estudos. Ele ignorou e em certa medida desestimulou os livros e a aprendizagem por meio de livros, e, de seu ponto de vista e do de sua obra no mundo, tinha toda a razão. Toda a essência de sua mensagem era ser simples o suficiente para ser entendido pelo idiota da cidade. Toda a essência de seu ponto de vista estava no fato de olhar com novos olhos um mundo novo, um mundo que podia ter sido criado esta manhã. Fora as grandes coisas primordiais, a Criação e a história do Éden, o primeiro Natal e a primeira Páscoa, o mundo não tinha história. Mas será que se deseja ou é desejável que toda a Igreja Católica não tenha história?

Pode ser que a principal sugestão deste livro seja que São Francisco caminhou pelo mundo como o Perdão de Deus. Quero dizer que seu aparecimento marcou o momento em que os homens podiam se reconciliar não só com Deus, mas também com a natureza e, o que é mais difícil, consigo mesmos. Porque marcou o momento no qual todo o paganismo apodrecido que envenenara o mundo antigo foi finalmente expulso do sistema social. Ele abriu as portas da Idade das Trevas como se fossem as de uma prisão do purgatório na qual os homens se purificavam como eremitas no deserto ou como heróis nas guerras bárbaras. Na realidade, toda a sua função foi dizer aos homens que começassem outra vez e, nesse sentido, dizer que se esquecessem. Se eles tinham de virar uma página e começar uma nova com as primeiras

PVB. VERGILII MARONIS PARTHENIAE
Mantuani Aeneis diuinum opus ab Aelio Antonio Nebrissensi ex Grammatico, & Rhetore, Regis historiographo familiari commentario & nunc recens excusso elucidata in lucem prodit.
Cum priuilegio.
Si daret huic formae uitam sic Iuppiter, ut tu
Grammaticae Antoni, uiueret effigies.
AEL. ANTONIVS NEBRISSENSIS
APVD INCLYTAM GRANATAM
ANNO DOMINI M.D.XLV.

Aeneid, Virgílio. Página de abertura de edição, 1546.

grandes letras do alfabeto, desenhadas de modo simples e brilhantemente coloridas à maneira medieval, era parte dessa satisfação infantil particular que eles colassem a página antiga, que era toda sombria e sangrenta, trazendo coisas terríveis. Por exemplo, já percebi que não há um único vestígio, na poesia desse primeiro poeta italiano, de toda a mitologia pagã que permaneceu viva muito tempo depois do paganismo. O primeiro poeta italiano parece o único homem do mundo a não ter sequer ouvido falar de Virgílio. Isso se aplica sobretudo ao sentido especial em que ele é o primeiro poeta italiano. É bem certo que temos de chamar um rouxinol de rouxinol, e não ter seu canto estragado pelas horríveis histórias de Ítilo ou de Procne.[11] Em resumo, é bem possível e até desejável que São Francisco nunca tenha ouvido falar de Virgílio. Mas podemos desejar que Dante nunca tivesse ouvido falar de Virgílio? Podemos desejar que Dante nunca tivesse lido coisa alguma sobre a mitologia pagã? Afirma-se com razão que o uso dado por Dante a essas fábulas é parte integrante de uma ortodoxia mais profunda, que seus imensos fragmentos pagãos, suas gigantes-

[11] Ítilo, personagem grega, filho de Aédon e de Zeto, foi morto por engano pela própria mãe; Procne, ou Progne, personagem grega, filha de Pândion, rei de Atenas, foi transformada em rouxinol. (N. do T.)

cas figuras de Minos (rei, na história do Minotauro, metade homem, metade touro) e de Quíron (centauro: metade homem, metade cavalo) são apenas pistas de alguma enorme religião natural por trás de toda a história, e que desde o início prenuncia a Fé. É bom ter a adivinha Sibila e Davi no *Dies Irae* (Dias de Ira, cântico atribuído ao franciscano Tomás de Celano). O fato de que São Francisco teria queimado todas as folhas de todos os livros da Sibila, em troca de uma folha fresca da árvore mais próxima, é perfeitamente verdadeiro, e perfeitamente típico de São Francisco. Mas é bom ter tanto o *Dies Irae* como o Cântico do Sol.

Em resumo, nos termos dessa tese, a vinda de São Francisco foi como o nascimento de uma criança numa casa escura que tivesse acabado com sua maldição; uma criança que cresce sem ter consciência da tragédia e que a vence por sua inocência. Nele, é preciso não só inocência como desconhecimento. É da essência da história que *ele* se jogue na grama verde sem ver que ela esconde um cadáver ou que suba numa macieira sem saber que é a forca de um suicida. Foi essa anistia e reconciliação que o frescor do espírito franciscano trouxe a todo o mundo. Mas nem por isso se deve impor esse desconhecimento a todo o mundo. E creio que esse espírito teria tentado fazer isso. Alguns franciscanos considerariam correto que a poesia franciscana expulsasse a prosa beneditina. Para a criança simbólica, isso era bem racional. Era bastante certo que, para uma criança assim, o mundo fosse um grande quarto das crianças com paredes vazias pintadas de branco em que ela pudesse fazer seus próprios desenhos com giz à maneira das crianças, com contornos grosseiros e cores alegres; o começo de toda a nossa arte. Era bem correto que, para ele, esse quarto das crianças parecesse a mansão mais magnífica que a imaginação humana pode conceber. Mas na Igreja de Deus há muitas mansões.

Todas as heresias têm sido esforços de reduzir as dimensões da Igreja. Se tivesse se tornado uma nova religião, o movimento franciscano teria sido afinal uma religião mais restrita. Na medida em que se tornou num ou noutro ponto uma heresia, foi uma heresia restrita. Fez o que a heresia sempre faz: colocou o estado de espírito contra a mente. O estado de espírito era de fato, originalmente, o bom e glorioso estado de espírito do grande São Francisco, mas não era naquele momento toda a mente de Deus ou mesmo do homem. E é um fato que o próprio estado de espírito degenerou quando se tornou monomania. Uma seita que veio a se chamar os *fraticelli* se declarou os verdadeiros filhos de São Francisco e rompeu com os compromissos de Roma em favor do que teria chamado de programa completo de Assis. Num curto espaço de tempo, esses franciscanos sem governo começaram a parecer tão ferozes quanto os flagelantes. Eles lançaram novas e violentas proibições; denunciaram o casamento; quer dizer, denunciaram a humanidade. Em nome do santo mais humano, declararam guerra à humanidade. Eles não desapareceram particularmente devido à perseguição; muitos acabaram por ser convencidos; e os teimosos que não se deixaram convencer lá ficaram sem produzir nada para lembrar qualquer pessoa, mesmo um pouco, do verdadeiro São Francisco. O problema que os atingiu foi o fato de serem místicos, místicos e nada mais do que místicos, místicos e não católicos, místicos e não cristãos, místicos e não seres humanos. Eles apodreceram porque, no sentido mais exato, não ouviram a voz da razão. E São Francisco, por mais estranhas e românticas que parecessem a muitos as piruetas que fazia, sempre se apegou à razão por meio de um invisível e indestrutível fio de cabelo.

O grande santo era mentalmente sadio; e com o próprio som da palavra "sanidade", como uma nota mais profunda extraída de uma harpa, voltamos a algo mais profundo do que todas as suas características, a ponto de parecer uma excentricidade quase típica do duende. Ele não era um mero excêntrico, porque estava sempre girando em torno do centro e do núcleo do labirinto; seguia os atalhos mais estranhos e confusos na floresta, mas estava sempre indo para casa. Não apenas era humilde demais para cometer heresias, como era humano demais para desejar ser extremista, no sentido de um exílio nos confins da terra. O senso de humor, que é o encanto de todas as histórias de suas escapadas sozinho, o impedia de um dia endurecer-se no caráter solene do moralismo sectário. Mostrava-se por natureza pronto a admitir seus erros, e, se seus seguidores tinham de admitir em alguns aspectos práticos que ele estava errado, só o fizeram para provar que ele estava certo. Porque foram eles, seus verdadeiros seguidores, que de fato provaram que Francisco tinha razão, e que, mesmo indo além de algumas de suas negações, ampliaram e interpretaram de maneira triunfante sua verdade. A Ordem franciscana não se transformou num fóssil nem se acabou como algo cujo verdadeiro propósito fosse frustrado pela tirania oficial ou pela traição interna. Foi isso, o tronco central e ortodoxo da Ordem, que depois gerou frutos para o mundo. Ela contava entre seus filhos

Basílica de São Francisco, Assis.

com Boaventura, o grande místico, e Bernardino, o pregador popular, que espalharam pela Itália as bufonarias tão beatíficas de um *jongleur de Dieu*. A Ordem tinha Raimundo Lúlio, com seu jeito estranho de aprender e seus amplos e ousados planos para a conversão do mundo; um homem intensamente individual exatamente como São Francisco foi. Tinha Roger Bacon, o primeiro naturalista, cujos experimentos com a luz e a água eram marcados por toda a luminosa estranheza do começo da história natural, e que mesmo os cientistas mais materiais saudaram como um pai da ciência. Não é verdade apenas que esses foram grandes homens que prestaram grandes serviços ao mundo; é também verdade que eram um tipo de homens que mantinha o espírito e o sabor de um certo tipo de homem, que podemos reconhecer neles um gosto e uma pitada de audácia e simplicidade, e que podemos conhecer como filhos de São Francisco.

Mausoléu de São Francisco, escultura de Germain Pilon, séc. XVI.

Porque é esse o espírito pleno e definitivo no qual devemos nos voltar para São Francisco; um espírito de gratidão pelo que ele realizou. Francisco foi acima de tudo um ser humano grandiosamente generoso, e preocupou-se sobretudo com a forma mais elevada de generosidade, que consiste em dar graças. Se outro homem escreveu uma gramática do assentimento (o inglês John Henry Newman [1801-1880] em 1870), pode-se muito bem dizer que São Francisco escreveu uma gramática da aceitação, uma gramática da gratidão. Ele entendeu até o mais profundo a teoria da gratidão, e tal profundidade é um abismo sem fundo. Ele sabia que o louvor a Deus tem os fundamentos mais sólidos quando não se apóia em coisa alguma. Sabia que podemos melhor avaliar o milagre fenomenal do mero fato da existência se nos dermos conta de que, se não fosse por alguma estranha misericórdia, poderíamos nem mesmo existir. E algo dessa verdade mais ampla se repete em forma mais reduzida em nossas relações com tão poderoso autor da história. Ele é igualmente alguém que deu coisas que poderíamos não ter, mesmo que elas tenham sido concebidas exatamente para nós; e é também grandioso demais para qualquer outra coisa que não a gratidão. Dele veio todo um despertar do mundo, bem como a alvorada em que todas as formas e cores podem ser vistas como se pela primeira vez. Os poderosos homens geniais que fizeram a civilização cristã que conhecemos aparecem na história quase como seus servos e imitadores. Antes de Dante existir, ele deu poesia à Itália; antes de São Luís governar, ele se levantou como o tribuno dos pobres; e antes de Giotto ter pintado seus quadros, ele representara as cenas. O grande pintor que deu início a toda a inspiração humana da pintura européia fora se encontrar pessoalmente com São Francisco para buscar inspiração. Afirma-se que, quando São Francisco encenou um Drama da Natividade de Belém, com reis e anjos usando as rígidas e alegres roupas medievais e perucas que representavam halos, produziu-se um milagre pleno de glória franciscana. O Santo Menino era um boneco de madeira, ou *bambino*, e dizem que São Francisco o abraçou e a imagem adquiriu vida em seus braços. Ele sem dúvida não estava pensando em coisas inferiores, mas podemos ao menos dizer que uma coisa veio à vida em seus braços: aquilo que chamamos de drama. A não ser por seu intenso amor individual pelas canções, ele talvez não tenha personificado pessoalmente esse espírito em nenhuma dessas artes. Ele foi o espírito personificado. Foi a essência e substância espiritual que andou no mundo antes de qualquer pessoa ter visto essas coisas em formas visíveis derivadas desse espírito: um fogo andarilho que parecia vir do nada, um fogo em que homens mais materiais podiam acender tochas e velas. Foi a alma da civilização medieval antes mesmo de ela encontrar um corpo. Uma outra corrente bem distinta de inspiração espiritual vem em larga medida dele: todas as energias reformadoras da época medieval e da época moderna que assumem o encargo de *Deus est Deus Pauperum* (Deus é Deus Pobre). Seu ardor abstrato pelos seres humanos se fez presente num imenso número de leis medievais justas contra o orgulho e a crueldade das riquezas; está hoje na base de muito do que é chamado sem muita precisão de socialista cristão e que seria mais correto denominar de democrata católico. Ninguém teria a pretensão de dizer que, tanto do lado artístico quanto do social, essas coisas não teriam existido sem Francisco. É no entanto inegável que não podemos agora imaginá-las sem ele, dado que ele viveu e mudou o mundo.

E um pouco da sensação de impotência que constituiu mais da metade de sua força vai se manifestar naquele que sabe como essa inspiração influenciou a história, e que pode apenas registrá-la por meio de uma série de frases mal elaboradas e pouco expressivas. Essa pessoa saberá algo sobre o que São Francisco significou ao se deparar com a grande dívida que não pode ser paga. Desejará ter feito infinitamente mais e perceberá a futilidade de ter feito alguma coisa. Saberá o que é se ver diante de um tal dilúvio de prodígios de um homem morto e não ter coisa alguma para lhe fazer frente, não ter coisa alguma para colocar sobre os salientes e imponentes arcos de semelhante templo de tempo e eternidade, a não ser esta vela pouco duradoura que se extingue rapidamente diante de seu santuário.

São Francisco ora para os pássaros (detalhe), Giotto. Afresco, Basílica superior de São Francisco, Assis.

Triunfo de São Tomás de Aquino, Andrea da Firenze. Afresco, Igreja de Santa Maria Novella, Florença.

Este livro não pretende ser mais que um esboço popular de um grande personagem histórico que deveria ser mais popular. Terá alcançado seu objetivo se levar os que mal ouviram falar de São Tomás de Aquino a ler sobre ele em livros melhores.

G. K. CHESTERTON

Nota Introdutória

Com sua serenidade peculiar, depois dessa modesta advertência, G. K. Chesterton escreveu simplesmente o que se costuma considerar uma das melhores introduções a São Tomás de Aquino e a suas obras. Autoridades notáveis como Étienne Gilson, Jacques Maritain e Anton C. Pegis proclamaram entusiasticamente este livro como o melhor já escrito sobre Tomás de Aquino.

Só a genialidade de Chesterton poderia ter produzido este volume. Não sendo em nenhum sentido da palavra uma biografia formal do Doutor Angélico, ainda assim a obra mostra o perfil do grande estudioso e de suas magníficas contribuições para o pensamento humano, com uma firmeza e abrangência admiráveis num livro tão pequeno. Assim, Chesterton obtém um brilhante sucesso em algo que grandes e influentes tomos tiveram um fracasso desalentador.

Este retrato de Tomás de Aquino absorve completamente o leitor, despertando nele a vontade de ler a própria obra monumental de São Tomás. Foi esse o objetivo de Chesterton e, ao produzir esta avaliação tão extraordinária, ele sem dúvida estimula o leitor a — empreender a busca profunda solicitada com tanto entusiasmo — a descoberta do ensinamento de Santo Tomás.

A

DOROTHY COLLINS,

sem cuja ajuda o autor

teria ficado mais desamparado

do que costuma.

Anton C. Pegis

Uma avaliação

Nos últimos anos, em especial a partir da década de 1920, o número de livros sobre São Tomás de Aquino aumentou muito. Todas as fases de sua vida e de seus ensinamentos foram objeto de amplas pesquisas em muitos países. Hoje, sabemos muita coisa sobre os escritos de São Tomás, incluindo sua provável cronologia, as circunstâncias que os cercam, suas principais idéias. Contudo, quanto mais os estudiosos passaram a saber em detalhes sobre São Tomás, tanto menos têm desejado escrever a seu respeito de maneira ampla. Na verdade, há volumosos livros sobre "a filosofia de São Tomás de Aquino" e livros ainda mais volumosos sobre "a filosofia tomista". Mas há poucas descrições sucintas de São Tomás, o humilde monge dominicano que dedicou sua mente a Deus e à causa da verdade cristã. Dispomos das pequenas obras introdutórias sobre São Tomás do falecido Monsenhor Grabmann, de Maritain, de A. Waltz e de M. D. Chenu. Mas nenhum desses livros admiráveis possui o primor artístico que G. K. Chesterton alcançou ao escrever *São Tomás de Aquino* há mais de vinte anos (em 1933).

É difícil, para não dizer impossível, escrever a introdução de um livro como este. Pode-se correr o risco de avaliar o próprio G. K. Chesterton — um gigante que sempre lutou corajosamente em favor de sua fé católica, com presença de espírito e bom humor, bem como com tiradas que eram tão devastadoras quanto capazes de desarmar. Chesterton não era filósofo e nunca pretendeu ser, mas, ao escrever seu *São Tomás*, conseguiu apresentar a vida e a época do Doutor Angélico com os traços simples e seguros de mestre que têm atormentado os estudiosos profissionais de São Tomás. E quando o artista diz em dez páginas o que o historiador ou o erudito se esforçam para dizer num livro inteiro, que comentário se poderá fazer?

Os que lerem este livro verão surgir de suas páginas um São Tomás real e vivo, e poderão captar o espírito do homem, a alma e a grandeza cristã. Quem mais além de Chesterton poderia ter feito esta prodigiosa comparação entre São Francisco e São Tomás? Quem mais além de Chesterton poderia ter escrito estas páginas dramáticas sobre um tema que os filósofos tratam de maneira tão desapaixonada — *o ser*? Chesterton respira a essência de São Tomás com a mesma naturalidade com que respira o ar. Ele tem o talento de descobrir o que há de essencial no pensamento de São Tomás. O autor reverencia a defesa que São Tomás fez da verdade, da razão e da pessoa humana. Conhece e apresenta com exasperante facilidade o aristotelismo cristão do santo. Conhece o Doutor Angélico e sua defesa de Aristóteles contra os averroístas.

Passado mais de meio século, o *São Tomás de Aquino* de Chesterton continua a ser um autêntico retrato de um grande santo cristão numa época de fermentação intelectual. Para Chesterton, ele mesmo um cavaleiro cristão, o Doutor Angélico era um cavaleiro que defendia a verdade e a razão com a mente, com seus escritos e orações. O *São Tomás* de Chesterton não se limita a ser um retrato autêntico do homem; ao lado de muitos outros livros bons sob outros aspectos, ele continua a ser a melhor introdução à mente e ao coração do Doutor Angélico.

Nota introdutória

Este livro não pretende ser mais que um esboço popular de um grande personagem histórico que deveria ser mais popular. Terá alcançado seu objetivo se levar os que mal ouviram falar de São Tomás de Aquino a ler sobre ele em livros melhores. Essa limitação necessária traz consigo, porém, certas conseqüências que talvez devam ser esclarecidas desde o início.

Em primeiro lugar, a história destina-se sobretudo aos que não concordam com São Tomás e talvez tenham por ele o mesmo interesse que eu teria pelo sábio chinês Confúcio ou por Maomé. Em contrapartida, a própria necessidade de apresentar um esboço bem elaborado obrigou-me a consultar outros esboços sobre personagens que podem pensar de outra maneira. Ao escrever um esboço biográfico do almirante Nelson destinado a pessoas que não nasceram na Inglaterra, posso ser obrigado a fornecer explicações detalhadas sobre coisas que todos os ingleses sabem, deixando de abordar, por motivos de brevidade, muitos detalhes que estes gostariam de conhecer. Por outro lado, seria difícil escrever uma narrativa muito vívida e comovente de Nelson sem mencionar que ele lutou contra os franceses. Seria fútil escrever um esboço biográfico de São Tomás e ocultar que ele lutou contra os hereges, mas esse mesmo fato pode perturbar o próprio objetivo para o qual é empregado. Só posso alimentar a esperança, ou melhor, a confiança, de que os que me consideram he-

A tentação de São Tomás, Velasquez. Óleo, séc. XVII.

São Tomás de Aquino, Angélico. Óleo, séc. XV.

rege terão dificuldades em me acusar de exprimir minhas próprias convicções e não as de meu herói. Essa questão só está ligada a esta narrativa bem simples por um aspecto. Trata-se da convicção, que expresso uma ou duas vezes ao longo deste livro, de que o cisma do século XVI foi uma revolta atrasada dos pessimistas do século XIII. Foi um golpe retardado do antigo puritanismo agostiniano contra a liberalidade aristotélica. Sem isso, eu não poderia situar minha figura histórica na história. Mas o todo serve apenas para esboçar rudimentarmente uma figura numa paisagem, não uma paisagem com figuras.

Em segundo lugar, diante de tanta simplificação, não posso dizer muita coisa sobre o filósofo, além de mostrar que ele possuía uma filosofia. Limitei-me a fornecer, por assim dizer, alguns exemplos dessa filosofia. Por fim, é praticamente impossível lidar adequadamente com a teologia. Uma senhora que conheço apanhou um livro com excertos de São Tomás acompanhados de comentário e se pôs a ler esperançosamente uma seção com o inocente título "A Simplicidade de Deus". Em seguida, largou o livro com um suspiro e disse: "Bem, se esta é Sua simplicidade, imagino como será Sua complexidade!". Com todo o respeito por esse excelente comentário tomista, não quero que, ao folhear este livro, o abandonem com um suspiro semelhante. Considero que a biografia é uma introdução à filosofia, e a filosofia é uma introdução à teologia; e só posso levar o leitor além do primeiro estágio da história.

Em terceiro lugar, não julguei necessário me ater aos críticos que, de vez em quando, procuram desesperadamente satisfazer a platéia reproduzindo parágrafos de demonologia medieval, na esperança de horrorizar o público moderno apenas por empregarem uma linguagem pouco conhecida. Sei que os homens educados não ignoram que São Tomás e todos os seus contemporâneos acreditavam em demônios e em fatos semelhantes, mas não julguei que valesse a pena mencionar isso, pelo simples motivo de que não ajuda a destacar o retrato ou a torná-lo mais nítido. Por todas as centenas de anos desde o surgimento da teologia, teólogos protestantes ou católicos estiveram de acordo acerca disso; e São Tomás não se destaca por ver as coisas desse modo, mas por sua moderação em relação a isso. Não discuti esses assuntos, não por ter algum motivo para ocultá-los, mas porque eles não estavam entre as preocupações pessoais do personagem que me propus revelar aqui. Diante das circunstâncias, mal tenho espaço para enquadrar tal figura nessa moldura.

Triunfo de São Tomás de Aquino, Francesco Traini. Têmpera sobre madeira,1340, Santa Catarina, Pisa.

Capítulo I

Sobre dois frades

Permitam que me antecipe a comentários ao explicar o motivo da referência ao nome de um personagem tão notório, que avança impetuosamente ao longo de caminhos que até os anjos do Doutor Angélico teriam medo de percorrer. Há algum tempo escrevi um pequeno livro deste tamanho e forma sobre São Francisco de Assis,[1] e algum tempo depois (não sei quando nem onde, como diz a canção, e certamente não sei por quê) prometi escrever um livro do mesmo tamanho, ou tão pequeno quanto, sobre São Tomás de Aquino. A promessa só foi franciscana em sua ousadia, e o paralelo estava bem longe de ser tomista em sua lógica. Pode-se fazer um esboço de São Francisco, mas só se pode fazer uma planta de São Tomás, como a planta de uma cidade cheia de labirintos. Num certo sentido, porém, São Tomás caberia tanto num livro bem maior como num bem menor. Bastariam umas poucas páginas para tratar do que de fato sabemos a seu respeito, porque ele, ao contrário de São Francisco, não desapareceu sob uma tempestade de anedotas pessoais e lendas populares. O que sabemos, podemos saber ou poderemos ter a sorte de apreender de sua obra provavelmente preencheria bem mais bibliotecas no futuro do que preencheu no passado. Seria possível fazer um esboço de São Francisco apenas com os contornos, mas em São Tomás tudo depende do que estará dentro dos contornos. De certo modo,

[1] Ver a primeira parte deste livro. (N. do E.)

era até medieval iluminar uma miniatura do *Poverello*, cujo apelido é ele mesmo um diminutivo. Mas fazer um livro palatável, à maneira de um tablóide, do "Boi Mudo da Sicília", ultrapassa todas as experiências e equivale a tentar colocar um boi numa xícara de chá. Ainda assim, temos de acreditar na possibilidade de traçar os contornos de uma biografia, agora que todos parecem capazes de traçar os contornos de toda a história ou de qualquer coisa. No presente caso, contudo, os contornos são um quadro que sai da moldura. Não dispomos de um hábito capaz de conter o colossal frade.

Eu disse que retratos como esses só podem ser esboçados. Mas o contraste real é tão grande que, mesmo que víssemos as figuras verdadeiras em seus contornos descendo da montanha em seus hábitos de frades, chegaríamos a considerá-lo cômico. Seria como ver, mesmo de longe, as silhuetas de Dom Quixote e Sancho Pança, ou de Falstaff e Slender.[2] São Francisco era um homenzinho fisicamente frágil e ativo, magro como um barbante e vibrante como a corda de um arco, e, em seus movimentos, parecia uma flecha saindo do arco. Toda a sua vida foi uma série de saltos e carreiras: disparar atrás de um mendigo; ir depressa, despido, para a floresta; entrar escondido no navio desconhecido; aparecer de repente na tenda do sultão e oferecer-se para se jogar no fogo. Em termos de aparência, ele deve ter sido como uma folha outonal esquelética e fina, amarronzada, dançando eternamente no vento, mas a verdade é que ele era o próprio vento.

São Tomás era um homem imenso e bem sólido, gordo, lento e de gestos controlados; muito amável e magnânimo, mas não muito sociável; tímido, mesmo se ignorarmos a humildade do santo; e distraído, mesmo sem levar em conta suas casuais, e cuidadosamente escondidas, experiências de êxtase ou de transe. São Francisco era tão agitado e até irrequieto que os eclesiásticos diante dos quais ele de repente aparecia julgavam-no louco. São Tomás controlava tanto suas emoções que os

[2] Personagens de *As Alegres Comadres de Windsor*, de Shakespeare. (N. do T.)

São Tomás de Aquino (detalhe da Crucificação de Fra Angélico.) Óleo, séc. XV.

professores das escolas que ele freqüentou regularmente o julgaram tolo. Na verdade, ele era o tipo de aluno, não incomum, que preferia ser um tolo a ter seus sonhos pessoais invadidos por tolos mais ativos ou animados. Esse contraste externo alcança quase todos os aspectos dessas duas personalidades. O paradoxal em São Francisco era que, não obstante sua paixão por poemas, desconfiava bastante dos livros. O que havia de notável a respeito de São Tomás era sua adoração pelos livros, sua vida dedicada aos livros. Ele levou exatamente a vida do estudioso de *Os Contos da Cantuária*, de Geoffrey Chaucer, que preferia ter mil livros de

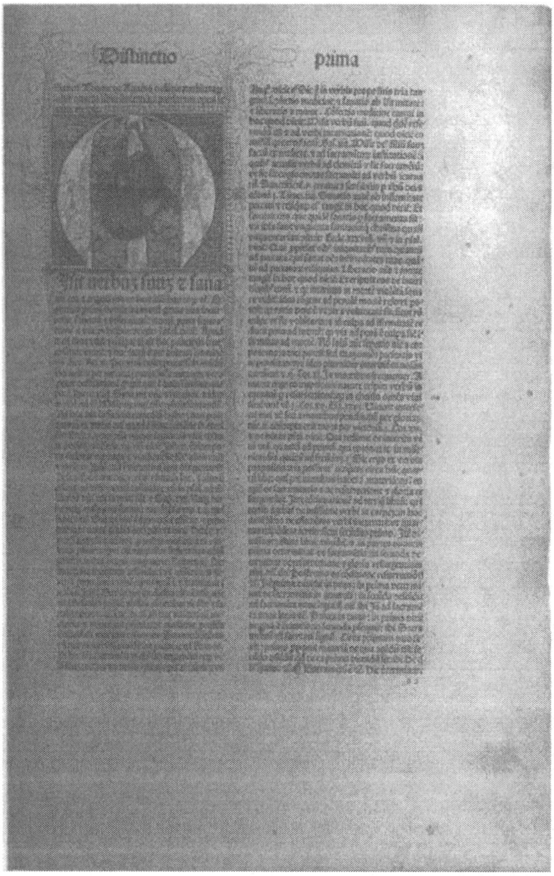

Página de *Super quartum setentiarum impendio* de São Tomás de Aquino. Impresso por Johannes de Colonia, Veneza, 1481.

Aristóteles, e sua filosofia, do que qualquer riqueza que o mundo pudesse lhe dar. Quando lhe perguntaram o que mais tinha a agradecer a Deus, ele respondeu simplesmente: "Entendi todas as páginas que li". São Francisco era bem vívido em seus poemas e bem descuidado em seus documentos; São Tomás dedicou toda a vida a documentar sistemas completos de literaturas, pagã e cristã, e de vez em quando, nas horas vagas, escrevia um hino. Eles viam um mesmo problema a partir de ângulos diferentes, um sob a ótica da simplicidade; o outro, da sutileza. São Francisco julgava que era suficiente dizer o que sentia aos maometanos para convencê-los a não adorar Maomé. São Tomás ficava examinando todo tipo de distinção e de dedução, por menor que fosse, sobre o absoluto ou o acidente, só para evitar que os maometanos entendessem Aristóteles de maneira errada. São Francisco era filho de um comerciante, ou mercador de classe média, e embora toda a sua vida fosse uma revolta contra a atividade mercantil do pai, mesmo assim conservou algo da agilidade e da adaptabilidade social que faz o mercado zumbir como uma colméia. Na frase comum, embora adorasse os campos verdes, nunca deixou a grama crescer debaixo de seus pés. Era o que os milionários e gângsteres americanos chamam de "fio vivo" (pessoa que nunca pára). As pessoas modernas de mente mecânica, mesmo quando tentam imaginar uma coisa viva, em geral só conseguem pensar numa metáfora mecânica a partir de uma coisa morta. Há minhocas vivas, mas não há fios vivos. São Francisco teria concordado enfaticamente que era uma minhoca, mas era uma minhoca muito viva. O maior de todos os inimigos do ideal do "ir-conseguir" (do empreendedor aquisitivo), São Francisco por certo deixou de lado o "conseguir", mas nunca parou de "ir". São Tomás, por outro lado, veio de um mundo em que poderia ter se dedicado ao lazer, e continuou a ser um desses homens para os quais o trabalho tem algo da placidez do lazer. Trabalhava com muita dedicação, mas provavelmente ninguém diria que era uma pessoa apressada. Trazia em si algo indefinível que distingue as pessoas que trabalham sem precisar trabalhar, pois era por nascimento um cavalheiro de uma casa importante, e essa facilidade pode permanecer como um hábito depois de ter deixado de ser impulso. Mas, nele, isso só se manifestou em seus elementos mais agradáveis; por exemplo, era possível que houvesse algo disso em sua cortesia e paciência. Todo santo é homem antes de ser santo, e um santo pode ser feito a partir de todo tipo de homem. A maioria de nós escolheria entre esses diferentes tipos segundo seu próprio gosto pessoal. Mas confesso que, embora a glória romântica de São Francisco não tenha perdido para mim nem um pouco de seu encanto, com o passar dos anos me afeiçoei tanto ou em alguns aspectos mais a esse homem que habitou inconscientemente um grande coração e uma grande mente, e que exerceu aí uma hospitalidade igualmente generosa, ainda que mais distraída, do que ele. Há momentos em que São Francisco, o homem mais distante do mundo que já passou pelo mundo, é quase eficiente demais para mim.

São Tomás de Aquino ressurgiu recentemente, na atual cultura das faculdades e salões, de uma maneira que teria sido bem surpreendente há dez anos. E a atmosfera que o envolveu é sem dúvida bem diferente daquela que popularizou São Francisco há algumas décadas.

O santo é um remédio por ser um antídoto. Na verdade, por esse motivo, o santo é muitas vezes mártir — ele é confundido com um veneno por ser um antídoto. Vamos vê-lo de modo geral devolvendo a sanidade ao mundo ao exagerar alguma coisa qualquer que o mundo desprezou, o que de modo algum é a mesma coisa em todas as épocas. Mas cada geração procura seu santo por instinto, e esse santo não é o que o povo quer, mas o que o povo precisa. Esse é por certo o sentido das palavras tantas vezes mal compreendidas: "Vós sois o sal da terra", o que levou o ex-imperador alemão a observar, com toda a solenidade, que seus alemães de corpo firme como um bife eram o sal da terra — querendo dizer com isso que, como são os que mais lembram um bife, são os melhores. Mas o sal tempera e conserva o bife, e não por ser igual ao bife, mas justamente por ser bem diferente dele. Cristo não disse aos apóstolos que eles eram apenas pessoas excelentes, ou as únicas pessoas excelentes, mas que eram pessoas excepcionais; pessoas permanentemente diferentes das outras e incompatíveis com as outras; e o texto sobre o sal da terra é na verdade tão cortante, penetrante e forte quanto o gosto do sal. É por serem pessoas excepcionais que eles não deveriam perder sua qualidade excepcional. É muito mais importante perguntar: "Se o sal perder o sabor, com que vou salgar?", do que se limitar a reclamar por causa do preço do bife. Se o mundo ficar mundano demais, a Igreja o censura; mas se a Igreja ficar demasiado mundana, o mundo não pode censurá-la adequadamente por causa disso.

Logo, um paradoxo da história é que cada geração é convertida pelo santo que mais a contradiz. São Francisco representou uma curiosa e até extraordinária atração para os vitorianos, para os ingleses do século XIX que aparentavam ser mais complacentes com seu comércio e seu senso comum. Não apenas um inglês bastante complacente como Matthew Arnold, mas mesmo os liberais ingleses que ele criticava por sua complacência, pouco a pouco começaram a descobrir o mistério da Idade Média através da estranha história contada com beleza e expressividade nos quadros hagiográficos de Giotto. Havia algo na história de São Francisco que ultrapassou a barreira de todas as qualidades inglesas que são mais famosas e tolas, que alcançou todas as qualidades inglesas mais ocultas e mais humanas: a suavidade secreta de coração, a imprecisão poética da mente, o amor às paisagens e aos animais. São Francisco de Assis foi o único católico medieval que se tornou popular na Inglaterra por seus próprios méritos. Isso se deveu em grande parte à sensação subconsciente de que o mundo moderno negligenciou esses méritos particulares. As classes médias inglesas encontraram seu único missionário na figura de um mendigo italiano, a mais desprezada dentre todas as existentes no mundo.

Assim, da mesma maneira como o século XIX se apegou ao romance franciscano precisamente por ser um século que negligenciou o romance, o século XX se apegou à teologia racional tomista por ser um século que negligenciou a razão. Num mundo demasiado impassível, o cristianismo retornou na forma de um vagabundo; num mundo que se tornou em larga medida excessivamente emocional, o cristianismo retornou na forma de um mestre da lógica. No mundo de Herbert Spencer, os homens desejavam uma cura para a indigestão; no mundo de Einstein, querem uma cura para a vertigem. No primeiro caso, eles perceberam vagamente que foi depois de um longo jejum que São Francisco cantou o Cântico do Sol e o louvor da terra abundante. No segundo caso, eles já perceberam vagamente que, mesmo desejando apenas entender Einstein, precisam entender antes o uso do entendimento. Eles começam a se dar conta de que, do mesmo modo como o século XVIII viu a si mesmo como a era da razão, e o século XIX se via como a era do senso comum, o século XX ainda não pode sequer se ver como outra coisa além de a era da ausência incomum da razão. Nessas condições, o mundo precisa de um santo; mas precisa, acima de tudo, de um filósofo. E esses dois casos mostram que o mundo, para sermos justos com ele, tem uma percepção inconsciente daquilo de que necessita. A terra era na verdade bem plana para aqueles vitorianos que repetiam mais vigorosamente que ela é redonda, e o monte Alverno dos estigmas se destacava como a única montanha em meio à planície. Mas a terra é um terremoto, um terremoto incessante e aparentemente infinito, para os modernos, que consideram Isaac Newton tão ultrapassado quanto o alexandrino Ptolomeu (que julgava que os corpos celestes giram em torno da terra). E há para os modernos algo mais inclinado e até mais incrível do que uma montanha, um exemplar de terreno realmente sólido — o homem nivelado por baixo. Assim, em nossa época, os dois santos atraíram duas gerações distintas — uma época de românticos e uma de céticos —, mas em sua própria época eles faziam esse mesmo trabalho, um trabalho que mudou o mundo.

Mais uma vez, pode-se afirmar que essa comparação é inútil e não serve nem como fantasia, visto que os dois homens não foram propriamente nem da mesma geração nem do mesmo momento histórico. Se quiséssemos apresentar dois frades como um par de gêmeos celestes, a comparação óbvia teria de ser entre São Francisco e São Domingos. As relações de São Francisco e São Tomás são quando muito como as de tio e sobrinho, e meu fantástico excurso talvez pareça apenas uma versão bastante profana de "Toninho, dê lugar ao seu tio". Porque, se São Francisco e São Domingos foram os grandes irmãos gêmeos, Tomás foi obviamente o primogênito de Domingos, assim como seu amigo Boaventura foi o primogênito de Francisco. Mesmo assim, tenho um motivo (na verdade dois) para tomar literalmente o acidente de duas folhas de rosto e para colocar São Tomás ao lado de São Francisco, em vez de fazer um par com Tomás e Boaventura, o franciscano. É porque a comparação, por mais distante e fora de propósito que possa parecer, é na verdade uma espécie de atalho para o essencial da história, e ela nos leva pelo caminho mais rápido à verdadeira questão da vida e da obra de São Tomás de Aquino. O motivo é que a maioria das pessoas tem hoje uma

São Domingos, Ticiano. Óleo, 1565, Galeria Borghese, Roma.

idéia rudimentar, mas pitoresca, da vida e da obra de São Francisco de Assis. E a maneira mais curta de contar a outra história é dizer que, embora os dois homens tenham sido tão diferentes um do outro em quase todos os aspectos, eles na realidade fizeram a mesma coisa. Um deles fez isso no mundo da mente; o outro, no mundo do mundano. Mas foi o mesmo grande movimento medieval, ainda bem pouco compreendido. De modo construtivo, isso foi mais importante do que a Reforma. Não, num sentido construtivo, ele foi a Reforma.

Desde o início é preciso ressaltar duas coisas sobre esse movimento medieval. Embora não sejam opostas, elas talvez sejam respostas a raciocínios errôneos contrários. Em primeiro lugar, apesar de tudo o que já se disse sobre a superstição, sobre a Idade das Trevas e sobre a esterilidade da escolástica, esse foi em todos os sentidos um movimento de ampliação, que sempre caminhou para uma maior clareza e até para uma maior liberdade. Em segundo lugar, apesar de tudo o que se disse depois sobre o progresso, sobre o Renascimento e sobre os precursores do pensamento moderno, este foi quase inteiramente um movimento de entusiasmo teológico ortodoxo que se desenvolveu de dentro. *Não* foi um compromisso com o mundo, nem a rendição aos pagãos ou hereges, nem mesmo um mero uso de auxílios externos, mesmo que tenha recorrido a eles. Na medida em que de fato alcançou a luz do dia-a-dia, foi como a ação de uma planta, que, apenas com sua força, faz suas folhas se erguerem em busca do sol, não a mera ação de deixar que a luz do dia banhe uma prisão.

Em resumo, foi o que se chama tecnicamente um desenvolvimento da doutrina. Mas parece haver uma estranha ignorância não só sobre o sentido técnico como também sobre o sentido natural da palavra desenvolvimento. Os críticos da teologia católica parecem supor que não se trata de uma evolução como uma evasão; que ela é, no máximo, uma adaptação. Mas esse não é o sentido natural da palavra desenvolvimento. Quando dizemos que uma criança é bem desenvolvida, queremos dizer que ela se tornou maior e mais forte por suas próprias forças, não que está equipada com travesseiros emprestados ou anda sobre pernas-de-pau para dar a impressão de que está maior. Quando dizemos que um filhote de cão se desenvolve, não queremos dizer que seu crescimento é um gradual compromisso com um gato; queremos dizer que ele fica mais "canino", não menos. Desenvolvimento é a expansão de todas as possibilidades e conseqüências de uma doutrina, pois há tempo para distingui-las umas das outras e para extraí-las, e o que importa aqui é que a ampliação da teologia medieval foi simplesmente a plena compreensão dessa teologia. É fundamental entender primeiro esse fato, sobre a época do grande dominicano e do primeiro franciscano, porque sua tendência, humanista e naturalista de inúmeras maneiras, foi o desenvolvimento da doutrina suprema que também é o dogma de todos os dogmas. É nesse aspecto que a poesia popular de São Francisco e a prosa quase racionalista de São Tomás aparecem com mais força como parte do mesmo movimento. São, nos dois casos, grandes crescimentos do desenvolvimento católico, que dependem de coisas exteriores apenas na medida em que todo ser vivo e em crescimento depende delas; ou seja, ele as digere e as transforma, mas continua a ser o que é, não se transformando nelas. Um budista ou um comunista talvez imaginem duas coisas que comem uma à outra ao mesmo tempo, como a forma perfeita de unificação. Mas não é o que ocorre com coisas vivas. São Francisco se contentava em chamar a si mesmo de trovador de Deus, mas não de Deus dos trovadores. São Tomás não conciliou Cristo com Aristóteles; ele conciliou Aristóteles com Cristo.

Sim, apesar dos contrastes, que são evidentes e até cômicos como a comparação entre o magro e o gordo, entre o alto e o baixo; apesar do contraste entre o vagabundo e o estudioso, entre o aprendiz e o aristocrata, entre o homem que odiava os livros e aquele que os amava, entre o mais agitado dos missionários e o mais calmo de todos os professores, o grande fato da história medieval é que esses dois homens grandiosos fizeram o mesmo trabalho grandioso — um no gabinete, o outro na rua. Eles não trouxeram ao cristianismo nada de novo no sentido de incluir nele algo pagão ou herético; ao contrário, devolveram o cristianismo aos cristãos. Mas fizeram isso em contraposição a certas tendências históricas que haviam se transformado em hábitos rígidos em muitas grandes escolas e autoridades na Igreja cristã, e usaram instrumentos e armas que muitos associavam à heresia ou ao paganismo. São Francisco usou a natureza como São Tomás usou Aristóteles, e alguns julgaram que eles estavam utilizando uma deusa pagã e um sábio pagão. O que eles fizeram, especialmente o que São Tomás fez, será o principal assunto destas páginas, mas convém compará-lo desde o início a um santo mais popular, porque desse modo podemos captar a essência dessa sua ação de maneira mais popular. Talvez pareça um paradoxo dizer que esses santos nos salvaram da espiritualidade, de um destino tenebroso. É possível que me interpretem mal se eu disser que São Francisco, não obstante todo o seu amor pelos animais, nos salvou de ser budistas; e que São Tomás, embora amasse a filosofia grega, nos salvou de ser seguidores da filosofia de Platão. Contudo, é melhor dizer a verdade em sua forma mais simples: tanto um santo quanto o outro reafirmaram a encarnação ao trazer Deus de volta à terra.

Essa analogia, aparentemente bem distante, talvez seja o melhor prefácio prático à filosofia de São Tomás. Como veremos com mais detalhes adiante, o lado puramente espiritual ou místico do catolicismo dominou os primeiros séculos católicos: através do gênio de Santo Agostinho, que fora seguidor de Platão, e talvez nunca tenha deixado de ser; através do transcendentalismo da suposta obra do areopagita; por meio da tendência oriental do Império subseqüente e de algo asiático presente no reinado quase pontifício de Bizâncio (ou Constantinopla) — tudo isso estava ocultando o que podemos denominar rudemente de "elemento ocidental", embora lhe caiba bem a denominação de "elemento cristão", porque seu sentido comum não é outro que a santa familiaridade da palavra feita carne. Seja como for, basta por ora dizer que os teólogos haviam de certa forma se encastelado em uma espécie de orgulho platônico por possuírem verdades inalcançáveis e intraduzíveis que só eles conheciam, como se a sabedoria deles não tivesse nenhuma de suas raízes fincada no mundo real. Ora, a primeira coisa que São Tomás fez, e com certeza não foi a última, foi dizer a esses transcendentalistas puros algo parecido com isto: "Não pensem que um pobre frade negará que vocês têm na cabeça esses diamantes reluzentes, todos lapidados segundo as mais perfeitas formas matemáticas e dos quais emana uma luz realmente celestial; tudo isso estava aí, antes mesmo de vocês começarem a pensar, para não falar de ver, ouvir ou sentir. Mas não me envergonho de dizer que vejo que minha razão é alimentada pelos meus sentidos, que devo muito do que penso ao que vejo, cheiro, provo e seguro; e que, no que se refere à minha razão, sinto-me obrigado a tratar toda essa realidade como real. Em suma, com toda a humildade, não creio que Deus quisesse que o homem só exercesse esse tipo especial, elevado e abstrato de intelecto que vocês têm a grande sorte de possuir, mas acredito que existe um campo intermediário de fatos fornecidos pelos sentidos como o objeto da razão e que, nesse campo, a razão tem direito de governar, na qualidade de representante de Deus no homem. É verdade que tudo isso está abaixo dos anjos, mas está acima dos animais e de todos os objetos materiais reais que o homem encontra ao seu redor. É verdade que o homem também pode ser um objeto, e até um objeto lamentável. Mas o que o homem fez, o homem pode fazer, e se um antiquado velho pagão como Aristóteles pode me ajudar a fazer isso, eu vou agradecer a ele com toda a humildade".

Aristóteles contempla busto de Homero, Rembrandt. Óleo, 1653, Metropolitan Museum of Art, Nova York.

Assim começou o que costuma receber o nome de apelo a Tomás de Aquino e a Aristóteles. Poderia ser denominado apelo à razão e à autoridade dos sentidos. E, como se verá, há uma espécie de paralelo popular disso no fato de São Francisco não ter ouvido apenas os anjos, mas também os pássaros. E, antes de chegarmos aos aspectos propriamente intelectuais de São Tomás, podemos observar tanto nele como em São Francisco um elemento prático preliminar de caráter moral — um tipo de humildade semelhante à de alguém que se dispõe a ver até a si mesmo — em certos aspectos, como animal, o que aconteceu, por exemplo, quando São Francisco comparou o próprio corpo a um jumento.

Pode-se dizer que o contraste entre São Francisco e São Tomás está em todos os aspectos, mesmo na metáfora zoológica, e que, se São Francisco foi como o jumento comum ou de jardim que levou Cristo para Jerusalém, São Tomás, que na verdade foi comparado a um boi, lembrava antes o monstro do Apocalipse, de mistério quase assírio — o boi alado. Contudo, mais uma vez, não podemos deixar que o contraste esconda o que há de comum, nem esquecer que nenhum deles foi orgulhoso o bastante para esperar com a mesma paciência do boi e do jumento no estábulo em Belém.

Claro que houve, como logo veremos, muitas outras idéias mais curiosas e complicadas na filosofia de São Tomás além da idéia principal de um senso comum central alimentado pelos cinco sentidos. Mas, neste estágio, não é essencial dizer que essa foi uma doutrina tomista, mas que foi uma doutrina verdadeira e essencialmente cristã. Porque os autores modernos escrevem muita coisa sem sentido sobre isso e mostram-se mais ingênuos do que de costume ao não perceber o essencial. Depois de pressupor, sem argumentar, que toda emancipação tem de afastar o homem da religião e colocá-lo no rumo contrário a ela, eles simplesmente se esqueceram, cega e insensatamente, do aspecto notável da própria religião.

Não será mais possível esconder de ninguém que São Tomás foi um dos principais libertadores do intelecto humano. Os sectários dos séculos XVII e XVIII eram essencialmente obscurantistas e conservaram uma lenda obscurantista que dizia que o escolástico era obscurantista. Se já se negava isso no século XIX, é impossível continuar a afirmá-lo agora. Isso nada tem a ver com a verdade da teologia deles, ou dele; está relacionado apenas à verdade de proporções históricas que começa a aparecer à medida que diminuem as controvérsias. É inegável que São Tomás foi um grande homem que conciliou religião e razão, que fez com que ela se ampliasse até se aproximar da ciência experimental, que insistiu que os sentidos são as janelas da alma e que a razão tem o direito divino de se alimentar com fatos, e que a tarefa da fé é digerir a carne forte da mais dura e mais prática filosofia pagã. É um fato, tal como o é a estratégia militar de Napoleão, que São Tomás estava lutando em favor de tudo o que é iluminado e liberal, em comparação com seus rivais, ou, nesse sentido, com os que o sucederam e suplantaram. Os que, por outras razões, aceitam honestamente o efeito final da Reforma ainda assim não aceitarão facilmente que o reformador foi o escolástico e que reformadores que vieram depois dele foram, em comparação, reacionários. Uso a palavra não como uma recriminação a partir de meu ponto de vista, mas como um fato decorrente do ponto de vista progressista moderno comum. Por exemplo, eles fizeram a mente reverter à suficiência literal das escrituras hebraicas quando São Tomás já falara que o espírito concedia a graça às filosofias gregas. Tomás insistiu no dever social das obras, e eles apenas no dever

Jesus Cristo entra em Jerusalém, Gioto. Afresco, Capela de Scrovegni, Padova.

espiritual da fé. A essência do ensinamento tomista é que se pode confiar na razão; a essência do ensinamento luterano é que a razão merece uma profunda desconfiança.

Ora, quando se descobre que esse fato é um fato, corre-se o risco de toda a oposição instável passar repentinamente ao extremo oposto. Então, os que até agora desconfiavam do escolástico ao tomá-lo como dogmático começarão a admirá-lo como um modernista que dissolveu o dogma. Passarão de um momento para outro a adornar sua estátua com todas as guirlandas desbotadas do progresso, a apresentá-lo como um homem à frente de seu tempo (o que supostamente significa de acordo com o nosso tempo), assim como atribuir a ele, sem nenhum motivo, a criação da mente moderna. Descobrirão o que há de atraente em Tomás de Aquino e, com certa pressa, irão imaginar que ele foi atraente por ser como eles são. Até certo ponto, é perfeitamente possível perdoar isso; até certo ponto, isso já aconteceu no caso de São Francisco. Mas não se poderia ir além desse ponto no caso de São Francisco. Ninguém, nem mesmo um livre-pensador como Renan ou Matthew Arnold, afirmaria que São Francisco foi outra coisa além de um cristão devoto ou que teve outra motivação além da imitação de Cristo. Mas São Francisco também teve um efeito libertador e humanizador sobre a religião — embora esse efeito talvez tenha

Boi alado, escultura assíria, 710 a.C.

recaído mais sobre a imaginação que sobre o intelecto. Mas ninguém diz que São Francisco afrouxou o código cristão quando ele obviamente o tornou mais apertado, tal como fazia com a corda ao redor de seu hábito de frade. Ninguém diz que ele abriu as portas para a ciência cética, deu passagem para o humanismo pagão, ficou ansiosamente à espera do Renascimento ou encontrou os racionalistas no meio do caminho. Nenhum biógrafo afirmará que, como diz a lenda, ao abrir o Evangelho ao acaso e ler os grandes textos sobre a pobreza, São Francisco limitou-se a abrir a *Eneida* e a praticar a *Sors Virgiliana* por respeito às cartas e ao aprendizado pagãos. Nenhum historiador dirá que São Francisco escreveu o *Cântico do Sol* imitando um hino escrito pelo poeta grego Homero ao deus dos poetas Apolo, nem que amava os pássaros porque aprendera esmeradamente todos os truques dos augúrios romanos.

Em suma, a maioria das pessoas, cristãs ou não, concorda hoje que o sentimento de São Francisco era essencialmente cristão, que vinha de seu íntimo, a partir de uma fé inocente (ou, se se preferir, ignorante) na própria religião cristã. Ninguém, como afirmei, diz que São Francisco se inspirou essencialmente em Ovídio, o poeta romano do amor. Isso seria tão falso quanto dizer que São Tomás de Aquino se inspirou essencialmente em Aristóteles. Toda a lição de sua vida, especialmente de seus primeiros anos de vida e da escolha de sua carreira, mostra que ele foi suprema e diretamente devocional, e que amou apaixonadamente o culto católico bem antes de descobrir que tinha de lutar por ele. Mas há também um exemplo especial e definitivo disso que mais uma vez liga São Tomás a São Francisco. É de estranhar que se tenha esquecido que os dois santos estavam imitando um mestre, que não foi Aristóteles nem Ovídio, quando santificaram os sentidos ou as coisas simples da natureza, quando São Francisco caminhou humildemente entre os animais ou São Tomás debateu cortesmente com os gentios.

Quem não percebe isso não capta o ponto principal da religião, mesmo se esta for uma superstição. Não capta o próprio ponto que consideraria mais supersticioso. Refiro-me a toda a espantosa história do Deus-Homem dos Evangelhos. Alguns deixam de perceber isso até quando se deparam com São Francisco e com seu apelo claro e natural aos Evangelhos. Falam da disposição de São Francisco em aprender com as flores ou com os pássaros algo que só pode apontar para o Renascimento pagão quando a realidade está bem diante deles. Em primeiro lugar, porque aponta para o Novo Testamento, no sentido do passado, e em segundo porque aponta, no sentido do futuro, se é que aponta para alguma coisa, para o realismo aristotélico da *Summa* de São Tomás de Aquino. Eles obscuramente imaginam que os que humanizam a divindade precisam necessariamente paganizar a divindade, sem se dar conta de que humanizar a divindade é o dogma mais forte, mais misterioso e mais incrível do credo. São Francisco estava se assemelhando a Cristo, e não simplesmente a Buda, quando considerava os lírios do campo ou os pássaros do céu. E São Tomás estava se tornando mais cristão, e não simplesmente mais aristotélico, ao insistir que Deus e a imagem de Deus haviam entrado em contato, por meio da matéria, com o mundo material. Esses santos foram, no sentido mais exato do termo, humanistas, porque insistiam na enorme importância do ser humano no esquema teológico das coisas. Mas não eram humanistas que percorrem o caminho que leva ao modernismo e ao ceticismo em geral, visto que, em seu próprio humanismo, afirmavam um dogma agora considerado como o mais supersticioso sobre-humanismo. Eles estavam fortalecendo a incrível doutrina da encarnação, aquela que os céticos mais relutam em acreditar. Não pode haver um exemplo mais concreto de divindade cristã do que a divindade de Cristo.

Eis um aspecto bastante oportuno: esses homens tornaram-se mais ortodoxos quando se tornaram mais racionais ou naturais. Só sendo tão ortodoxos eles podiam ser tão racionais e naturais do modo como o foram. Em outras palavras, o que de fato pode ser chamado de teologia liberal surgiu de dentro, veio dos mistérios originais do catolicismo. Mas essa liberalidade não tinha nenhuma relação com o liberalismo; na verdade, ela nem mesmo pode coexistir com o liberalismo.[3] A questão é tão importante que vou recorrer a uma ou duas idéias especiais de São Tomás para ilustrar o que quero dizer. Sem antecipar o esboço do tomismo que deve de ser feito adiante, podemos fazer aqui as observações a seguir.

Uma idéia especial de São Tomás, por exemplo, foi a de que é preciso estudar o homem em toda a sua humanidade, que ele não é um ser sem corpo, assim como não é um ser sem alma. Um cadáver não é um homem, mas um fantasma também não é. A escola anterior de Santo Agostinho e mesmo de Santo Anselmo deixara isso de lado, tratando a alma como o único tesouro necessário, embalado por algum tempo com um reles guardanapo. Mesmo aqui eles foram menos ortodoxos ao serem mais espirituais. Em algumas ocasiões, eles pairavam sobre as margens dos desertos orientais que se estendiam até a terra da transmigração, na qual a alma essencial pode passar por uma centena de corpos não-essenciais, reencarnando até em corpos de animais ou aves. São Tomás mostrou-se ousado ao defender que o corpo de um homem é seu corpo do mesmo modo que a mente desse homem é sua mente; e que *ele* só pode ser um equilíbrio e uma união dos dois. Ora, essa é, em certos aspectos, uma noção naturalista que muito se aproxima do respeito moderno pelas coisas materiais; um louvor ao corpo que o poeta americano Walt Whitman poderia cantar ou o escritor britânico D. H. Lawrence poderia justificar: algo que poderia receber o nome de humanismo e até ser reivindicado pelo modernismo. Na verdade, pode

[3] Uso a palavra "liberalismo" aqui no sentido teológico estritamente limitado em que Newman e outros teólogos a usam. Em seu sentido político popular, como assinalo adiante, São Tomás na verdade tendia a ser um liberal, especialmente para a sua época.

Abertura de página de *Summa Theologica*, publicada entre 1330-1335, Itália.

ser até materialismo, porém é totalmente oposto ao modernismo. Na visão moderna, essa noção está vinculada com o mais monstruoso, mais material e, portanto, mais miraculoso dos milagres. Está especialmente ligada ao tipo mais surpreendente de dogma, aquele que menos pode ser aceito pelos modernistas: a Ressurreição do Corpo.

Ou, mais uma vez, o argumento de Tomás de Aquino em favor da revelação é bastante racionalista; e, por outro lado, claramente democrático e popular. Esse argumento nada tem contra a razão. Ao contrário, parece inclinado a admitir que poderíamos alcançar a verdade através de um processo racional, se fôssemos suficientemente racionais; e também se continuássemos racionais durante o tempo necessário para isso. Na verdade, algo de seu caráter, que em outro lugar chamei de otimismo, e para o qual não conheço outro termo mais próximo, levou-o antes a exagerar o grau até o qual todos os homens acabariam por ouvir a voz da razão. Em suas controvérsias, São Tomás sempre supõe que os homens vão ouvir a voz da razão. Isto é, ele acredita firmemente que é possível convencê-los por meio da argumentação, quando eles conseguem acompanhá-la até o fim. Só que seu senso comum lhe disse ainda que a argumentação não termina nunca. Eu poderia convencer um homem de que a matéria como origem da mente é algo bem insensato se ele e eu gostássemos muito um do outro, e discutíssemos acaloradamente um com o outro todas as noites durante quarenta anos. Mas, bem antes de ele se convencer, já no leito de morte, teriam nascido mil outros materialistas, e ninguém seria capaz de explicar tudo a todos. São Tomás julga que a alma de todas as pessoas comuns que trabalham duro e têm uma mente não sofisticada é tão importante como a alma dos pensadores e dos que se dedicam à busca da verdade; e pergunta como todas essas pessoas poderiam encontrar tempo para a quantidade de raciocínios necessária para a descoberta da verdade. Todo o tom da passagem mostra tanto o respeito pela pesquisa científica como uma forte simpatia pelo homem comum. Seu argumento em favor da revelação não é um argumento contra a razão, e sim a favor da revelação. A *conclusão* que ele tira disso é que os homens têm de receber as verdades morais mais elevadas de maneira miraculosa, pois do contrário a maioria não as receberia. Seus argumentos são racionais e naturais, mas suas deduções são todas favoráveis ao sobrenatural; e, como é comum no caso de sua argumentação, não é fácil encontrar nenhuma dedução a não ser na própria dedução que ele faz. E, quando chegamos lá, descobrimos que é algo tão simples quanto o próprio São Francisco teria desejado que fosse: a mensagem vinda do céu, a história contada a partir do céu, o conto de fadas que na realidade é verdadeiro.

Isso fica ainda mais claro em problemas como o do livre-arbítrio. Se São Tomás se inclina mais para uma coisa do que para outras, essa coisa é o que pode ser chamado de soberanias ou autonomias subordinadas. Ele foi, se me permitem a falta de respeito, um firme defensor do autogoverno. Podemos até dizer que Tomás de Aquino sempre defendeu a independência das coisas dependentes. Ele insistiu em que cada coisa podia ter seus próprios direitos em sua região apropriada. Essa foi sua atitude com relação ao autogoverno da razão e mesmo dos sentidos: "Sou filha na casa de meu pai, mas senhora na minha casa". E exatamente nesse sentido enfatizou uma certa dignidade que existe no homem, dignidade que algumas vezes submerge nas generalizações puramente teístas de Deus. Ninguém diria que São Tomás quis separar o homem de Deus; mas ele de fato quis distinguir o homem de Deus. Nesse sentido forte da dignidade e da liberdade humanas, há muito mais coisas que podem ser e são apreciadas positivamente agora como uma nobre liberalidade humanista. Não podemos esquecer, contudo, que seu rebento foi esse mesmo livre-arbítrio, ou responsabilidade moral do homem, que tantos liberais modernos negariam. O céu e o inferno, e todo o misterioso drama da alma, estão acima dessa liberdade sublime e perigosa. Trata-se de uma distinção, não de uma separação; mas um homem *pode* separar-se de Deus, o que, de certo modo, é a maior distinção de todas.

Mais uma vez, embora esse seja um assunto mais metafísico, que tem de ser mencionado adiante, e mesmo assim muito de leve, o mesmo acontece com a velha disputa filosófica sobre o um e o muitos. Há coisas tão diferentes das outras que nunca podem ser classificadas ou tão unificadas a ponto de não ser distinguidas? Sem pretender responder a essa pergunta aqui, podemos dizer em termos amplos que São Tomás termina por ficar do lado da variedade como algo tão real quanto a unidade. Nessa e em questões semelhantes, ele costuma discordar dos filósofos gregos que às vezes lhe serviam de modelos e discorda inteiramente dos grandes filósofos orientais que são em alguns aspectos seus rivais. Tomás de Aquino parece convencido de que a diferença entre giz e queijo, ou entre porcos e pelicanos, não é uma mera ilusão nem um ofuscamento de nossa atordoada mente cega por uma única luz, mas é bem próxima daquilo que julgamos que é. Pode-se dizer que isso não passa de senso comum, o senso comum de que os porcos são porcos; e, nesse sentido, está ligado ao senso comum aristotélico preso à terra, a um senso comum humano e até pagão. Mas observe-se mais uma vez aqui que os extremos do céu e da terra se encontram. Isso também está ligado à idéia dogmática cristã da Criação, de um Criador que criou porcos, em vez da idéia de um cosmos que simplesmente promoveu a evolução dos porcos.

Em todos esses casos, vemos o aspecto apresentado no início deste livro. O movimento tomista na metafísica, tal como o movimento franciscano na moral e nos modos, foi uma ampliação e uma libertação, foi enfaticamente um desenvolvimento da teologia cristã a partir de dentro. Fica claro que *não* foi um estreitamento da teologia cristã sob influências pagãs ou mesmo humanas. O franciscano era livre para ser frade, em vez de obrigado a ser monge. Mas era mais cristão, mais católico, e mais ainda ascético. Assim, o tomista era livre para ser aristotélico em vez de obrigado a ser agostiniano. Mas era mais teólogo, mais teólogo ortodoxo, mais um defensor do dogma, tendo recuperado por meio de Aristóteles o mais desafiador de todos os dogmas, o casamento de Deus com o homem e, portanto, com a matéria. Ninguém pode entender a grandeza do século XIII se não perceber que ele foi um grande desenvolvimento de novas coisas produzidas por uma coisa viva. Nesse sentido, foi um século mais ousado e mais livre do que aquilo que chamamos de Renascimento, que foi uma ressurreição de coisas antigas descobertas numa coisa morta. Assim, o medievalismo não foi um Renascimento, mas um nascimento. Ele não modelou seus templos de

acordo com os túmulos, nem invocou deuses mortos do Hades. Ele criou uma arquitetura tão nova quanto a engenharia moderna: na verdade, sua arquitetura continua a ser a arquitetura mais moderna. Só que foi seguido no Renascimento por uma arquitetura mais antiquada. Nesse sentido, o Renascimento pode ser chamado de a Recaída. Não importa o que se diga sobre o estilo gótico e sobre o Evangelho segundo São Tomás, eles não foram uma Recaída. O Evangelho segundo São Tomás foi um novo impulso igual ao impulso titânico do gótico na engenharia; e sua força estava em Deus, que torna todas as coisas novas.

Numa palavra, São Tomás estava tornando o cristianismo mais cristão ao torná-lo mais aristotélico. Não se trata de um paradoxo, mas de algo evidente por si mesmo, algo que só podem deixar de compreender os que talvez saibam o que significa um aristotélico, mas talvez tenham esquecido o que significa um cristão. Em comparação com um judeu, um muçulmano, um budista, um deísta ou outras alternativas mais evidentes, um cristão *significa* um homem que acredita que a divindade ou a santidade se apegou à matéria ou entrou no mundo dos sentidos físicos. Alguns autores modernos, esquecidos desse aspecto simples, chegaram a dizer que a aceitação de Aristóteles foi uma concessão aos árabes, como se um vigário modernista fizesse uma concessão aos agnósticos. Eles poderiam dizer tanto que as Cruzadas foram uma concessão aos árabes quanto que o resgate de Aristóteles das mãos de Averróis por São Tomás foi uma concessão aos árabes. Os cruzados queriam recuperar o lugar em que estivera o corpo de Cristo, porque acreditavam, com ou sem razão, que era um lugar cristão. São Tomás queria resgatar o que era em essência o próprio corpo de Cristo, o corpo santificado do Filho do Homem que se tornara um meio miraculoso entre o céu e a terra. E ele queria o corpo, e todos os seus sentidos, porque acreditava, com ou sem razão, que esse corpo era algo cristão. Poderia ser algo mais humilde ou

São Tomás de Aquino dedica seus trabalhos a Cristo, Santi di Tito. Óleo, 1593.

mais comum do que a mente platônica; por isso era cristão. São Tomás estava, se se preferir, tomando o caminho inferior ao pisar onde Aristóteles pisara. E Deus também fizera isso ao trabalhar na marcenaria de José.

Por fim, esses dois grandes homens, São Francisco e São Tomás, não somente foram unidos um com o outro como também separados da maioria de seus companheiros e contemporâneos pelo próprio caráter revolucionário de sua própria revolução. Em 1215, Domingos Guzmán, o castelhano, fundou uma Ordem bem parecida com a de São Francisco; e, graças a uma enorme coincidência da história, quase exatamente no mesmo momento que São Francisco fundara a sua. A Ordem se dedicava essencialmente a pregar a filosofia católica aos hereges albigenses, cuja filosofia era uma das formas daquele maniqueísmo com o qual esta história tem muita relação. A origem dessa filosofia é o remoto misticismo e o

Hábitos franciscano e dominicano.

desapego moral do Oriente; e era portanto inevitável que os dominicanos fossem mais uma irmandade de filósofos enquanto os franciscanos eram em comparação uma irmandade de poetas. Por essas e por outras razões, São Domingos e seus seguidores são pouco conhecidos ou compreendidos na Inglaterra moderna. Eles acabaram por se envolver numa guerra religiosa que veio de uma discussão teológica, e havia algo na atmosfera inglesa, mais ou menos ao longo do século XIX, que tornou a discussão teológica ainda mais incompreensível do que a guerra religiosa. O efeito último é em alguns aspectos curioso, porque São Domingos, ainda mais do que São Francisco, foi marcado pela independência intelectual e pelo padrão estrito de virtude e de veracidade que as culturas protestantes tendem a considerar como especialmente protestante. Há uma história a respeito de São Domingos, que seria bem mais contada na Inglaterra se tivesse sido atribuída a um puritano, segundo a qual o papa apontou para seu maravilhoso Palácio Pontifício e disse: "Pedro já não pode dizer: 'De prata e ouro não disponho'", e o frade espanhol respondeu: "Não, e tampouco pode dizer agora: 'Levanta-te e anda'".

Assim, a popular história de São Francisco pode servir como uma espécie de ponte entre o mundo moderno e o medieval de uma outra maneira. E essa maneira baseia-se no próprio fato já mencionado: que São Francisco e São Domingos estão na história como pessoas que fizeram o mesmo trabalho, mas se acham separados na tradição popular inglesa do modo mais estranho e surpreendente. Cada qual em sua terra, eles são como gêmeos celestiais, irradiando a mesma luz do céu, parecendo às vezes dois santos sob um único halo, tal como outra Ordem descreveu a Santa Pobreza como dois cavaleiros num único cavalo. Nas lendas de nossa própria terra, eles estão tão unidos como São Jorge e o dragão. Domingos ainda é concebido como um inquisidor que inventou instrumentos de tortura para apertar o polegar, enquanto São Francisco já é aceito como um humanista que condenava as ratoeiras. Por exemplo, parece-nos muito natural, e pleno das mesmas associações de flores e fantasias estreladas, que o nome de Francisco pertença a Francis(co) Thompson. Mas creio que seria menos natural chamá-lo Dominic (Domingos) Thompson, ou descobrir que um homem, com um longo registro de simpatias populares e ternura prática com relação aos pobres, pudesse se chamar Dominic Plater. Soaria como se ele se chamasse Torquemada Thompson.[4]

Mas deve haver algo errado por trás dessa contradição que transforma os que foram aliados em casa em inimigos fora dela. Em qualquer outra questão, o fato seria evidente ao senso comum. Suponha que liberais ingleses ou defensores do livre comércio descobrissem que, em partes remotas da China, se costumava pensar que o principal criador do livre comércio, Richard Cobden, foi um monstro cruel, mas que seu companheiro John Bright foi um santo imaculado. Eles diriam que há um erro em algum lugar. Suponha que evangélicos americanos soubessem que na França ou na Itália, ou em outras civilizações impenetráveis pelos pastores D. Moody e I. D. Sankey, houvesse uma crença popular de que Moody foi um anjo, mas Sankey um demônio; eles diriam que alguém está misturando os canais. Alguma outra distinção acidental posterior deve ter cortado o principal curso de uma tendência histórica. Esses paralelos não são fantásticos como podem parecer. Cobden e Bright foram de fato chamados de "torturadores de crianças", dada a raiva que despertaram com sua alegada insensibilidade ante os malefícios causados pelas Leis das Fábricas; e alguns diriam que o sermão de Moody e Sankey sobre o inferno é um sermão infernal. Tudo isso é uma questão de opinião, mas os dois homens tinham o mesmo tipo de opinião e deve haver algum engano numa opinião que estabeleça entre eles uma separação tão completa. E é claro que a lenda sobre São Domingos é inteiramente equivocada. Quem conhece algo a respeito de São Domingos

[4] Dominic Plater foi um padre jesuíta inglês. Tomás de Torquemada foi o principal inquisidor espanhol, conhecido por seu rigor contra os "infiéis". (N. do T.)

São Domingos ao pé da cruz, Fra Angélico. Afresco, 1442, Museu de São Marcos, Florença.

sabe que ele foi um missionário, não um perseguidor militante; que sua contribuição à religião foi o rosário, não o cavalete de tortura; que toda a sua carreira perde o sentido se não compreendemos que suas famosas vitórias foram vitórias de persuasão, não de perseguição. Ele acreditava que a perseguição se justificava, no sentido de que o braço secular podia reprimir desordens religiosas. E todas as outras pessoas também acreditavam nessa perseguição, inclusive o elegante blasfemador Frederico II, rei alemão e imperador romano, que não acreditava em nada mais. Alguns dizem que Frederico foi o primeiro a queimar hereges, mas, seja como for, ele julgava que um de seus privilégios e deveres imperiais era perseguir hereges. Mas dizer que a única coisa que Domingos fez foi perseguir hereges é como culpar o padre Mathew (que convenceu milhões de bêbados a fazer votos de temperança) pela lei que permite que a polícia prenda alguém bêbado. É desprezar o essencial: a enorme capacidade desse homem de converter, mesmo sendo obrigado a perdoar sua compulsão. A verdadeira diferença entre Francisco e Domingos, que não desmerece nenhum deles, foi que Domingos teve diante de si uma ampla campanha de conversão de hereges, ao passo que Francisco teve apenas de se encarregar da tarefa mais suave de converter seres humanos. Há uma velha história que explica que, embora se possa precisar de um Domingos para converter pagãos ao cristianismo, precisa-se ainda mais de alguém como Francisco para converter os cristãos ao cristianismo. Ainda assim, não podemos perder de vista o problema especial de São Domingos, que era o de lidar com toda uma população, reinos e cidades, bem como localidades rurais que haviam se desviado da fé, transformando religiões novas em algo estranho e anormal. O fato de ele ter conseguido recuperar massas de homens enganados dessa maneira, recorrendo apenas às palavras e à pregação, continua a ser um enorme triunfo que merece um enorme troféu. São Francisco foi considerado humano porque tentou converter os sarracenos e fracassou; São Domingos é considerado injusto e obstinado porque tentou converter os albigenses e conseguiu. Mas acontece que estamos num curioso ponto ou canto das colinas da história a partir do qual podemos ver as colinas de Assis e da Úmbria, mas não vemos o vasto campo de batalha da Cruzada do Sul; não vemos o milagre de Santo Estêvão de Muret e o milagre maior de Domingos, quando a base dos montes Pireneus e as praias do mar Mediterrâneo viram derrotado o desespero asiático.

Há porém uma ligação anterior e mais essencial entre Domingos e Francisco que serve mais ao propósito imediato deste livro. Eles foram, em épocas posteriores àquela em que viveram, cercados de glória, porque em sua própria época viram-se rodeados de infâmia ou ao menos de impopularidade. Porque fizeram o mais impopular que alguém pode fazer: iniciaram um movimento popular. Alguém que se atreve a apelar diretamente ao povo sempre faz uma série de inimigos — a começar pelo povo. À medida que os pobres começam a entender que ele quer ajudar e não causar danos, as classes bem estabelecidas se fecham, dispostas a atrapalhar e a não ajudar. Os ricos, e até os instruídos, às vezes sentem, não sem alguma razão, que aquilo mudará o mundo, não só em sua mundanidade ou em sua sabedoria mundana, mas em certa medida talvez em sua sabedoria real. Essa sensação não era estranha nesse caso quando consideramos, por exemplo, que São Francisco tinha uma atitude descuidada ao rejeitar os livros e o conhecimento; ou a tendência posterior dos frades de apelar ao papa desprezando os bispos ou outras autoridades eclesiásticas locais. Em resumo, São Domingos e São Francisco criaram uma revolução tão popular e impopular quanto a Revolução Francesa. Mas é muito difícil hoje sentir que mesmo a Revolução Francesa foi tão inovadora quanto de fato foi. A Marselhesa, o hino da França, soou um dia como a voz humana de um vulcão ou como o tom de dança de um terremoto, e os reis da terra tremeram, alguns temendo que o céu caísse e outros temendo bem mais que se fizesse justiça. Hoje toca-se a Marselhesa em jantares diplomáticos em que monarcas sorridentes encontram milionários não menos sorridentes, e ela é bem menos revolucionária do que dizer "Lar, Doce Lar". Convém lembrar também que os revolucionários modernos considerariam a revolta dos jacobinos franceses insuficiente, tal como considerariam a dos frades. Diriam que nenhum deles foi longe o suficiente, mas muitos, na época, julgaram que uns e outros tinham ido longe demais. No caso dos frades, as ordens superiores do Estado e até certo ponto a própria Igreja ficaram profundamente chocadas com essa explosão de descontrolados pregadores populares no meio das pessoas. Não é nada fácil para nós perceber que eventos distantes como esses te-

A corte da inquisição presidida por São Domingos, Pedro Berruguette. Têmpera sobre madeira, 1500, Museu Do Prado, Madri.

nham sido tão desconcertantes e até escandalosos. As revoluções transformam-se em instituições; revoltas que renovam os jovens das velhas sociedades também envelhecem; e o passado, que foi cheio de coisas novas, de rupturas, de inovações, de insurreições, tem para nós o ar de uma única textura de tradição.

Mas há um fato que pode evidenciar esse choque da mudança e do desafio, mostrando como foi rude e agressivo, como representou quase uma desordem em sua novidade descuidada, o quanto veio das entranhas e o quanto, aos olhos de tantas pessoas de sua época, essa experiência dos frades estava distante da vida refinada. Esse fato mostra até que ponto um cristianismo assentado e já antigo sentiu essa experiência como o fim de uma era, e o quanto os próprios caminhos da terra parecem ser abalados sob os pés de um exército novo e sem nome: a marcha dos mendigos. Uma mística cantiga de ninar sugere toda a atmosfera da crise: "Ouçam, ouçam; os cães estão latindo; para a cidade os mendigos estão vindo". Muitas cidades praticamente se fortificaram para se defender deles, e muitos "cães de guarda" da propriedade de fato latiam, e bem alto, quando os mendigos chegavam; porém era mais alto o canto dos mendigos, que entoavam seu Cântico ao Sol; e mais alto o uivo dos Cães do Céu, dos *Domini canes* do trocadilho medieval; os Cães de Deus.[5] E se fôssemos avaliar como essa revolução pareceu real e destruidora, que ruptura com o passado ela representou, poderíamos ter uma medida dela no primeiro evento, e também o mais extraordinário, da vida de São Tomás de Aquino.

[5] *Domini canes*, expressão latina que significa Cães do Senhor, tem um som parecido com "Dominicanes (Dominicanos)", os frades da Ordem de São Domingos (*Dominic*). (N. do T.)

Capítulo II

O ABADE FUGITIVO

Tomás de Aquino, de maneira estranha e bastante simbólica, surgiu do próprio centro do mundo civilizado de sua época, do nó ou eixo central dos poderes que controlavam então o cristianismo. Ele estava intimamente ligado a todos esses poderes, e até a alguns que, se poderia muito bem dizer, estavam destruindo o cristianismo. Para São Tomás, toda a desavença religiosa, todo o desacordo internacional, era uma briga de família. Ele nasceu na púrpura, quase literalmente na bainha da púrpura imperial, pois seu próprio primo era o Santo Imperador Romano. Tomás de Aquino poderia ter unido sob seu escudo metade dos reinos da Europa, se não tivesse jogado fora o escudo. Era italiano, francês e alemão, e essencialmente europeu. De um lado, herdou parte da energia que constituiu o episódio dos normandos, cujos estranhos ataques de organização soavam e ressoavam como nuvens de flechas nos recantos da Europa e nos confins da terra; uma nuvem deles acompanhava o duque Guilherme bem para o norte, passando pelas neves ofuscantes em direção a Chester; outra seguia os passos gregos e púnicos, passando pela ilha da Sicília a caminho de Siracusa. Tomás de Aquino tinha também uma ligação de sangue com os grandes imperadores dos rios Reno e Danúbio, que alegavam usar a coroa de Carlos Magno — Frederico Barba-Roxa, que dorme sob o rio caudaloso, era seu tio-avô; e Frederico II, o Grande (o Prodígio do Mundo), seu primo em segundo grau —, po-

Entrada de Frederico II, o Grande, em Roma.

rém ele manteve centenas de ligações mais íntimas com a agitada vida interior, com a vivacidade local, com as nações pouco fortificadas e os milhares de santuários da Itália. Embora herdasse um parentesco físico com o imperador, ele manteve bem mais firmemente o parentesco espiritual com o papa. São Tomás compreendeu o significado de Roma e o sentido no qual ela ainda governava o mundo; e era improvável que os imperadores alemães da época, não mais do que os imperadores gregos de uma época anterior, pudessem ser de fato romanos desafiando Roma. A essa abrangência cosmopolita de sua posição herdada, ele acrescentou mais tarde muitas coisas suas que facilitaram a compreensão mútua entre os povos e lhe conferiram o caráter de um embaixador e intérprete. Tomás de Aquino viajou bastante; não apenas era bem conhecido em universidades de Paris e da Alemanha como quase com certeza visitou a Inglaterra e provavelmente foi a Oxford e a Londres. Dizem até que os ingleses caminham nos passos dele e de seus companheiros dominicanos sempre que descem pela margem do rio na direção da estação ferroviária que ainda leva o nome de *Blackfriars* (Frades Negros). Mas a verdade se aplica tanto às viagens de sua mente como ao seu corpo. Ele chegou até a estudar a literatura de oponentes do cristianismo com muito mais cuidado e imparcialidade do que se costumava fazer na época, tentou compreender o aristotelismo árabe dos muçulmanos e escreveu um tratado bastante abrangente e razoável sobre o problema do tratamento dos judeus. Sempre tentou ver todas as coisas a partir de dentro, mas com certeza teve a sorte de ter nascido no interior do sistema do Estado e da alta política de seu tempo. O próximo episódio de sua vida permite inferir o que ele pensava desse sistema e dessa política.

São Tomás poderia representar muito bem o homem universal, para tomar emprestado o título de um livro moderno. Mas é justo lembrar que ele viveu numa época universal, num mundo que era universal num sentido que nenhum livro moderno ou nenhum homem moderno podem sugerir. Se me lembro bem, o candidato moderno ao posto de homem

Rainha Elisabeth e os *Blackfriars*, Marcus Gheeraerts. Óleo, 1600, Castelo Sherborne.

universal foi Cobden, que era alguém quase anormalmente nacional, alguém estreitamente nacional; um tipo muito bom, mas que nunca se afastou muito de seu próprio país. Ele tinha uma política internacional, e até fez viagens internacionais, mas sempre permaneceu uma pessoa nacional, pois sempre foi uma pessoa normal, isto é, normal para o século XIX. Mas não era assim no século XIII. Ali, um homem de influência internacional, como Cobden, podia ser quase um homem de nacionalidade internacional. Os nomes de nações, de cidades e de lugares de origem não traziam a conotação da profunda divisão que é a marca do mundo moderno. Quando estudante, Tomás de Aquino foi apelidado de o boi da Sicília, embora tivesse nascido num lugar perto de Nápoles. Mas isso não impediu a cidade de Paris de considerá-lo um parisiense, porque ele fora a glória da Sorbonne, a ponto de propor que seus restos mortais fossem enterrados na cidade. Podemos ver um contraste ainda maior com o mundo moderno. Considere o que um professor alemão diz numa conversa tipicamente moderna. E então pense que o mais grandioso professor alemão, Alberto Magno, foi uma das glórias da Universidade de Paris, e foi em Paris que Tomás de Aquino o apoiou. Pense que o professor alemão moderno é famoso por toda a Europa por sua popularidade ao fazer palestras em Paris.

Igreja de Sorbonne, Paris. Gravura de 1872.

Assim, se havia guerra no âmbito do cristianismo, tratava-se de uma guerra internacional no mesmo sentido em que falamos hoje de paz internacional. Não era uma guerra entre duas nações, mas entre dois internacionalismos, entre dois Estados mundiais: a Igreja Católica e o santo Império Romano. A crise política do cristianismo afetou a vida de Tomás de Aquino, no começo, por meio de um grande desastre, e, mais tarde, de muitas maneiras indiretas. Essa crise era composta de vários elementos: as Cruzadas; as brasas adormecidas do pessimismo albigense, que Domingos vencera por meio da argumentação, e Simão de Monfort pela força das armas; a experiência dúbia de uma Inquisição que começou a partir disso; e muitas outras coisas. Mas, falando mais amplamente, é o período do grande duelo entre os papas e os imperadores, isto é, os imperadores alemães que se autodenominavam santos imperadores romanos, a Casa de Hohenstaufen. O período particular da vida de Tomás de Aquino, contudo, viveu totalmente sob a sombra do imperador específico que era mais italiano do que alemão, o brilhante Frederico II, o Grande, apelidado de o Prodígio do Mundo. Deve-se observar de passagem que o latim era a mais viva das línguas da época, e sempre sentimos uma certa fraqueza na necessária tradução. Porque li em algum lugar que a expressão usada era muito mais forte do que Prodígio do Mundo, que seu título medieval era *Stupor Mundi*, que é mais exatamente a Estupefação do Mundo. Algo semelhante ocorre mais tarde na linguagem filosófica, em que se enfraquece uma palavra como *Ens* ao traduzi-la por Ser. Mas neste momento o parêntese tem outra aplicação, porque pode-se muito bem dizer que Frederico de fato deixou o mundo estupefato, que havia algo de surpreendente e ofuscante nos golpes desferidos por ele na religião, como no caso do golpe que praticamente dá início à biografia de Tomás de Aquino. Pode-se considerá-lo uma estupefação em outro sentido: porque seu próprio brilhantismo tornou alguns de seus modernos admiradores bastante estúpidos.

Frederico II é a primeira figura, e uma figura bem forte e apocalíptica, que percorre o cenário do nascimento e da infância de seu primo Tomás: cenário de luta implacável e de fogo. E pode-se permitir uma pausa para um parêntese a respeito de seu nome, por dois motivos particulares:

Castelo del Monte, Itália, antiga residência de Frederico II.

primeiro, porque sua reputação romântica, mesmo entre historiadores modernos, cobre e em parte oculta o verdadeiro pano de fundo da época; e, em segundo lugar, porque a tradição a que estamos nos referindo envolve diretamente todo o *status* de São Tomás de Aquino. A visão do século XIX, que muitos modernos ainda chamam estranhamente de visão moderna, com respeito a um homem como Frederico II foi bem resumida por algum vitoriano, creio que o historiador Thomas Macaulay: Frederico foi um "estadista numa época de cruzados; um filósofo numa época de monges". Pode-se observar que a antítese envolve o pressuposto de que um cruzado dificilmente poderia ser um estadista e que um monge dificilmente poderia ser um filósofo. Mas, para ficar apenas neste caso específico, seria fácil demonstrar que os casos de dois homens famosos da época são suficientes para derrubar tanto o pressuposto como a antítese. São Luís (Luís IX), embora sendo cruzado, e mesmo um cruzado malsucedido, foi na realidade um estadista de longe mais bem-sucedido que Frederico II. Pelo teste da política prática, ele popularizou, solidificou e santificou o mais poderoso governo da Europa, a ordem e a concentração da monarquia francesa; a única dinastia cuja força aumentou de maneira consistente por cinco séculos, até as glórias do *Grand Siècle*, ao passo que Frederico se arruinou perante o papado e as repúblicas, bem como perante uma vasta combinação de sacerdotes e povos. O santo império romano que Frederico queria fundar era antes um ideal no sentido de um sonho, e com certeza nunca foi um fato como o Estado concreto que o estadista francês realmente fundou. Ou, para tomar um exemplo da geração seguinte, um dos estadistas da história mais estritamente práticos, Eduardo I, também foi cruzado.

A outra metade da antítese é ainda mais falsa e, no nosso caso, ainda mais relevante. Frederico II não foi um filósofo numa época de monges. Foi um cavalheiro perdido diante da filosofia na época do monge Tomás de Aquino. Sem dúvida foi um cavalheiro inteligente e até brilhante, mas se deixou mesmo anotações sobre a natureza do ser e do vir-a-ser, ou sobre o sentido preciso em que as realidades podem ser relativas à realidade, não imagino que essas notas despertem hoje o interesse de graduandos de Oxford ou de literatos de Paris, para não falar de pequenos grupos de tomistas que já surgiram mesmo em Nova York e Chicago. Não se desrespeita o imperador quando se diz que ele com certeza não foi um filósofo no sentido em que Tomás de Aquino foi, para não dizer um filósofo tão grande, tão universal ou tão permanente. E Tomás de Aquino viveu na própria época dos monges e no próprio mundo de monges que Macaulay considera incapazes de produzir filosofia.

Não precisamos nos deter nas causas desse preconceito vitoriano, que alguns ainda vêem como algo muito avançado. Ele surgiu principalmente de uma noção estreita ou isolada: a de que nenhum homem poderia construir o melhor do mundo moderno se estivesse inserido no movimento principal do mundo da Idade Média. Esses vitorianos pensavam que só o herético já foi útil à humanidade, só o homem que quase destruiu a civilização medieval poderia ajudar a construir a civilização moderna. Disso vieram tantas fábulas cômicas, como a que diz que as catedrais devem ter sido construídas por uma sociedade maçônica secreta, ou que o épico de Dante deve ser uma versão cifrada das esperanças políticas do unificador da Itália, Garibaldi. Mas a generalização não é, por natureza, provável, nem é um fato concreto. Esse período medieval foi antes um período de pensamento coletivo ou corporativo, e em alguns aspectos foi até mais amplo do que o pensamento moderno individualista. Pode-se provar isso num instante a partir do próprio uso da palavra "estadista". Para um homem do período de Macaulay, um estadista *sempre* significava alguém que manteve os interesses nacionais mais estritos de seu próprio Estado contra outros Estados, assim como o cardeal francês Richelieu manteve os franceses, ou o primeiro-ministro inglês Chatham (William Pitt) manteve os da Inglaterra ou Otto von Bismarck manteve os da Prússia (o império germânico). Mas se alguém queria de fato defender todos esses Estados, combinar todos eles, criar uma fraternidade viva com todos eles, resistir a algum perigo externo como os milhões de mongóis — então esse pobre-diabo, naturalmente, não poderia ser realmente considerado um estadista. Ele foi apenas um cruzado.

Assim, é justo dizer que Frederico II foi um cruzado, ainda que ele também tenha se parecido bastante com um anticruzado. Ele certamente foi um estadista internacional. Foi um tipo particular que poderia ser denominado soldado internacional. O soldado internacional é sempre muito detestado pelos internacionalistas. Eles não gostam de Carlos Magno, do rei francês Carlos V e de Napoleão, e de todos os que tentaram criar o Estado internacional pelo qual clamam dia e noite. Mas Frederico é mais dúbio e objeto de mais dúvidas. Supunha-se que fosse o dirigente do Santo Império Romano, mas ele foi acusado de querer ser o dirigente de um Império Romano bem profano. Mesmo que ele tivesse sido o anticristo, contudo, ainda seria testemunha da unidade do cristianismo.

Mesmo assim, há nessa época algo de estranho, porque foi uma época que, embora internacional, foi igualmente interna e íntima. A guerra, no sentido amplo moderno, é possível não porque mais homens discordam, mas porque mais homens concordam. Sob as coerções pecu-

Frederico II em seu leito de morte, gravura.

liarmente modernas, como a educação e o serviço militar obrigatório, há áreas *pacíficas* tão grandes que todos eles podem concordar com a guerra. Naquela época, os homens discordavam até com relação à guerra; e a paz podia surgir em qualquer lugar. A paz era interrompida por feudos, e os feudos por perdões. A individualidade surgia e desaparecia no interior de um labirinto — os extremos espirituais eram cercados por muros no interior de uma pequena cidade murada —, e vemos a grande alma de Dante dividida, uma chama com duas línguas de fogo separadas, amando e odiando sua própria cidade. Essa complexidade individual é intensamente vívida na história particular que temos para contar aqui, num esboço bem rudimentar. Quem quiser saber o que pretendemos dizer quando falamos que a ação era mais individual, e mesmo incalculável, pode muito bem observar alguns dos estágios da história da grande casa feudal de Aquino, cujo castelo se situava não muito longe de Nápoles. Na simples historieta que apressadamente contamos aqui, podemos observar cinco ou seis estágios desse tipo, um após o outro. Landolfo de Aquino, um grande guerreiro feudal típico da época, cavalgou de armadura sob o estandarte imperial e atacou um mosteiro porque o imperador considerava esse mosteiro uma fortaleza mantida por seu inimigo, o papa. Mais tarde, como veremos, o mesmo senhor feudal enviou o próprio filho para o mesmo mosteiro, provavelmente seguindo o conselho amigo do mesmo papa. Mais tarde ainda, um de seus filhos, inteiramente por sua própria conta, rebelou-se contra o imperador e passou para o lado dos exércitos do papa. Por isso foi executado pelo imperador, imediata e eficazmente. Eu gostaria de ter mais informações sobre esse irmão de Tomás de Aquino que arriscou e perdeu a vida para apoiar a causa do papa, a qual era, em todos os elementos humanos essenciais, a causa do povo. Talvez ele não tenha sido um santo, mas devia ter algumas das qualidades do mártir. Enquanto isso, dois outros irmãos, ao que parece ainda fervorosos e atuantes seguidores do próprio imperador que matara o terceiro irmão, trataram de seqüestrar um outro irmão, por desaprovarem a simpatia desse irmão pelos novos movimentos sociais na religião. É nesse tipo de emaranhado que uma ilustre família medieval se via enredada. Não era uma guerra entre nações, mas antes uma briga de família bastante ampla.

Não é, contudo, apenas por essas coisas que me detenho aqui na posição do imperador Frederico como um tipo característico de sua época, tanto em sua cultura como em sua violência, em sua preocupação com a filosofia e em suas divergências com a religião. Ele pode ser aqui a primeira figura a cruzar o palco, porque uma de suas ações bem típicas precipitou a primeira ação, ou falta de ação obstinada, que deu início às aventuras pessoais de Tomás de Aquino neste mundo. A história ilustra também a extraordinária confusão em que estava metida uma família como a do conde de Aquino — o fato de estar ao mesmo tempo bem próximo da Igreja e tão contraposto a ela. Porque Frederico II, no curso dessas notáveis manobras, militares e políticas, que iam de queimar hereges a se aliar aos sarracenos, arremeteu como uma águia predadora (e a águia imperial era bem predadora) sobre um mosteiro muito grande e rico — a Abadia Beneditina de Monte Cassino — e a invadiu e saqueou.

Há alguns quilômetros do mosteiro de Monte Cassino ficava um grande penhasco ou rochedo íngreme que parecia uma coluna dos Apeninos. Coroava esse penhasco um castelo que trazia o nome de "A Rocha Seca" — tratava-se do ninho em que as aguiazinhas do ramo Aquino da família imperial eram alimentadas para voar. Ali vivia o conde Landulfo de Aquino, que era o pai de Tomás de Aquino e de mais sete outros filhos. Em questões militares, o conde sem dúvida acompanhava a família, à maneira feudal; e ao que parece teve alguma relação com a destruição do mosteiro. Mas era típico do emaranhado da época que o conde Landulfo mais tarde considerasse que seria um ato diplomático e gentil colocar seu filho Tomás na posição de abade do mosteiro. Esse ato

Abadia de Monte Cassino. Destruída pelos aliados na Segunda Guerra Mundial.

teria a natureza de um gracioso pedido de desculpas à Igreja, bem como, ao que parece, seria uma maneira de resolver uma dificuldade familiar.

Há muito tempo o conde Landulfo percebera que não havia nada a fazer com seu sétimo filho, Tomás, a não ser torná-lo abade ou algo parecido. Nascido em 1226, ele desde a infância demonstrava uma misteriosa objeção a se tornar águia predadora ou mesmo a se interessar normalmente pela caça com falcões, por lutas ou outras atividades dos cavalheiros. Era um rapaz grande, pesadão e calmo, e tão calado que só abria a boca para perguntar repentinamente, de modo explosivo, ao professor: "O que é Deus?" A resposta não foi registrada, mas é provável que quem fez a pergunta tenha continuado a se preocupar em encontrá-la por si mesmo. O único lugar para uma pessoa assim era a Igreja e, presumivelmente, o claustro; e quanto a isso não havia dificuldade particular. Era bem fácil para um homem na posição do conde Landulfo conseguir algum mosteiro para receber seu filho, e, nesse caso particular, ele julgou que seria uma boa idéia se o filho fosse recebido em algum cargo oficial que honrasse sua posição no mundo. Assim, tudo foi cuidadosamente arranjado para que Tomás de Aquino se tornasse monge, o que parecia ser seu próprio desejo, e, cedo ou tarde, abade de Monte Cassino. E então aconteceu algo curioso.

Até o ponto em que podemos acompanhar eventos bastante obscuros e objeto de divergências, parece que um dia o jovem Tomás de Aquino entrou no castelo do pai e anunciou calmamente que se tornara um dos frades mendicantes da nova Ordem fundada por São Domingos, o espanhol. Imagine que o primogênito de um grande proprietário de terras chegasse em casa e anunciasse que se casara com uma cigana, ou que o herdeiro de um duque conservador dissesse que no dia seguinte iria à passeata dos famintos organizada por supostos comunistas. Isso nos permite avaliar o abismo que separava os antigos mosteiros dos novos, bem como o terremoto das revoluções dominicana e franciscana. Tomás insinuara que desejava ser monge, e os portões silenciosamente se abriram para ele e as longas avenidas da abadia, o próprio tapete, digamos, fora estendido para que ele ocupasse o trono do abade e pusesse a mitra na cabeça. Quando disse que queria ser frade, porém, seus familiares investiram contra ele como animais selvagens; seus irmãos o perseguiram pelas ruas, arrancaram parte de seu hábito e por fim o trancaram numa torre como louco.

Não é muito fácil acompanhar o percurso da batalha que ocorreu nessa furiosa família, nem como ela acabou por se render à tenacidade

Sacristia da Abadia de Monte Cassino.

do jovem frade. Segundo algumas histórias, a desaprovação da mãe durou pouco e ela logo passou a apoiar o filho, mas não foram só seus parentes que se envolveram. Podemos dizer que a classe governante central da Europa, que em parte era formada pela família de Tomás de Aquino, ficou em polvorosa por causa do deplorável jovem; pediram até a intervenção diplomática do papa, e chegou-se até a propor que se permitisse a Tomás usar o hábito dominicano enquanto exercia as funções de abade na abadia beneditina. Para muitos, isso seria um acordo diplomático, mas não foi bem recebido pela mente medieval estreita de Tomás de Aquino. Ele disse sem hesitar que queria ser dominicano na Ordem dominicana, e não num baile de máscaras; e a proposta conciliadora parece ter sido retirada.

Tomás de Aquino queria ser frade. Tratava-se de um fato estarrecedor para seus contemporâneos, e é um fato bem estranho mesmo para nós; porque seu desejo, limitado de modo literal e estrito a essa afirmação, era a coisa prática a que sua vontade se apegou com uma obstinação inabalável durante toda a sua vida. Ele não seria abade, não seria monge, nem mesmo seria um prior ou dirigente de sua própria fraternidade, não seria um frade de destaque ou importância; seria apenas frade. É como se Napoleão insistisse em ser soldado raso a vida inteira. Algo nesse cavalheiro pesado, calmo, culto e bastante acadêmico só ficaria satisfeito quando a proclamação de uma autoridade determinada e um pronunciamento oficial o estabelecessem e indicassem como frade mendicante. E era ainda mais interessante porque, embora tivesse cumprido mais de mil vezes seu dever de mendigar, ele de modo algum parecia um mendigo, nem era provável que pudesse ser um bom mendigo. Ele não tinha nada do vagabundo natural, ao contrário de seus grandes precursores; não nascera com vocação para menestrel ambulante, ao contrário de São Francisco; nem com alguma vocação para missionário itinerante, ao contrário de São Domingos. Mas insistiu em se colocar sob ordens militares, em fazer essas coisas pela vontade de outra pessoa, se necessário. Podemos compará-lo com alguns dos aristocratas mais generosos que se tornaram membros de exércitos revolucionários, ou com alguns dos melhores poetas e estudiosos que se tornaram voluntariamente soldados rasos na Primeira Guerra Mundial. Algo da coragem e da coerência de Domingos e de Francisco desafiara seu profundo sentido de justiça; e embora tenha continuado a ser alguém bem razoável, até mesmo diplomático, Tomás de Aquino nunca deixou que nada abalasse a férrea imobilidade dessa sua decisão da juventude; nem conseguiram fazê-lo desistir de sua grande e crescente ambição de assumir o lugar menos importante.

O primeiro efeito de sua decisão fora, como vimos, bem mais estimulante e mesmo surpreendente. O geral dos dominicanos, sob cuja jurisdição Tomás se inscrevera, provavelmente sabia muito bem das tentativas diplomáticas para fazê-lo desistir e das dificuldades mundanas para resistir a elas. Seu expediente foi retirar seu jovem seguidor da Itália, pedindo-lhe que fosse com alguns outros frades para Paris. Havia algo de profético mesmo nesse primeiro deslocamento do mestre viajante das nações, porque Paris estava destinada a ser em algum sentido a meta de sua jornada espiritual, porque ali ele iria fazer tanto sua defesa dos frades como seu grande desafio aos inimigos de Aristóteles. Mas essa sua primeira viagem a Paris estava fadada a ser interrompida dentro de bem pouco tempo. Os frades chegaram a um certo ponto da estrada em que havia uma fonte à beira do caminho, em algum ponto próximo do norte de Roma, quando foram atacados por uma selvagem cavalgada de raptores que apanharam Tomás como uma gangue, mas eram na verdade apenas irmãos, agitados sem motivo. Ele tinha muitos irmãos, e é provável que apenas dois estivessem envolvidos nesse fato. Na verdade, Tomás era o sétimo filho; e adeptos do controle da natalidade talvez lamentem que esse filósofo tivesse sido desnecessariamente agregado à nobre linhagem de arruaceiros que o seqüestraram. Tratava-se de algo completamente extraordinário. Há algo inusitado e pitoresco na idéia de seqüestrar um frade mendicante que poderia num certo sentido ser considerado um abade fugitivo. Há um cômico e trágico emaranhado nos motivos e propósitos desse trio de estranhos parentes. Há uma espécie de entrecruzamento cristão de objetivos no contraste entre a febril ilusão da im-

Mulher oferece donativo ao abade, gravura do séc. XIII

portância das coisas, que sempre marca os chamados homens práticos, e a teimosia bem mais prática do chamado homem teórico.

Assim, aqueles três estranhos irmãos seguiram desordenadamente pela trágica estrada, um amarrado ao outro, como o criminoso e o policial, com a única diferença de que a prisão estava sendo efetuada pelos criminosos. E assim podemos ver suas figuras por um instante contra o horizonte da história; irmãos tão sinistros quanto todos os outros desde Caim e Abel. Porque esse estranho escândalo na grande família de Aquino destaca-se simbolicamente como representação de algo que sempre fará da Idade Média um mistério e objeto de assombro, passível de interpretações tão contrapostas quanto a luz e as trevas. É que em dois daqueles homens falava mais alto, podemos dizer gritava, um selvagem orgulho de sangue e de brasão de armas, embora eles fossem príncipes dos mais refinados de sua época, um orgulho que seria mais próprio de uma tribo dançando ao redor de um totem. Naquele momento, eles tinham esquecido de tudo exceto do nome de família, o que é menos amplo do que uma tribo e muitíssimo menor do que um país. E a terceira figura desse trio, nascida da mesma mãe e talvez visivelmente parecida com as outras de rosto ou de corpo, tinha uma concepção de fraternidade bem mais ampla do que a maioria das democracias modernas, uma vez que não era nacional, mas internacional; possuía uma fé na misericórdia e na modéstia bem mais profunda do que qualquer bom comportamento no mundo moderno, ao lado de um drástico voto de pobreza que hoje seria considerado um insano exagero de revolta contra o domínio dos ricos e o orgulho. Vieram do mesmo castelo italiano dois selvagens e um sábio ou um santo mais pacífico do que a maioria dos sábios modernos. É esse o aspecto confuso da questão, origem de centenas de controvérsias. É o que cria o enigma da época medieval: o fato de ela não ter sido uma, mas duas épocas. Examinamos o comportamento de alguns homens, e ela pode ser a Idade da Pedra; examinamos a mente de outros homens, e eles podem estar vivendo na Idade do Ouro, na mais moderna utopia.

Sempre houve homens bons e homens ruins, mas nessa época homens bons dotados de sutileza conviviam com homens ruins que eram simplórios. Viviam na mesma família, eram criados no mesmo quarto e dali saíam para se combater uns aos outros, tal como o fizeram os irmãos de Tomás de Aquino à beira da estrada quando arrastaram o jovem frade pelo caminho e o prenderam no castelo da colina.

Quando os parentes tentaram tirar seu hábito de frade, Tomás provavelmente os enfrentou lutando como os pais, e deve ter conseguido, pois eles desistiram de tentar fazer isso. Ele aceitou a prisão em si com sua costumeira compostura, e provavelmente não se incomodava muito se o deixavam filosofar numa prisão ou numa cela de convento. No modo como a história é contada, algo sugere que, durante todo o tempo desse estranho seqüestro, ele foi carregado como uma pesada estátua de pedra. Apenas um dos relatos de seu cativeiro fala de sua raiva, e esse relato o mostra com mais raiva do que ele teve antes ou depois desse evento. Embora tenha despertado a imaginação de sua própria época por razões mais importantes, isso tem um interesse tanto psicológico como moral. Pela primeira e última vez em sua vida, Tomás de Aquino esteve de fato *hors de lui* (fora de si), agindo intempestivamente a partir da torre de intelecto e de contemplação em que costumava viver. E foi então que os irmãos introduziram em seu cômodo uma cortesã especialmente bela e atraente para fazê-lo cair em alguma súbita tentação ou ao menos envolvê-lo num escândalo. Sua raiva se justificava, mesmo a partir de padrões morais menos rigorosos do que os dele, porque a maldade era bem maior do que a inutilidade do expediente. Mesmo a partir de padrões bem menos elevados, Tomás sabia que os irmãos sabiam, e estes sabiam que ele sabia, que o estavam insultando como cavalheiro ao supor que ele quebraria seus votos com uma provocação tão grosseira. Tomás, por sua vez, tinha por trás de si uma sensibilidade bem mais terrível: toda aquela imensa ambição de humildade que era para ele a voz de Deus vinda do céu.

Jesus Cristo é recebido por dominicanos, Fra Angelico. Afresco, século XV.

Apenas nesse flagrante, vemos essa grande figura obstinada numa atitude ativa, ou mesmo agitada — e ele estava de fato agitado. Tomás de Aquino levantou-se da cadeira como um raio, apanhou uma acha de lenha ardente da lareira e sacudiu-a como uma espada flamejante. A mulher, como é natural, deu uns gritos e fugiu dali, o que era tudo o que ele desejava; mas é curioso imaginar o que a mulher deve ter pensado daquele louco de estatura monstruosa que balançava pedaços de madeira em chamas e aparentemente ameaçava colocar fogo na casa inteira. Mas tudo o que Tomás fez foi segui-la até a porta e fechá-la e trancá-la depois de ela passar; e então, numa espécie de impulso de ritual violento, passou vigorosamente a acha ardente na porta, escurecendo-a e riscando-a com um grande sinal negro da cruz. E, voltando, colocou o pedaço de madeira outra vez na lareira, e sentou-se naquela cadeira de estudos sedentários, naquela cadeira de filosofia, naquele trono secreto de contemplação, do qual nunca mais se levantou.

Capítulo III

A REVOLUÇÃO ARISTOTÉLICA

Alberto, natural da cidade alemã da Suábia, chamado com justiça o Grande, foi o frade dominicano fundador da ciência moderna. Ele fez mais do que qualquer outro homem para preparar o processo que transformou o alquimista em químico, e o astrólogo em astrônomo. É estranho que, tendo sido o primeiro astrônomo em sua época, a lenda o veja hoje quase como o último astrólogo. Os historiadores sérios estão abandonando a idéia absurda de que a Igreja medieval perseguia todos os cientistas como se fossem magos. A verdade é quase o oposto disso. O mundo às vezes os perseguiu como se fossem magos e às vezes foi à procura deles exatamente por considerá-los magos. Só a Igreja os viu real e exclusivamente como cientistas. Muitos clérigos inquisitivos foram acusados de praticar mera magia ao fazer suas lentes e espelhos. Alberto foi acusado por seus rudes e rústicos vizinhos, e provavelmente teria sido acusado da mesma maneira se esses vizinhos fossem pagãos, puritanos ou adventistas do sétimo dia. Mas mesmo assim ele teve mais chance ao ser julgado pelo papa do que teria se caísse nas mãos dos leigos, que simplesmente o linchariam. O pontífice católico não de-

Alberto, o Grande, Tommaso da Modena. Afresco, 1352, São Nicolau, Treviso.

São Tomás em glória entre São Marcos e São Luís de Toulouse, Vittore Carpaccio. Têmpera sobre tela, 1507, Staatgalerie, Stuttgart.

nunciou Alberto Magno como mágico. Foram as tribos semipagãs do norte que o admiraram como mágico. São as tribos semipagãs das cidades industriais de hoje, de onde vêm os leitores dos livros de sonhos baratos e dos panfletos dos charlatães, dos profetas de jornal, que ainda o admiram como astrólogo. Admite-se que o conhecimento registrado de Alberto, relativo a fatos estritamente materiais e mecânicos, teve alcance notável para um homem de sua época. É verdade que, na maioria dos outros casos, havia certas limitações nos dados da ciência medieval, mas isso certamente não teve nenhuma relação com a religião medieval. Porque os dados de Aristóteles, e da grande civilização grega, eram ainda mais limitados. Contudo, não se trata tanto de uma questão de acesso a dados como de atitude diante dos fatos. A maioria dos escolásticos, se informados pelos únicos informantes disponíveis de que um unicórnio tem um único chifre ou de que uma salamandra vive no fogo, ainda usava esses dados mais como ilustração da lógica do que como incidente da vida. O que eles de fato diziam era: "Se um unicórnio tem um único chifre, dois unicórnios têm o mesmo número de chifres que uma vaca". E isso de modo algum deixa de ser um fato, porque o unicórnio é um ser da fábula. Mas com Alberto no período medieval, assim como com Aristóteles nos tempos antigos, os escolásticos de fato foram os primeiros a ter a idéia de enfatizar a pergunta: "Mas o unicórnio *tem* apenas um chifre e a salamandra *tem* um fogo em vez de ter uma lareira"? Não há dúvida de que, quando os limites sociais e geográficos da vida medieval começaram a permitir que pesquisassem o fogo para ver se encontravam salamandras ou o deserto em busca de unicórnios, eles foram obrigados a modificar muitas de suas idéias científicas. Um fato que vai expô-los ao compreensível desdém de uma geração de cientistas que acaba de descobrir que as teorias do físico Isaac Newton não fazem sentido, que o espaço é limitado e que átomo é algo que não existe.

Alberto, o Grande. Gravura medieval.

Esse grande alemão, conhecido em seu período de maior fama como professor em Paris, antes lecionara por algum tempo em Colônia. Naquela bela cidade romana, reuniram-se ao seu redor milhares de amantes da vida extraordinária que foi a do estudioso da Idade Média. Eles se reuniram em grandes grupos chamados Nações, e o fato ilustra bem a diferença entre o nacionalismo medieval e o nacionalismo moderno. Porque, embora em qualquer manhã pudesse haver uma desavença entre estudantes espanhóis e escoceses, ou entre estudantes flamengos e franceses, e se desembainhassem espadas ou se lançassem pedras em nome de motivos mais puramente patrióticos, ainda assim todos eles tinham ido para a mesma escola a fim de aprender a mesma filosofia. E, embora isso não pudesse impedir o surgimento de brigas, contribuía muito para encerrá-las. Diante desses grupos heterogêneos de homens vindos dos confins da terra, o pai da ciência desenrolava seu pergaminho de estranha sabedoria, sobre o sol e os cometas, os peixes e as aves. Era um aristotélico desenvolvendo, digamos assim, a sugestão experimental de Aristóteles; e, nisso, Alberto foi inteiramente original. Ele se preocupou menos em ser original no tocante às questões mais profundas do homem e da moral, a respeito das quais se contentou em apresentar um aristotelismo decente e cristianizado; num certo sentido, até se dispôs a chegar a uma solução conciliadora ante a questão puramente metafísica dos nominalistas e dos realistas. Alberto nunca teria sustentado sozinho a grande guerra que estava por acontecer, em favor de um cristianismo equilibrado e humanizado, mas, quando essa guerra chegou, ele a apoiou inteiramente. Ele foi chamado de doutor universal por causa do alcance de seus estudos científicos, mas na verdade era um especialista. A lenda popular nunca deixa de ter um fundo de verdade; se um homem de ciência é mágico, Alberto foi mágico. E o homem de ciência sempre foi bem *mais* mágico do que o padre, pois ele antes iria "controlar os elementos" do que se submeter ao espírito, que é mais elementar do que os elementos.

Entre os estudantes que lotavam as salas de conferências, havia um aluno que se destacava por sua estatura gigantesca e sólida, um aluno que não conseguia sobressair por qualquer outra coisa ou se recusava a fazê-lo. Ele falava tão pouco nos debates que os colegas começaram a supor que, além de "calado", ele era também "embotado". Seja como for, não demorou muito para que o deixassem de lado da forma mais horrível e assim mesmo sua estatura imponente começou a ser apenas motivo de escárnio. Apelidaram-no de Boi Mudo. Era objeto não somente de zombaria, mas de piedade. Um estudante de bom coração ficou com tanta pena dele que tentou ajudá-lo a fazer as lições, repassando os elementos de lógica como se estivesse repassando o alfabeto numa cartilha. O tolo lhe agradeceu com uma patética polidez, e o filantropo continuou a lição até encontrar uma passagem sobre a qual ele mesmo tinha algumas dúvidas — e sua interpretação, para dizer a verdade, era errada. O tolo, diante disso, mostrando-se muito embaraçado e perturbado, indicou uma possível solução que mostrou ser a correta. O estudante benevolente ficou olhando, como se estivesse diante de um monstro, para aquela estranha combinação de ignorância e inteligência, e estranhos murmúrios começaram a percorrer as escolas.

Um biógrafo religioso regular de Tomás de Aquino (que, é desnecessário dizer, era o aluno tolo da história) disse que, ao final dessa conversa, "seu amor pela verdade venceu sua humildade"; algo, entendido da maneira correta, é precisamente verdadeiro. Mas não descreve, no sentido secundário psicológico e social, todo o conjunto de elementos que se combinavam no interior daquela volumosa cabeça. Todas as anedotas, em número relativamente pequeno, sobre Tomás de Aquino adquirem mais vida quando visualizamos o tipo de homem que ele foi, e esse é um excelente exemplo. Entre esses elementos, estava um pouco da dificuldade que o intelecto dado a generalizações tem em se adaptar de repente a um diminuto detalhe da vida cotidiana. Havia um pouco da timidez das pessoas bem-nascidas com relação a se exibir; havia até, talvez, um pouco da estranha paralisia, e da tentação de preferir até mesmo uma compreensão errônea a uma longa explicação, que fez com que *Sir* James Barrie, o autor teatral escocês que escreveu *As Aventuras de Peter Pan*, em sua interessante peça, se permitisse ser incomodado por um irmão Henry que ele nunca possuiu, para não se dar ao trabalho de escrever uma advertência. Esses outros elementos com certeza agiram em conjunto com a humildade tão extraordinária desse homem tão extraordinário, mas outro elemento atuou juntamente com o seu "amor pela verdade" para encerrar o citado mal-entendido. Trata-se de um elemento que nunca pode ser esquecido ao se traçar um perfil de São Tomás. Por mais distante da realidade, distraído ou imerso em teorias que pudesse estar, ele tinha uma boa dose de senso comum; e quando lhe aconteceu de receber aulas de alguém, e aulas que implicavam erros, algo dentro dele disse com vigor: "Isso tem de acabar"!

Ao que parece, foi o próprio Alberto Magno, o conferencista e mestre erudito de todos esses jovens, que começou a suspeitar de algo desse tipo. Ele encarregava Tomás de realizar pequenas tarefas, de anotação ou de exposição, depois de convencê-lo a deixar de lado seu embaraço para

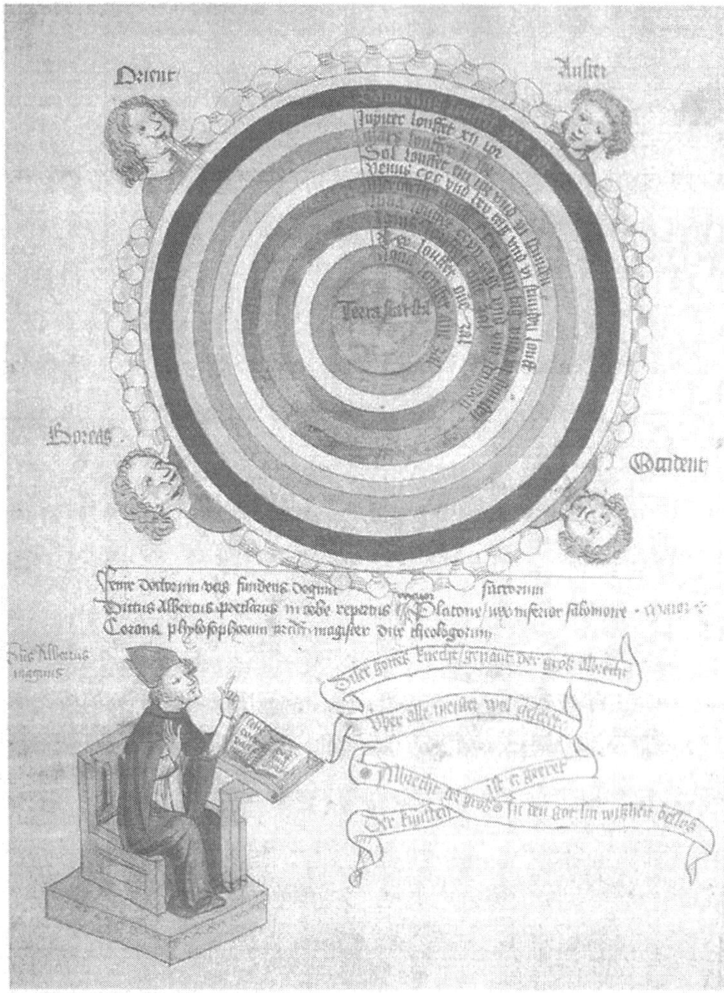

Dominus Albertus Magnus. Estudo dos elementos e planetas.

poder participar ao menos de um debate. Alberto era um senhor bastante perspicaz que estudara os hábitos de animais que não o unicórnio e a salamandra. Ele estudara muitos espécimes da mais monstruosa monstruosidade, aquela que se chama homem. Conhecia os sinais e marcas do tipo de homem que Tomás era, o tipo de homem que é, sem o saber, uma espécie de monstro entre os homens. Alberto era um mestre bom demais para não perceber que o tolo nem sempre é um tolo. Ele soube, e se divertiu com isso, que aquele tolo recebera dos colegas o apelido de

Boi Mudo. Tudo isso era muito natural, mas não retira o sabor de algo bem estranho e simbólico acerca da extraordinária ênfase com que Tomás falou quando finalmente o fez. Porque, na época, Tomás de Aquino ainda era conhecido apenas como um aluno obscuro e obstinadamente apático em meio a muitos alunos mais brilhantes e promissores, quando Alberto quebrou o silêncio com sua famosa exclamação e profecia: "Vocês o chamam de Boi Mudo, e eu lhes digo que esse Boi Mudo vai mugir tão alto que seu mugido vai tomar conta do mundo".

Tomás de Aquino estava sempre pronto, com sua humildade assertiva, a agradecer por todo seu pensamento tanto a Alberto Magno como a Aristóteles, a Agostinho e a quaisquer outros mestres antigos. Mesmo assim, seu pensamento estava à frente de Alberto e de outros aristotélicos, tal como de Agostinho e dos agostinianos. Alberto chamara a atenção para o estudo direto dos fatos naturais, mesmo que fosse através de fábulas como do unicórnio e da salamandra, mas o monstro chamado homem esperava uma dissecação viva bem mais sutil e flexível. De qualquer modo, os dois homens tornaram-se amigos íntimos, e sua amizade conta muito nessa luta central da Idade Média. Pois, como veremos, a reabilitação de Aristóteles foi uma revolução tão revolucionária quanto a exaltação de Domingos e Francisco, e São Tomás estava destinado a ter uma grande participação tanto numa como na outra.

Já se deve ter percebido que a família Aquino desistira de perseguir seu patinho feio, que, na condição de frade negro, talvez devesse ser chamado de sua ovelha negra. Contam-se algumas histórias pitorescas sobre essa fuga. A ovelha negra em geral acaba por se aproveitar das brigas entre as ovelhas brancas da família. Elas começam brigando com a ovelha negra, mas acabam brigando entre si. Há um relato bastante confuso quanto a quais membros da família ficaram a favor de Tomás enquanto ele ainda estava preso na torre. Mas é inegável que ele gostava muito das irmãs e, portanto, provavelmente é verdade que elas planejaram sua fuga. De acordo com a história, elas fizeram chegar ao alto da torre uma corda na qual estava amarrada uma grande cesta, e deve ter sido uma cesta de fato grande para conseguir tirar Tomás da prisão e libertá-lo para o mundo. Seja como for, ele de fato escapou usando energia, interna ou externa. Mas foi apenas energia individual. O mundo ainda procurava e perseguia os frades, mais ou menos como quando eles fugiram na estrada para Roma; e Tomás de Aquino teve a sorte de estar à sombra do grande frade notável, cuja respeitabilidade era difícil de contestar, o erudito e ortodoxo Alberto. Mesmo este e os seus, contudo, logo se viram perturbados pela crescente tempestade que ameaçou os novos movimentos populares na Igreja. Alberto foi chamado a Paris a fim de receber o título de doutor, mas todos sabiam que todos os movimentos naquele jogo constituíam um desafio. Alberto fez apenas o pedido, que provavelmente pareceu excêntrico, de levar consigo seu Boi Mudo. Eles partiram, como frades comuns ou religiosos errantes, dormiram nos mosteiros que conseguiram encontrar pelo caminho e, finalmente, no convento de São Tiago em Paris, no qual Tomás conheceu outro frade que também se tornou seu amigo.

Talvez sob a nuvem sombria que ameaçava todos os frades, São Boaventura, o franciscano, desenvolveu uma amizade tão grande por Tomás, o dominicano, que seus contemporâneos os compararam aos amigos bíblicos Davi e Jônatas. Esse fato tem aspectos interessantes, pois seria bem fácil representar o franciscano e o dominicano como totalmente diferentes um do outro. Pode-se representar o franciscano como o pai de todos os místicos, e os místicos podem ser representados como homens que afirmam que a fruição final ou júbilo final da alma é antes uma sensação que um pensamento. Os místicos sempre tiveram como lema: "Prove e veja". Ora, São Tomás também começou dizendo "Prove e veja", mas o fez com referência às primeiras impressões rudimentares do animal humano. Pode-se muito bem sustentar que o franciscano põe o "prove" por último e o dominicano o coloca antes de tudo. Pode-se dizer que o tomista começa com algo sólido como o sabor de uma maçã e depois deduz uma vida divina para o intelecto, enquanto o místico esgota primeiro o intelecto e diz por fim que o sentido de Deus parece com o gosto de uma maçã. Um inimigo comum poderia alegar que São Tomás começa pelo gosto da fruta e São Boaventura termina com o gosto da fruta. Mas os dois têm razão; se me for permitido dizer, ter razão ao mesmo tempo constitui um privilégio de pessoas que se contradizem uma à outra em seu mundo. O místico está certo quando diz que a relação entre Deus e o homem é essencialmente uma história de amor, com o padrão e o tipo de todas as histórias de amor. O racionalista dominicano também está certo ao dizer que o intelecto fica à vontade nos céus mais excelsos, e que o apetite pela verdade pode durar mais do que todos os apetites menos elevados do homem e até mesmo devorá-los.

São Boaventura, Giotto. Afresco.

Naquele momento, Tomás de Aquino e Boaventura estavam animados com a possibilidade de que os dois tivessem razão, pelo consenso praticamente universal de que os dois estavam errados. Seja como for, aquele foi um período de grandes distúrbios, e, como costuma ocorrer nesses períodos, quem tentava acertar as coisas era acusado com mais vigor de torná-las erradas. Ninguém sabia quem seria o vencedor no meio dessa confusão: o islamismo, os maniqueus do sul da França, o imperador falso e zombeteiro, os cruzados ou as antigas ordens do cristianismo. Porém, alguns homens tinham a vívida sensação de que tudo estava virando pó e de que todas as experiências ou excessos recentes eram parte da mesma dissolução social. E havia duas coisas que esses homens consideravam sinais de ruína — uma era o terrível surgimento de Aristóteles a partir do Oriente, uma espécie de deus grego apoiado por adoradores árabes, e a outra, a nova liberdade dos frades. Era a abertura do mosteiro para o mundo e a saída dos frades para perambular por ele. A sensação geral era de que eles perambulavam como centelhas saídas de uma fornalha até aquele momento mantida fechada, a fornalha do amor anormal a Deus: a sensação de que esses frades iriam provocar um profundo desequilíbrio nas pessoas comuns graças a seus conselhos de perfeição, de que acabariam por se tornar demagogos. E isso acabou por desencadear a explosão de um famoso livro intitulado *Os Perigos dos Últimos Tempos*, escrito por um furioso reacionário, Guilherme do Santo Amor. O livro era um desafio ao rei da França e ao papa, de modo que estes instauraram um inquérito. E São Tomás e São Boaventura, os dois amigos contrastantes, com seus universos opostos, foram juntos para Roma defender a liberdade dos frades.

Tomás de Aquino defendeu o grande voto de sua juventude em favor da liberdade e dos pobres, e esse foi provavelmente o ponto mais alto de sua carreira de modo geral triunfante — porque ele reverteu todo o movimento de retrocesso de sua época. Autoridades responsáveis disseram que, não fosse por ele, todo o grande movimento popular dos frades poderia ter sido destruído. Com essa vitória popular, o aluno tímido e desajeitado finalmente se torna personagem histórico e homem público. Depois disso, Tomás foi identificado com as ordens mendicantes. Todavia, mesmo que se possa dizer que ele fez seu nome em defesa das ordens mendicantes, em oposição aos reacionários, que tinham dos frades a mesma idéia da família de Tomás de Aquino, costuma haver uma diferença entre o homem que faz seu nome e o homem que faz de fato seu trabalho. O trabalho de Tomás de Aquino ainda estava por vir, embora observadores mais perspicazes do que ele talvez já pudessem vislumbrar sua chegada. Em termos amplos, o perigo era o perigo dos ortodoxos, ou daqueles que identificam com demasiada facilidade a ve-

Triunfo de São Tomás de Aquino e alegoria da ciência (detalhe), Andrea da Firenze. Afresco, igreja de Santa Maria Novella, Florença.

lha ordem com a ortodoxia, forçando uma condenação final e conclusiva de Aristóteles. Já houvera condenações severas e esparsas desse tipo, feitas aqui e ali, e a pressão dos agostinianos, com sua mentalidade mais limitada, junto ao papa e aos principais juízes tornava-se mais forte a cada dia. O perigo surgira, o que era natural, devido ao acidente histórico e geográfico da proximidade muçulmana com a cultura de Bizâncio. Os árabes haviam se apossado dos manuscritos gregos antes dos latinos, que eram os verdadeiros herdeiros dos gregos. E os muçulmanos, embora não fossem muito ortodoxos, estavam transformando a filosofia de Aristóteles numa filosofia panteísta — que vê Deus em tudo, ainda menos aceitável pelos cristãos ortodoxos. Mas essa segunda controvérsia exige mais explicações do que a primeira. Como se observa numa página introdutória, a maioria das pessoas de hoje sabe que São Francisco pelo menos despertava grandes simpatias, que, seja qual for sua visão positiva do medievalismo, os frades eram num sentido relativo um movimento popular que apontava para uma liberdade e uma fraternidade maiores; e, com um pouco mais de informação, elas saberiam que isso se aplicava tanto aos frades franciscanos como aos dominicanos. Ninguém hoje parece particularmente inclinado a defender abades feudais ou monges fixos e parados, opondo-se a inovadores insolentes como São Francisco e São Tomás. Assim, podemos resumir brevemente o grande debate sobre os frades, embora ele tenha chocado todos os cristãos na época em que ocorreu. Mas o debate maior sobre Aristóteles apresenta maior dificuldade, dado que existem concepções modernas errôneas a esse respeito que só podem ser abordadas com um pouco mais de elaboração.

Talvez não exista na verdade uma revolução registrada na história. O que sempre tem acontecido são contra-revoluções. Os homens sempre se rebelam contra os últimos rebeldes, ou se arrependem da última rebelião. Isso poderia ser considerado um dos mais casuais modismos contemporâneos se a mente regida pela moda não tivesse adquirido o hábito de ver o último rebelde como rebelado contra todas as épocas ao mesmo tempo. A garota moderna, que usa batom e bebe socialmente, é tão rebelde com relação à mulher dos direitos da mulher dos anos 1880, com seu colarinho duro levantado e sua estrita abstinência do álcool, quanto esta última com relação à senhora vitoriana fundadora das lânguidas valsas e do álbum recheado de citações do poeta inglês Lord Byron; ou quanto esta foi rebelde com relação a uma mãe puritana que via a valsa como uma orgia selvagem e Byron como o revolucionário bolchevique de sua época. Acompanhemos a própria mãe puritana ao longo da história e ela será uma rebelde contra a lassidão cavalheiresca da Igreja britânica, que no início foi rebelde contra a civilização católica, que por sua vez se rebelara contra a civilização pagã. Só um lunático diria que essas coisas foram um progresso, porque elas obviamente seguem primeiro uma direção e depois a outra. Mas, seja lá quem tenha razão, isso é sem dúvida errado: trata-se do hábito moderno de ver tais fatos apenas a partir do lado moderno. Porque com isso vemos somente o fim da história: essas mulheres se rebelam contra algo que não sabem o que é, porque isso lhes ocorreu não sabem quando; vendo apenas o final, ignora-se o começo e, portanto, a própria essência das coisas. A diferença entre os casos menos importantes e os mais importantes é que, nestes últimos, há uma revolta humana tão imensa que os homens começam a partir dela como se estivessem num novo mundo; e essa mesma novidade lhes permite percorrer um longo caminho e, de modo geral, os levam a ir longe demais. É *porque* essas coisas começam com uma revolta vigorosa que o ímpeto intelectual permanece pelo tempo suficiente para que elas pareçam ser uma sobrevivência. Um excelente exemplo disso é a história real da recuperação de Aristóteles e do desprezo por ele. Quase no fim da Idade Média, o aristotelismo realmente se estagnou. Só uma novidade verdadeira e bem-sucedida pode chegar a estagnar dessa maneira.

Quando os modernos, puxando as cortinas mais escuras do obscurantismo que já obscureceram a história, decidiram que nada tem muita importância antes do Renascimento e da Reforma, iniciaram instantaneamente sua carreira moderna caindo num grande engodo. Foi o engodo relativo ao platonismo. Eles descobriram, pendurados nas cortes dos príncipes petulantes do século XVI (que foi o mais longe na história que eles se permitiram chegar), alguns artistas e estudiosos anticlericais que se diziam enfadados com Aristóteles e supostamente aceitavam em segredo as idéias de Platão. Os modernos, ignorando profundamente toda a história dos homens medievais, logo caíram na armadilha. Pressupondo que Aristóteles era alguma antigüidade difícil de compreender e uma imposição proveniente do fundo escuro da Idade das Trevas, eles consideraram Platão como um prazer pagão inteiramente novo nunca antes experimentado pelos homens cristãos. O padre Ronald Knox demonstrou o espantoso estado de inocência em que se encontra, por exemplo, a mente de H. L. Mencken, importante jornalista e escritor americano, com relação a essa questão. Na verdade, é claro, a história é exatamente o contrário. Se foi alguma coisa, o platonismo foi a antiga ortodoxia. O aristotelismo é que constituiu a revolução bem moderna. E o líder dessa revolução moderna foi o homem que constitui o tema deste livro.

A verdade é que a Igreja Católica histórica começou platônica, platônica demais. O platonismo foi, nesse aspecto, o dourado ar grego que os primeiros grandes teólogos gregos respiravam. Os padres católicos eram muito mais parecidos com os neoplatônicos do que os estudiosos do Renascimento, que eram apenas neoneoplatônicos. Para São Crisóstomo e São Basílio, era comum e normal pensar sob o aspecto do *logos*, ou da sabedoria que é o objetivo dos filósofos, da mesma maneira como é comum e normal que homens de qualquer religião hoje falem de problemas sociais, do progresso ou da crise econômica em todo o mundo. Santo Agostinho seguiu uma evolução mental natural ao ser platônico antes de ser maniqueísta e ao ser maniqueísta antes de ser cristão. E foi exatamente nesta última associação que se pôde ver o primeiro tênue indício do perigo de ser *demasiado* platônico.

Do Renascimento ao século XIX, os modernos têm tido um amor quase monstruoso pelos antigos. Quando consideram a vida medieval, eles nunca poderiam ver os cristãos como algo além de discípulos dos pagãos, de Platão nas idéias ou de Aristóteles na razão e na ciência. Não é essa a verdade. Em alguns aspectos, mesmo do ponto de vista mais tediosamente moderno, o catolicismo estava séculos à frente do platonismo ou do aristotelismo. Podemos ver isso ainda, por exemplo, na cansativa tenacidade da astrologia. No tocante a isso, todos os filósofos eram a favor da superstição; e os santos e todas essas pessoas supersticiosas eram contra ela. Porém, mesmo os grandes santos tiveram dificuldades para se manter livres dessa superstição. Os que suspeitavam do aristotelismo de Tomás de Aquino sempre alegavam duas coisas, que hoje nos parecem bem curiosas e cômicas quando tomadas em conjunto. Uma delas era a idéia de que as estrelas são seres pessoais que gover-

Escola de Atenas, Rafael. Afresco, 1509, Vaticano.

nam a nossa vida; a outra era a grande teoria geral de que os homens possuem uma mente comum, uma idéia que evidentemente se opõe à imortalidade, isto é, à individualidade. Essas duas idéias ainda pairam entre os modernos, o que mostra como ainda é forte a tirania dos antigos. A astrologia apresenta-se nos jornais de domingo, e a outra doutrina tem sua centésima forma naquilo que recebe o nome de comunismo ou o "espírito da colméia".

Porque, num ponto preliminar, essa posição não precisa ser compreendida da maneira equivocada. Quando louvamos o valor prático da revolução aristotélica, e a originalidade de Tomás de Aquino em sua liderança, não queremos dizer que os filósofos escolásticos que vieram antes dele não foram filósofos, não foram altamente filosóficos ou não estiveram em contato com a filosofia antiga. Se houve uma ruptura negativa na história da filosofia, ele, não ocorreu antes de São Tomás nem no início da história medieval; aconteceu depois de Tomás de Aquino e no início da história moderna. A grande tradição intelectual que chega até nós a partir de Pitágoras e de Platão nunca se interrompeu nem se perdeu por causa de coisas insignificantes como o saque de Roma, o triunfo de Átila ou todas as invasões bárbaras ocorridas durante a Idade das Trevas. Ela só se perdeu após a introdução da imprensa, a descoberta da América, a fundação da *Royal Society*, a academia britânica das ciências e toda a iluminação do Renascimento e do mundo moderno. Nesses momentos, se houve algum momento, é que se perdeu ou se embaraçou com impaciência o longo fio fino e delicado que veio da Antigüidade distante, o fio desse passatempo humano incomum que é o hábito de pensar. Comprova-o o fato de quase todos os livros impressos desse último período terem sido obrigados a esperar o século XVIII, ou o final do século XVII, para encontrar mesmo os nomes de novos filósofos, que eram na melhor das hipóteses um novo tipo de filósofos. Mas o declínio do Império, a Idade das Trevas e o começo da Idade Média, ainda que demasiado tentados a desdenhar tudo o que se opusesse à filosofia platônica, nunca desdenharam a filosofia. Nesse sentido, São Tomás, tal como a maioria dos outros homens muito originais, vem de uma linhagem longa e bem definida. Ele mesmo se refere constantemente às autoridades, de Santo Agostinho a Santo Anselmo, e de Santo Anselmo a Santo Alberto, e mesmo quando discorda mostra respeito por elas.

Um anglicano muito instruído me disse uma vez, talvez não sem uma dose de malícia: "Não consigo entender por que todos consideram São Tomás de Aquino como o iniciador da filosofia escolástica. Para mim, ele representou justamente o fim dessa filosofia". Se o comentário pretendia ou não ser malicioso, podemos ter certeza de que a resposta de São Tomás teria sido bem delicada. E de fato seria fácil responder, com uma certa tranqüilidade, que, em sua linguagem tomista, o fim de algo não significa sua destruição, mas sua total realização. Nenhum tomista lamentará que o tomismo seja o fim de nossa filosofia da maneira como Deus é o fim de nossa existência. Porque isso não significa que deixamos de existir, mas que nos tornamos tão eternos quanto a *philosophia perennis*. Deixando de lado essa alegação, é importante lembrar, porém, que meu distinto interlocutor estava coberto de razão ao afirmar que houve dinastias inteiras de filósofos doutrinais antes de Tomás de Aquino, dinastias que levaram ao dia da grande revolta dos aristotélicos. E, do mesmo modo, essa revolta não foi algo que aconteceu de uma hora para outra e sem esperar. Um capacitado autor assinalou na revista religiosa *Dublin Review*, há não muito tempo, que em alguns aspectos toda a natureza da metafísica avançara muito a partir de Aristóteles quando chegou a Tomás de Aquino. E não é um desrespeito ao gênio primordial e gigantesco do estagirita dizer que em alguns aspectos ele foi mesmo um rude e grosseiro fundador da filosofia em comparação com algumas sutilezas subseqüentes do medievalismo, que o grego forneceu alguns grandes indícios que os escolásticos desenvolveram com os mais delicados matizes. Talvez essa afirmação seja exagerada, mas não deixa de haver nela um fundo de verdade. De todo modo, é certo que, mesmo na filosofia aristotélica, para não falar da platônica, já havia uma tradição de interpretação altamente inteligente. Se essa sutileza mais tarde degenera em detalhes bem tênues, ainda assim se tratava de delicados detalhes tênues, bem como de um trabalho que exige instrumentos bastante científicos.

O que tornou essa revolução aristotélica realmente revolucionária foi o fato de ela ter sido, na realidade, religiosa. É o fato, tão fundamental que julguei oportuno estabelecê-lo nas primeiras páginas deste livro, de que se tratou primordialmente de uma revolta dos elementos mais cristãos da comunidade cristã. São Tomás, tanto quanto São Francisco, inconscientemente percebeu que os pés de seu povo escorregavam na doutrina e na disciplina católicas sólidas, desgastadas por mais de mil anos de rotina, e que era preciso mostrar a fé sob uma nova luz e abordá-

Capela de São Tomás de Aquino, Fillipino Lippi. Afrescos, Santa Maria sopra Minerva, Roma.

la a partir de outro ângulo. Mas ele não tinha outra motivação além do desejo de tornar a fé popular para a salvação das pessoas. Era verdade, em termos amplos, que por algum tempo, a fé fora demasiado platônica para ser popular. Precisava-se de algo como o toque astuto e familiar de Aristóteles para mais uma vez fazer do cristianismo uma religião do senso comum. Tanto a motivação como o método encontram-se ilustrados na guerra de São Tomás contra os agostinianos.

Em primeiro lugar, deve-se lembrar que a influência grega continuou a se fazer sentir a partir do Império Grego, ou ao menos a partir do centro do Império Romano que era a cidade grega de Bizâncio, e não mais Roma. A influência era bizantina para o bem e para o mal; tal como a arte bizantina, era severa, matemática e um tanto terrível; tal como a etiqueta bizantina, era oriental e ligeiramente decadente. Devemos aos estudos do historiador Christopher Dawson muitos esclarecimentos sobre a maneira pela qual Bizâncio pouco a pouco se tornou rígida até se transformar em uma espécie de teocracia asiática, mais parecida com aquela que servia ao sagrado imperador da China. Mas até o leigo pode perceber a diferença na maneira como o cristianismo oriental achatou tudo, do mesmo modo como achatou os rostos das imagens ao transformá-los em ícones. Tudo se tornou mais uma questão de padrões do que de imagens, e desencadeou uma guerra total e destrutiva contra estas últimas. Vemos assim, o que é bem estranho, que o Oriente era a terra da cruz, e o Ocidente, a terra do crucifixo. Os gregos estavam sendo desumanizados por um símbolo radiante, enquanto os godos estavam sendo humanizados por um instrumento de tortura. Só o Ocidente criava quadros realistas da mais grandiosa história vinda do Oriente. Assim, o elemento grego da teologia cristã tendia cada vez mais a ser um platonismo estéril, algo limitado a diagramas e abstrações, abstrações nobres em última análise, mas não suficientemente tocadas por aquilo que por definição é quase o oposto da abstração, a encarnação. Seus *logos* era a palavra, mas não a palavra feita carne. De milhares de maneiras sutis, que muitas vezes fugiam à definição doutrinal, esse espírito se disseminou pelo mundo do cristianismo a partir do lugar em que o sagrado imperador se sentava sob seus mosaicos dourados; e o chão plano do Império Romano era uma espécie de caminho aberto à passagem de Maomé. Porque o islamismo era a realização última dos iconoclastas. Bem antes disso, contudo, havia a tendência de tornar a Cruz apenas decorativa como a lua crescente, de fazer dela um padrão como a chave grega ou a roda de Buda. Mas há algo de passivo nesse mundo de padrões, e a Chave Grega não abre nenhuma porta, enquanto a roda de Buda sempre gira e nunca sai do lugar.

Em parte graças a essas influências negativas e em parte devido a um ascetismo nobre e necessário que buscava imitar o horrível padrão dos mártires, as primeiras épocas cristãs haviam sido excessivamente anticorpóreas e demasiado próximas da linha perigosa do misticismo maniqueísta. Mas havia bem menos perigo no fato de os santos maltratarem o corpo do que no fato de os sábios o ignorarem. Reconhecendo-se toda a grandeza da contribuição agostiniana ao cristianismo, havia num certo sentido mais perigo em Agostinho, o platônico, do que em

Agostinho, o maniqueu. Provinha daí um estado de espírito que inconscientemente cometia a heresia de separar a substância da trindade. Deus era pensado aí, de modo demasiado exclusivo, como um espírito que purifica ou um salvador que redime; e muito pouco como Criador que cria. É por isso que homens como Tomás de Aquino julgaram correto corrigir Platão recorrendo a Aristóteles — Aristóteles que aceitava as coisas tal como as encontrava, assim como Tomás de Aquino aceitava as coisas tal como Deus as criara. Em toda a obra de São Tomás, o mundo da criação positiva está perpetuamente presente. Em termos humanos, foi ele quem salvou o elemento humano na teologia cristã, ainda que tenha usado por conveniência alguns elementos da filosofia pagã. Mas, como já se disse enfaticamente, o elemento humano também é cristão.

O pânico diante do perigo representado por Aristóteles, que afetou as altas esferas da Igreja, era provavelmente um vento árido vindo do deserto. Na realidade, esse vento era formado mais pelo medo de Maomé do que de Aristóteles. O que era irônico, visto que era muito mais difícil conciliar Aristóteles com Maomé do que com Cristo. O islamismo é essencialmente um credo simples para homens simples, e ninguém pode de fato transformar em algum momento o panteísmo num credo simples. Trata-se de algo ao mesmo tempo demasiado abstrato e demasiado complicado. Há fiéis simples de um Deus pessoal, e há ateus mais simplórios do que qualquer fiel de um Deus pessoal. Mas poucos podem, na mera simplicidade, aceitar como deus um universo sem deus. E embora os muçulmanos, em comparação com os cristãos, talvez tivessem um Deus menos humano, eles tinham, se possível, um Deus mais pessoal. A vontade de Alá era uma vontade forte, e não podia ser transformada numa mera tendência. Em todo esse aspecto cósmico e abstrato, o católico era mais conformista do que o muçulmano — até certo ponto. O católico ao menos podia admitir que Aristóteles tinha razão quanto aos elementos impessoais de um Deus pessoal. Logo, podemos dizer em termos amplos, falando dos filósofos muçulmanos, que os que se tornaram bons filósofos passaram a ser maus muçulmanos. Não é totalmente estranho que muitos bispos e doutores da Igreja temessem que os tomistas se tornassem bons filósofos e maus cristãos. Mas também havia muitos, da escola estrita de Platão e de Agostinho, que negavam firmemente que houvesse bons filósofos. Entre essas paixões bastante incongruentes, o amor a Platão e o medo de Maomé, houve um momento em que as perspectivas de toda cultura aristotélica no cristianismo pareceram bem sombrias. Anátema após anátema vinham das altas esferas da Igreja, e sob as sombras da perseguição, como acontece com tanta freqüência, por um momento se teve a impressão de que no máximo duas figuras se mantinham de pé na área bombardeada. Essas duas figuras usavam a roupa preta e branca dos dominicanos, porque Alberto e Tomás de Aquino permaneceram firmes.

Nesse tipo de combate, sempre há confusão; e as maiorias se tornam minorias e voltam a ser maiorias, como por mágica. É sempre difícil determinar o momento em que a maré vira, o que parece ser uma confusa mistura de turbilhões; as próprias datas parecem se sobrepor e tornar a crise mais confusa. Mas a mudança, do momento em que os dois dominicanos resistiram sozinhos até o momento em que toda a Igreja finalmente se aliou com eles, talvez possa ser situada no instante em que eles foram praticamente levados diante de um juiz severo, mas não injusto. Estêvão Tempier, o bispo de Paris, ao que parece era um espécime bem representativo do velho eclesiástico fanático, para quem admirar Aristóteles constituía uma fraqueza a que provavelmente se seguiria a adoração a Apolo. E também era, por azar, um dos velhos conservadores sociais que se sentiram profundamente ressentidos com a revolução popular dos frades pregadores. Mas era um homem honesto; e Tomás de Aquino nunca pediu nada mais do que a permissão para se dirigir a homens honestos. Tempier estava rodeado por outros revolucio-

nários aristotélicos de um tipo bem mais duvidoso. Lá estava Siger, o sofista de Brabante, que aprendera todo o seu aristotelismo com os árabes; Siger tinha uma engenhosa teoria sobre como um agnóstico árabe também podia ser cristão. Havia milhares de jovens do tipo que apelara a Abelardo, cheios da juventude do século XIII e bêbados do vinho grego de Estagira. Contra eles, sombrios e implacáveis, o velho partido puritano dos agostinianos, bastante contentes em colocar os racionalistas Alberto e Tomás ao lado dos duvidosos metafísicos muçulmanos.

Ao que parece, o triunfo de Tomás de Aquino foi uma vitória pessoal. Ele não retirou uma única de suas proposições, ainda que se diga que o bispo reacionário de fato condenou algumas delas após a morte de Tomás. De modo geral, contudo, este convenceu a maioria de seus críticos de que era um católico tão bom quanto eles. Houve uma seqüência de disputas entre as ordens religiosas logo após essa controvertida crise. Mas é provavelmente correto dizer que, se alguém como Tomás de Aquino conseguiu satisfazer, mesmo parcialmente, alguém como Tempier, a disputa essencial chegara ao fim. O que alguns já sabiam passou a ser do conhecimento de muitos: um aristotélico podia realmente ser católico. Outro fato ajudou a conversão comum. Ele se assemelha de maneira bem curiosa com a história da tradução da Bíblia e com a alegada supressão católica da Bíblia. Nos bastidores, em que o papa era bem mais tolerante do que o bispo de Paris, os amigos de Tomás de Aquino faziam todos os esforços para produzir uma nova tradução de Aristóteles. Essa nova tradução de-

Triunfo de São Tomás de Aquino, Benozzo Gozzoli. Têmpera sobre painel, 1471, Museu do Louvre, Paris.

monstrava de várias formas que a tradução herética fora herética demais. Com o término dessa obra, podemos dizer que a grande filosofia grega entrou finalmente no sistema do cristianismo. Alguns, com um certo toque de humor, têm descrito esse processo como o batismo de Aristóteles.

Já ouvimos falar da humildade do homem de ciência, dos muitos homens de ciência que eram genuinamente humildes e de alguns que se orgulhavam de sua humildade. Talvez este livro esteja fadado a repetir demasiadamente que Tomás de Aquino tinha de fato a humildade do homem de ciência como uma variante especial da humildade do santo. É verdade que ele mesmo não contribui concretamente nos experimentos nem nos detalhes da ciência física; pode-se dizer que, no tocante a isso, ele esteve até atrás da última geração, sendo bem menos um cientista experimental do que seu tutor Alberto Magno. Mas, apesar de tudo isso, Tomás foi historicamente um grande amigo da liberdade científica. Os princípios que ele estabeleceu, quando bem compreendidos, são talvez os melhores para proteger a ciência da mera perseguição obscurantista. Por exemplo, na questão da inspiração das Escrituras, Tomás de Aquino concentrou-se primeiro no fato evidente, esquecido por quatro séculos de batalhas sectárias, de que o sentido das Escrituras está muito longe de ser evidente por si mesmo, o que muitas vezes nos obriga a interpretá-lo levando em conta outras verdades. Se uma interpretação literal é concreta e claramente contrariada por um fato evidente, só podemos dizer que essa interpretação literal é necessariamente falsa. Mas esse fato precisa ser realmente evidente. E, por infelicidade, os cientistas do século XIX se mostraram tão dispostos a concluir que qualquer coisa que se imagine sobre a natureza era um fato evidente, quanto os sectários do século XVII haviam se apressado em concluir que qualquer coisa que se imagine sobre as Escrituras é uma explicação evidente. Assim, teorias particulares sobre o que a Bíblia deve dizer e teorias prematuras sobre o que o mundo deve significar encontraram-se numa controvérsia travada em voz bem alta e muito divulgada, especialmente na época vitoriana; e essa desajeitada colisão de duas formas bem impacientes de ignorância ficou conhecida como a disputa entre a ciência e a religião.

Mas São Tomás tinha a humildade científica nesse sentido bastante vívida e especial, pois estava pronto a assumir a posição mais inferior, pronto a examinar as coisas menos importantes. Ao contrário do especialista moderno, ele não estudava a minhoca como se fosse o mundo, mas estava disposto a começar a estudar a realidade do mundo na realidade da minhoca. Seu aristotelismo significava simplesmente que o estudo do fato menos importante levará ao estudo da verdade mais elevada. O fato de, para ele, o processo ser lógico e não biológico estava ligado mais à filosofia do que à ciência, e não altera a idéia essencial de que ele acreditava em começar pelo primeiro degrau da escada. Mas, por meio de seu modo de ver as Escrituras e a ciência, assim como de outras questões, Tomás forneceu uma espécie de mapa para pioneiros mais puramente práticos do que ele. Ele praticamente disse que, se esses pioneiros pudessem de fato comprovar suas descobertas práticas, a interpretação tradicional das Escrituras teria de ser alterada por causa dessas descobertas. Tomás não podia, como diz o ditado, tê-lo dito melhor. Se a questão dependesse de uma decisão dele, e de homens como ele, nunca teria havido nenhuma disputa entre a ciência e a religião. Tomás de Aquino fez o melhor para mapear dois domínios para elas e para traçar entre esses domínios uma fronteira justa.

Costuma-se observar alegremente que o cristianismo fracassou, e com isso se pretende dizer que ele nunca teve o domínio absoluto, imperial e imposto que costuma caracterizar cada uma das grandes revoluções, que, todas elas, mais tarde fracassaram. Nunca houve um momento em que os homens pudessem dizer que todo homem era cristão da mesma maneira como poderiam dizer durante vários meses que todo homem era monarquista, republicano ou comunista. Mas se

São Tomás de Aquino, Stefano di Giovanni Sassetta. Têmpera sobre madeira, Museum of Fine Arts, Budapeste.

os historiadores sadios quiserem entender o sentido em que o caráter cristão teve sucesso, não seria possível encontrar um caso melhor do que a ampla pressão moral de um homem como São Tomás em apoio ao racionalismo enterrado dos pagãos; racionalismo que até aquele momento fora desenterrado apenas para a diversão dos heréticos. Foi, de modo bem estrito e exato, porque um novo tipo de homem promovia uma investigação racional de uma nova maneira que os homens se esqueceram da maldição que caíra sobre os templos dos demônios mortos e sobre os palácios dos déspotas falecidos; esqueceram-se até mesmo da nova fúria vinda da Arábia contra a qual lutavam a fim de defender a própria vida, porque o homem que lhes pedia que voltassem à razão não era um sofista, mas um santo. Aristóteles descrevera o homem magnânimo, que é grande e sabe que é grande. Porém, Aristóteles nunca teria recuperado sua própria grandeza não fosse o milagre que criou o homem mais magnânimo, aquele que é grande e sabe que é pequeno.

Há uma certa importância histórica naquilo que alguns chamariam de peso do estilo empregado. Ele traz uma curiosa impressão de candura, que na realidade causou, creio eu, um efeito considerável sobre os contemporâneos. O santo tem sido por vezes considerado cético. A verdade é que São Tomás foi amplamente tolerado como cético porque era obviamente um santo. Quando ele parecia firmar posição como um teimoso aristotélico, que mal se podia distinguir dos hereges árabes, acredito seriamente que era protegido em larga medida pelo prodigioso poder de sua simplicidade e por sua evidente bondade e amor à verdade. Os que se opuseram a ele esperando encontrar a confiança arrogante dos hereges viram-se paralisados diante de uma espécie de grandiosa humildade que equivalia a uma montanha; ou talvez semelhante ao imenso vale que é o protótipo da montanha, Mesmo fazendo concessão a todas as convenções medievais, podemos sentir que nem sempre era isso o que acontecia quando estavam envolvidos outros inovadores. Os outros, de Abelardo a Siger de Brabante, de fato nunca haviam perdido, no longo processo da história, um ligeiro ar de exibicionismo. Ninguém poderia julgar por um momento sequer que Tomás de Aquino estivesse se exibindo. A própria dicção quase monótona, de que tantos se queixavam, era muito convincente. Ele poderia ter-se mostrado tanto espirituoso como sábio, mas era tão prodigiosamente sério que deu sua sabedoria sem dar mostras do que tinha de espirituoso.

Passada a hora de triunfo veio o momento de perigo. Isso sempre acontecia com as alianças, sobretudo porque Tomás de Aquino estava lutando em duas frentes de batalha. Seu principal empreendimento era a defesa da fé contra o abuso que se fazia de Aristóteles, e ele fez isso atrevidamente apoiando o uso de Aristóteles. Tomás sabia muito bem que exércitos de ateus e de anarquistas estavam aplaudindo ruidosamente nos bastidores sua vitória aristotélica sobre tudo aquilo que ele mais prezava. Não obstante, nunca foi a existência de ateus, não mais do que a de pagãos árabes ou aristotélicos, que perturbou a extraordinária compostura controversa de São Tomás. O real perigo que se seguiu à sua vitória em favor de Aristóteles foi vividamente representado no curioso caso de Siger de Brabante; trata-se de um caso que bem merece um estudo da parte de todos os que quiserem começar a entender a estranha história do cristianismo. Sua marca foi uma qualidade bem estranha que sempre foi o tom específico da fé, ainda que seus inimigos modernos não a tenham percebido, e seus amigos modernos raramente o fizeram.

Sermão do anticristo, Luca Signorelli. Afresco, Capela de San Brizio, Orvieto.

Essa qualidade é simbolizada na realidade pela lenda do anticristo, que era considerado o duplo de Cristo, no provérbio profundo segundo o qual o diabo imita Deus. Trata-se do fato de a falsidade nunca ser tão falsa como quando está bem próxima da verdade. É quando se desfere o golpe próximo do nervo da verdade que a consciência cristã grita de dor. E Siger de Brabante, seguindo alguns dos aristotélicos árabes, apresentou uma teoria que a maioria dos leitores dos jornais modernos declararia instantaneamente idêntica à de São Tomás. Foi isso que no final levou Tomás de Aquino a exprimir seu último e mais enfático protesto. Tomás de Aquino ganhara sua batalha em favor de um alcance mais amplo para a filosofia e a ciência; limpara o caminho para uma compreensão geral da fé e da pesquisa científica, uma compreensão que de modo geral tem sido observada pelos católicos, e que certamente nunca é abandonada sem provocar o desastre. Era a idéia de que o cientista deveria continuar a explorar e a fazer experimentos com toda a liberdade, desde que não declarasse uma infalibilidade e uma finalidade contrárias aos seus próprios princípios. Enquanto isso, a Igreja deveria continuar a se desenvolver e a se definir com relação a questões sobrenaturais, desde que não alegasse ter o direito de alterar o depósito da fé, o que era contrário aos seus próprios princípios. E quando Tomás de Aquino disse isso, Siger de Brabante levantou-se e afirmou algo tão horrivelmente próximo disso, e tão horrivelmente diferente disso, que (tal como o anticristo) poderia ter enganado os próprios eleitos.

Siger de Brabante disse o seguinte: a Igreja tem de ser correta teologicamente, mas pode errar cientificamente. Há duas verdades: a verdade do mundo sobrenatural, e a verdade do mundo natural, que contradiz o mundo sobrenatural. Enquanto estamos sendo naturalistas, podemos supor que o cristianismo é um total absurdo, mas quando nos lembramos de que somos cristãos, temos de admitir que o cristianismo é verdadeiro mesmo sendo absurdo. Em outras palavras, Siger de Brabante dividiu a cabeça humana em duas, tal como o fizera o golpe na velha lenda de batalha; e declarou que o homem tem duas mentes: com uma delas, ele tem de acreditar integralmente e, com a outra, pode duvidar de modo profundo. Embora muitos pudessem ver aí no mínimo uma paródia do tomismo, na verdade representou o assassinato do tomismo. Não havias duas maneiras de descobrir a mesma verdade; tratava-se de uma forma de fingir que existem duas verdades. E é extraordinariamente interessante observar que essa foi uma ocasião em que o Boi Mudo de fato se apresentou como um touro selvagem. Quando se dispôs a responder a Siger de Brabante, ele estava completamente transfigurado, e o próprio estilo de suas frases, que se assemelha ao tom de voz de um homem, sofreu uma repentina alteração. Tomás de Aquino nunca se mostrara irritado com nenhum dos inimigos que discordavam dele. Mas os inimigos, nesse caso, haviam tentado cometer a pior traição: fizeram-no concordar com eles.

Quem se queixa de que os teólogos elaboram distinções sutis dificilmente poderia encontrar aqui um exemplo melhor de sua própria tolice ao dizer isso. Na verdade, uma distinção sutil pode ser uma contradição total. E foi o que aconteceu nesse caso. São Tomás pretendia permitir que uma só verdade fosse abordada por dois caminhos precisamente *porque* tinha certeza de que só existia uma verdade. Como a fé era a única verdade, nada do que fosse descoberto na natureza poderia em última análise contradizer a fé. Como a fé era a única verdade, nada que fosse deduzido da fé poderia em última análise contradizer os fatos. Tratava-se com efeito de uma confiança curiosamente ousada na realidade de sua religião, e embora alguns possam se inclinar a discuti-la, ela tem sido justificada. Os fatos científicos, que supostamente contrariavam a fé no século XIX, foram quase todos considerados ficções sem nada de científico no século XX. Mesmo os materialistas fugiram do materialismo, e os que apregoavam o determinismo na psicologia já estão falando do não-determinismo na matéria física. Mas a confiança de Tomás, certa ou errada, era uma confiança na existência de uma verdade que não pode contradizer a si mesma. E aquele último grupo de inimigos apareceu de repente para lhe dizer que concordava inteiramente com ele ao dizer que existem duas verdades contraditórias entre si. A verdade, na frase medieval, trazia dois rostos sob o mesmo capuz, e esses sofistas de dupla face praticamente se atreveram a sugerir que o capuz era dominicano.

Assim, em sua última batalha, e pela primeira vez, Tomás de Aquino lutou como se empunhasse um machado de guerra. Há em suas palavras um tom que vai muito além da paciência quase impessoal que ele mantivera no debate com tantos inimigos. "Compreendam a nossa refutação do erro. Ela não se baseia em documentos de fé, mas nas razões e afirmações dos próprios filósofos. Se houver então alguém que, orgulhando-se por vanglória de sua suposta sabedoria, desejar se opor àquilo que escrevemos, que ele não o faça às escondidas nem diante de crianças, que são impotentes para chegar a uma decisão a respeito de questões tão difíceis. Que ele replique abertamente, se a tanto se atrever. Ele vai se encontrar comigo, onde estiver, enfrentando-o, e não encontrará apenas minha desprezível pessoa, mas muitos outros cujo estudo é a verdade. Moveremos de fato guerra a seus erros ou levaremos a cura para a sua ignorância."

O Boi Mudo está mugindo agora; como boi acuado, mas com um mugido terrível e ensurdecedor, contra todo o bando que o acua. Já observamos por que, nessa luta com Siger de Brabante, Tomás de Aquino deixou que se manifestassem esses trovões de paixão puramente moral: foi porque toda a obra de sua vida estava sendo traída por suas costas por aqueles que empregaram as vitórias que ele conseguira contra os reacionários. O que importa neste momento é que esse talvez tenha sido seu único momento de paixão pessoal, exceto por aquela única explosão quando dos problemas que teve de enfrentar na juventude e Tomás estava mais uma vez combatendo os inimigos com um pedaço de lenha ardente na mão. No entanto, mesmo nesse apocalipse isolado de raiva, há uma frase que pode ser recomendada em todas as épocas a homens que estejam irritados com muito menos razão. Se há uma frase que poderia ser gravada em mármore, como representação da mais calma e resistente racionalidade da inteligência incomparável de Tomás de Aquino, trata-se de uma frase que pingou junto com todo o resto dessa lava quente. Se há uma frase que se apresenta diante da história como típica de Tomás de Aquino, trata-se da frase sobre seu próprio argumento: "Ela não se baseia em documentos de fé, mas nas razões e afirmações dos próprios filósofos". Que bom seria se todos os doutores ortodoxos em deliberação fossem tão razoáveis quanto São Tomás irritado! Que bom seria se todos os apologistas cristãos se lembrassem dessa máxima, e a escrevessem com letras grandes na parede antes de pregarem nela quaisquer teses. No auge na fúria, Tomás de Aquino compreende aquilo que tantos defensores da ortodoxia não entendem. Não é bom dizer a um ateu que ele é ateu, dizer a quem nega a imortalidade que fazer isso é uma infâmia ou imaginar que se pode forçar um oponente a admitir que está errado, provando que ele está errado com base nos princípios de outra pessoa e não nos dele.

São Luís, prisioneiro dos sarracenos, é solto pelos cruzados.

Seguindo o grande exemplo de São Tomás, fica estabelecido um princípio, ou ao menos deveria ter ficado sempre estabelecido: o de que ou nunca devemos discutir com alguém ou devemos discutir nos termos desse alguém e não nos nossos. Podemos fazer outras coisas, *em vez de* discutir, seguindo nossas idéias sobre quais ações são moralmente permissíveis; mas se discutimos, temos de discutir de acordo com as "razões e afirmações dos próprios filósofos". É o senso comum de uma afirmação atribuída a um amigo de São Tomás, o grande São Luís, rei da França, que as pessoas superficiais citam como um exemplo de fanatismo. O sentido da frase é que tenho de discutir com um infiel tal

Morte de São Tomás de Aquino. Relevo, altar da abadia de Fossanova, Itália.

como pode discutir um verdadeiro filósofo ou então "enfiar uma espada em seu corpo até onde entrar". Um verdadeiro filósofo (mesmo o da escola oposta) seria o primeiro a concordar que São Luís estava sendo totalmente filosófico.

Assim, na última grande crise controversa de sua campanha teológica, Tomás de Aquino tomou providências para dar a amigos e inimigos não só uma lição de teologia como uma aula de controvérsia. Mas foi de fato sua última controvérsia. Ele tinha sido um homem com um imenso apetite pela controvérsia, algo que existe em alguns homens mas não em outros, tanto em santos como em pecadores. Contudo, depois desse grande e vitorioso duelo com Siger de Brabante, ele foi subitamente tomado por um desejo de silêncio e de repouso. Disse uma coisa estranha sobre seu estado de espírito a um amigo, coisa que terá seu lugar mais apropriado em outro trecho deste livro. Voltou às extremas simplicidades de seu ambiente monástico e pareceu não desejar nada mais do que um retiro permanente. Quando lhe chegou um pedido do papa para empreender uma outra missão de diplomacia ou de disputa, Tomás se apressou em obedecer. Mas antes de percorrer muitos quilômetros da jornada, faleceu.

Capítulo IV

Uma meditação sobre os maniqueus

Desenho de jóia vitoriana com cena da vida de São Luís.

Há uma anedota casual sobre São Tomás de Aquino que o ilumina como se o atingisse com um raio, não só exteriormente como interiormente. Porque não o mostra apenas como personagem, e mesmo como personagem de comédia, mostrando as cores de seu período e origem social, como também, digamos que por um instante, torna sua mente transparente. Trata-se de um incidente trivial que ocorreu um dia em que ele foi relutantemente tirado de seu trabalho e, quase podemos dizer, seu divertimento. Porque tanto o trabalho como o divertimento estavam para ele no passatempo incomum de pensar, que é para alguns homens algo mais embriagante do que a mera ingestão de bebidas alcoólicas. Ele recusara vários convites sociais, para as cortes de reis e príncipes, não por ser descortês, o que ele não era, mas por estar sempre fervilhando por dentro com os planos efetivamente gigantescos de exposição e de discussão que preenchiam sua vida. Mas em certa ocasião foi convidado à corte do rei Luís IX da França, mais famoso como o grande São Luís, e, por alguma razão, as autoridades dominicanas de sua ordem lhe disseram que aceitasse. Por isso, Tomás aceitou imediatamente, pois era um frade obediente mesmo quando dormia, ou melhor, mesmo em seu transe permanente de reflexão.

Um argumento concreto contra as biografias dos santos é que elas algumas vezes tendem a fazer todos os santos parecerem o mesmo, quando na realidade não há homens mais diferentes uns dos outros do que os santos, nem mesmo os assassinos. E dificilmente poderia haver um contraste mais completo, dados os elementos essenciais da santidade, do que São Tomás e São Luís. São Luís nasceu cavaleiro e rei, mas era um desses homens em quem uma certa simplicidade, combinada com a coragem e a atividade, torna natural, e de certo modo fácil, encarregar-se direta e prontamente de qualquer tarefa ou ofício, por mais oficial que seja. Era um homem no qual a santidade e o vigor não se contrapunham — ambos estavam voltados para a ação. São Luís não gostava de pensar muito, no sentido de muito teorizar. Contudo, mesmo em questões teóricas, tinha aquela espécie de presença de espírito própria do homem raro e de fato prático quando tem de pensar. Ele nunca dizia a coisa errada, e era ortodoxo por instinto. No antigo provérbio pagão sobre reis filósofos ou filósofos reis, havia um certo erro de cálculo ligado a um mistério que só o cristianismo poderia revelar. Porque, embora seja possível que um rei deseje muito ser santo, não é possível que um santo deseje muito ser rei. Um bom homem dificilmente vai querer alimentar eternamente o desejo de ser um grande monarca, mas é tal a liberalidade da Igreja que ela não pode proibir mesmo um grande monarca de sonhar ser um bom homem. Luís, contudo, era um tipo de pessoa francamente marcial que não se incomodava de ser rei mais do que se incomodaria de ser capitão, sargento ou qualquer outra coisa no exército. Ora, um homem como São Tomás com toda a certeza não gostaria de ser rei ou de estar envolvido com a pompa e a política dos reis; não somente sua humildade como também uma espécie de tédio subconsciente e um elegante desgosto diante da futilidade, muitas vezes encontrados em homens calmos e eruditos de mente grandiosa, o teriam de fato impedido de entrar em contato com a complexidade da vida da corte. Além disso, ele durante toda a vida an-

Cerimônia de coroação de São Luís.

siou por se manter fora da política, e não havia símbolo político mais notável, ou, num certo sentido, mais cheio de exigências, naquele momento, do que o poder do rei em Paris.

Paris era verdadeiramente na época uma *aurora borealis*, uma luz do sol no norte. Temos de nos dar conta de que as terras bem mais próximas de Roma estavam apodrecidas pelo paganismo, pelo pessimismo e pelas influências orientais, sendo a mais respeitável destas últimas a de Maomé. A cidade francesa de Provença e todo o sul do país estavam tomados por uma febre de niilismo, ou misticismo negativo, e do norte da França partiram as espadas e lanças que varreram tudo o que fosse anticristão. No norte também surgira o esplendor das construções que brilham como espadas e lanças: os primeiros pináculos do estilo gótico. Falamos agora dos cinzentos edifícios góticos; mas eles devem ter sido bem diferentes quando se elevaram, brancos e brilhantes, no céu do norte, parcialmente respingados de cores douradas e brilhantes; eram um novo vôo da arquitetura, espantosos como naves espaciais. A nova Paris que São Luís deixou finalmente atrás de si deve ter sido algo branco como lírios e esplêndido como a auriflama. Foi o começo de algo novo e grandioso: a nação francesa, que iria interferir decisivamente, superando-a, na velha batalha entre o papa e o imperador nas terras de onde Tomás de Aquino viera. Mas São Tomás dirigiu-se à corte muito contra a própria vontade, e, se se pode dizer isso de um homem tão delicado, bastante retraído. Quan-

Catedral de Reims, Paris.

do ele entrou em Paris, mostraram-lhe do alto da colina o esplendor dos novos pináculos que apareciam, e alguém disse algo do tipo: "Como deve ser maravilhoso possuir aquilo tudo". E Tomás de Aquino apenas murmurou: "Eu preferia ter o manuscrito de São João Crisóstomo, que não consigo encontrar".

Medalha de São Luís. Museu do Vaticano.

De alguma maneira conseguiram levar aquele volume relutante de reflexão a um lugar no salão de banquetes real; e tudo o que sabemos de São Tomás nos diz que ele foi perfeitamente cortês com todos os que falaram com ele, mas que falou pouco, e logo foi esquecido na mais brilhante e barulhenta conversa do mundo: o ruído dos franceses falando. Não sabemos sobre o que aqueles franceses falavam, mas eles se esqueceram por completo do grande italiano gordo que estava em seu meio, e parece bem possível que este também tenha se esquecido inteiramente deles. Silêncios repentinos ocorrem mesmo em conversas francesas, e num desses silêncios veio a interrupção. Durante muito tempo, não veio daquele grande bloco de roupa preta e branca, semelhante a roupas de luto, que o fazia sobressair como frade mendicante nas ruas, e contrastava com todas as cores, padrões e divisões daquela primeira e mais fresca alvorada do cavalheirismo e da heráldica. Os escudos triangulares, as bandeirolas das lanças e as lanças pontiagudas, as espadas triangulares da Cruzada, as janelas pontudas e os capuzes cônicos repetiam por toda a parte o frescor do espírito medieval francês que, em todos os sentidos, chegara ao ponto. Mas as cores dos casacos eram alegres e variadas, deixando pouco a dizer sobre sua riqueza. Porque São Luís, que tinha ele mesmo a qualidade de ir direto ao ponto, dissera a seus cortesãos: "Deve-se evitar a vaidade; mas todo homem deve

Rei francês com seus cavaleiros em visita oficial na Britânia. Gravura, Idade Média.

vestir-se bem, de acordo com a sua posição, a fim de que sua esposa possa amá-lo mais facilmente".

E de repente os cálices saltaram e balançaram nas mesinhas, e a grande mesa se abalou, porque o frade batera o punho como uma clava de pedra, fazendo um barulho que espantou a todos como se fosse uma explosão; e exclamara com voz forte, mas como alguém dominado por um sonho: "E *isto* encerra o assunto com os maniqueus"!

O palácio de um rei, mesmo quando é o palácio de um santo, tem suas convenções. Um choque percorreu a corte, e todos se sentiram como se o frade gordo da Itália tivesse atirado um prato no rei Luís, ou entortado a coroa em sua cabeça. Todos olharam timidamente para o terrível assento que era há mil anos o trono de todos os Capetos; e muitos dos que ali estavam presumivelmente se preparavam para jogar o mendigo de roupa preta pela janela. Mas São Luís, simples como parecia ser, não era uma mera fonte medieval de honra e nem mesmo de misericórdia; era também fonte de dois rios eternos: a ironia e a cortesia da França. E ele se virou para os secretários e lhes pediu em voz baixa que levassem imediatamente suas lousas à mesa do debatedor distraído e anotassem o argumento que acabara de vir à mente de Tomás de Aquino; porque poderia ser um argumento muito bom e ele poderia se esquecer dele. Eu me detive nesse fato, em primeiro lugar, como disse, porque ele é o elemento que nos dá a mais vívida amostra de um grande personagem medieval; na realidade, de dois grandes personagens. Mas ele também é especialmente adequado como uma amostra, ou como um momento de transição, pois evidencia a principal preocupação de nosso homem, e do tipo de coisas que se podia encontrar em seus pensamentos, se em algum momento fosse possível surpreendê-los dessa maneira por um espião filosófico ou através de um buraco de fechadura psicológico. Não era à toa que ele ainda estava pensando, mesmo na corte branca de São Luís, sobre a nuvem negra dos maniqueus.

Embora pretenda ser apenas o esboço de um homem, este livro deve ao menos tocar de leve, mais tarde, num método e num significado; ou naquilo que nosso jornalismo chama irritantemente de mensagem. Precisamos reservar umas poucas páginas bem inadequadas ao homem em relação à sua teologia e à sua filosofia; mas o que pretendo falar aqui é de algo ao mesmo tempo mais geral e mais pessoal até mesmo do que sua filosofia. E por isso eu introduzi esse caso aqui, antes de qualquer discussão técnica sobre sua filosofia. Era algo que também poderia ser denominado como sua atitude moral, sua disposição de temperamento ou o propósito de sua vida no que se referia a efeitos sociais e humanos: porque ele sabia melhor do que a maioria de nós que só há um propósito nesta vida, e esse é um propósito que está além desta vida. Mas se quiséssemos resumir o que Tomás de Aquino desejava para o mundo e o trabalho que ele realizou na história, além das definições teóricas e teológicas, poderíamos muito bem dizer que ele queria acertar um golpe nos maniqueus e encerrar o assunto com eles.

Quem não estuda a história teológica, e talvez ainda menos quem estuda, dificilmente poderá apreender o pleno significado disso. Na verdade, pode até ser irrelevante tanto para a história como para a teologia. Na história, São Domingos e Simão de Monforte já haviam encerrado bem o assunto com os maniqueus. E na teologia, é claro, um doutor enciclopédico como Tomás de Aquino tratara de mil outras heresias além da maniqueísta. Mesmo assim, isso representa de fato a posição principal de São Tomás e a reviravolta que ele provocou em toda a história do cristianismo.

Julguei que seria bom inserir este capítulo, embora o assunto tratado aqui possa parecer mais vago do que os outros, porque há uma espécie de grande engano a respeito de São Tomás e seu credo que impede que a maioria das pessoas modernas possa compreendê-los. São Tomás, tal como outros monges e especialmente outros santos, levou uma vida de renúncia e de austeridade; seus jejuns, por exemplo, contrastavam claramente com o luxo em que ele poderia ter vivido se preferisse. Esse elemento é muito valorizado na religião como uma maneira de afirmar o poder da vontade contra o poder da natureza, de agradecer ao Redentor por compartilhar um pouco de seus sofrimentos, de deixar o homem pronto para qualquer coisa como missionário ou mártir, e para outros ideais semelhantes. Esses ideais são raros na moderna sociedade industrial do Ocidente que não partilha dessa comunhão, supondo-se, portanto, que expressem todo o significado dessa comunhão. Como dificilmente veremos um vereador fazer quarenta dias de jejum, ou um político se submeter a um voto trapista de silêncio, ou um homem da cidade se contentar com uma vida inteiramente celibatária, a média das pessoas que não partilha dessa comunhão está convencida não só de que o catolicismo se reduz ao ascetismo como de que o ascetismo não passa de pessimismo. E chegam a explicar aos católicos o que os leva a aceitar esta virtude heróica, dispondo-se a dizer que a filosofia subjacente a essa virtude é um ódio oriental a tudo o que está ligado à natureza e um desgosto puramente schopenhauriano com a vontade de viver. Leio num comentário de "alto nível" do livro de Rebecca West sobre Santo Agostinho a surpreendente afirmação de que a Igreja Católica considera que o sexo possui a natureza de um pecado. Deixo ao crítico que se preocupe sozinho em explicar como o casamento pode ser um sacramento se o sexo é um pecado ou por que razão os católicos são favoráveis ao nascimento, enquanto os inimigos destes postulam o controle da natalidade. Não estou preocupado com essa parte do argumento, mas com outra.

São Tomás de Aquino e o papa Flaviano, Lorenzo Lotto. Óleo em madeira, 1508, Pinacoteca Comunale, Recanati.

Ao ver esse ideal ascético numa Igreja que tem autoridade, e ao perceber que ele está ausente na maioria dos outros habitantes de Brixton ou de Brighton, o crítico moderno pode dizer: "Isso é o resultado da autoridade; seria melhor ter religião sem autoridade". Mas, na verdade, uma experiência mais ampla que vá além de Brixton ou de Brighton revelaria o erro. É raro encontrar um vereador que faça jejum ou um político trapista, mas é ainda mais raro ver freiras suspensas no ar em ganchos ou em pregos; é incomum que um orador da liga católica comece seu discurso no Hyde Park cortando-se todo com facas; um estrangeiro que vá a um presbitério comum dificilmente encontrará um pároco deitado no chão com uma tocha no peito, queimando-o, enquanto ele diz jaculatórias espirituais. Mas entusiastas voluntários movidos unicamente pelo grande impulso da religião fazem todas essas coisas na Ásia inteira, por exemplo. E, no caso deles, não se trata da religião que costuma ser imposta por alguma autoridade imediata, nem tampouco por essa autoridade particular. Em resumo, um verdadeiro conhecimento da humanidade evidenciará que a religião é algo bastante terrível, que ela é na verdade um fogo devorador, e que a autoridade é muitas vezes tão necessária para restringi-la como para impô-la. O ascetismo, ou a guerra aos apetites, é ele mesmo um apetite. É impossível eliminá-lo do conjunto dos desenhos estranhos do homem. Mas possível mantê-lo sob um certo controle, permitindo que seja praticado de modo bem mais sadio sob a autoridade católica do que na anarquia pagã ou puritana. Por outro lado, todo esse ideal, embora inerente ao idealismo católico quando compreendido, é em alguns aspectos uma questão totalmente secundária. Não é o princípio essencial da filosofia católica, mas apenas uma dedução particular a partir da ética católica. E quando começamos a falar de filosofia primária, percebemos a completa e total contradição entre o monge que jejua e o faquir que se pendura em ganchos.

Ora, ninguém começará a compreender a filosofia tomista, ou a filosofia católica, sem perceber que a parte primária e fundamental dela é o louvor à vida, o louvor ao Ser, o louvor a Deus como o Criador do mundo. Tudo o mais vem bem depois disso, sendo condicionado por várias complicações como a queda ou a vocação de herói. O problema ocorre porque a mente católica se movimenta em dois planos: o da Criação e o da queda. O paralelo mais próximo é, por exemplo, o da Inglaterra invadida; poderia haver uma lei marcial estrita em Kent porque o inimigo desembarcou lá, e uma relativa liberdade em Hereford; mas isso não afetaria a afeição do patriota inglês por Hereford ou Kent, e o cuidado estratégico em Kent não afetaria o amor a Kent. Porque o amor à Inglaterra permaneceria, tanto nas partes a serem redimidas pela disciplina como nas partes a serem aproveitadas em liberdade. Todo extremo de ascetismo católico é uma precaução sábia, ou tola, contra o mal da queda; *nunca* é uma dúvida sobre a bondade da Criação. E é *aí* que o ascetismo de fato se diferencia, não só da excentricidade bem excessiva do cavalheiro que se pendura num gancho, como também de toda a teoria cósmica que é o gancho em que ele se pendura. No caso de muitas religiões orientais, é inegável que o ascetismo é pessimismo, que o ascético se tortura até a morte por causa de um ódio abstrato à vida; que ele não pretende só controlar a natureza como deve, mas contrariá-la o máximo que puder. E, embora isso assuma uma forma mais suave do que os ganchos em milhões de pessoas religiosas da Ásia, poucos se dão conta de que o dogma da negação da vida de fato prevalece como um primeiro princípio numa escala tão ampla. Uma forma histórica que isso assumiu foi a daqueles grandes inimigos do cristianismo desde o começo: os maniqueus.

O que se chama de filosofia maniqueísta tem assumido muitas formas; na verdade, essa filosofia tem atacado o que é imortal e imutável com um tipo bem curioso de mutabilidade imortal. É como a lenda do mágico que se transforma numa cobra ou numa nuvem; e há nisso tudo um toque de irresponsabilidade que é difícil classificar, um toque que pertence a boa parte da metafísica e da moral da Ásia, de onde veio o mistério maniqueísta. Mas sempre é, de uma maneira ou de outra, a idéia de que a natureza é ruim, ou de que o mal ao menos está ligado à natureza. O essencial é que, assim como tem raízes na natureza, o mal tem seus direitos na natureza. O errado tem tanto direito de existir quanto o certo. Como já dissemos, essa noção assumiu muitas formas. Às vezes, era um dualismo que fazia do mal e do bem parceiros iguais, de modo que nenhum podia ser chamado de usurpador. O mais comum era a idéia geral de que os demônios fizeram o mundo material e de que, se havia espíritos bons, sua preocupação exclusiva era o mundo espiritual. Mais tarde, mais uma vez, tomou a forma do calvinismo, que dizia que Deus fizera realmente o mundo, mas de uma maneira especial, gerando tanto o mal como o bem: Deus criara uma vontade ruim e um mundo mau. De acordo com essa idéia, se um homem optar por condenar sua alma ainda vivo, esse homem não estará contrariando, e sim realizando a vontade de Deus. Nessas duas formas, a do gnosticismo anterior e a do calvinismo posterior, vemos a variedade superficial e a unidade fundamental do maniqueísmo. Os antigos maniqueus ensinavam que Satanás foi a origem de toda a obra de criação que se costuma atribuir a Deus. Os novos calvinistas ensinaram que Deus é a origem de todo o trabalho de danação comumente atribuído a Satanás. Um olhou para trás, para o primeiro dia em que um demônio agiu como um deus, e o outro olhou para a frente, para um último dia em que um deus agiu como um demônio. Mas um e outro tinham a idéia de que o criador da terra era essencialmente o criador do mal, fosse ele chamado de demônio ou de deus.

Mas, uma vez que existe um bom número de maniqueístas entre os modernos, como veremos num instante, alguns podem concordar com

Procissão do apocalipse. Ilustração de Gustave Dorè para *a Divina Comédia* de Dante.

essa idéia, outros podem ficar intrigados com ela e outros ainda talvez estranhem o fato de nos opormos a ela. Para se compreender a controvérsia medieval, é preciso dizer algo sobre a doutrina católica, algo que é tão moderno quanto medieval. A afirmação de que "Deus olhou todas as coisas e viu que eram boas" contém uma sutileza que o pessimismo popular não consegue perceber ou é muito apressado para fazê-lo. Tratase da tese de que não há coisas ruins, mas apenas usos ruins das coisas. Se se preferir, não há coisas ruins, mas somente maus pensamentos; e especialmente más intenções. Só os calvinistas podem acreditar que o inferno está mesmo cheio de boas intenções. É justamente de boas intenções que o inferno não pode estar cheio. Mas é possível ter más intenções com relação a coisas boas; e as coisas boas, como o mundo e a carne, foram distorcidas por uma má intenção chamada demônio. Mas o demônio não pode tornar as *coisas* ruins; as coisas permanecem como no primeiro dia da criação. Só a obra do céu foi material, a criação de um mundo material. A obra do inferno é inteiramente espiritual.

Esse erro teve então muitas formas; mas, de modo especial, como quase todo erro, teve duas formas, uma mais declarada, que estava fora da Igreja e a atacava, e uma mais disfarçada, que estava dentro da Igreja e a corrompia. Nunca houve uma época em que a Igreja não estivesse dividida entre essa invasão e essa traição. Foi o que aconteceu, por exemplo, na época vitoriana. A "competição" darwiniana, no comércio ou no conflito entre as raças, foi tão terrível quanto um ataque ateu, no século XIX, assim como o movimento russo bolchevique de negação de Deus no século XX. Louvar a prosperidade bruta, admirar os milionários mais sujos que acumularam trigo trapaceando, falar sobre os "não capazes" (imitando o pensador científico que acabaria com eles porque não consegue nem mesmo acabar sua própria frase — incapazes para quê?) —, tudo isso é simples e abertamente tão anticristão quanto a missa negra. Mas alguns católicos fracos e mundanos usaram de fato esse argumento distorcido como sua primeira e bem fraca resistência ao socialismo. Eles fizeram isso pelo menos até que a grande encíclica do papa sobre os direitos do trabalhador desse um basta a todo esse absurdo. O mal sempre está tanto dentro quanto fora da Igreja, mas de uma forma mais forte fora e de uma forma mais suave dentro dela. E assim aconteceu, mais uma vez, no século XVII, quando havia o calvinismo fora e o jansenismo dentro. E assim foi no século XIII, quando o perigo externo evidente foi a revolução dos albigenses, mas o perigo potencial interno era o próprio tradicionalismo dos agostinianos. Porque os agostinianos não vinham só de Agostinho, e Agostinho vinha em parte de Platão, e

Platão estava certo, mas não muito. É um fato matemático que uma linha que não seja perfeitamente dirigida para um ponto se afastará dele à medida que se aproximar dele. Depois de mil anos de linha estendida, o cálculo errado do platonismo chegara bem perto do maniqueísmo.

Os erros populares são quase sempre certos. Eles quase sempre se referem a alguma realidade última com relação à qual os que os corrigem estão eles mesmos errados. É muito estranho que o "amor platônico" tenha passado a significar para os iletrados algo bem mais puro e limpo do que significa para os letrados. Mas mesmo quem percebe que o grande mal grego pode muito bem realizar essa perversidade, muitas vezes parte do tipo errado de pureza. Ora, a mentira mais profunda dos maniqueus foi identificar a pureza com a esterilidade. Isso está num contraste singular com a linguagem de São Tomás, que sempre liga a pureza à produção de frutos, seja natural ou sobrenatural. E, de maneira bastante estranha, como eu disse, continua a haver uma espécie de realidade no coloquialismo vulgar que diz que o namoro de Carlos e Maria é "bem platônico". É verdade que, bem longe da perversão local, havia em Platão uma espécie de idéia de que as pessoas estariam melhor sem o corpo, que suas mentes poderiam voar e se encontrar no céu num casamento puramente intelectual, como querubins num quadro. A fase última da filosofia "platônica" foi o que levou o pobre D. H. Lawrence a falar bobagem, e ele provavelmente não sabia que a doutrina católica do casamento diria boa parte do que ele disse sem falar bobagens. Seja como for, é historicamente importante ver que o amor platônico de certa maneira distorceu tanto o amor humano como o amor divino, na teoria dos primeiros teólogos. Muitos homens medievais, que negariam indignados a doutrina albigense da esterilidade, ainda assim se encontravam num estado emocional de abandonar o corpo em desespero; e alguns deles estavam mesmo prestes a abandonar tudo em desespero.

Na verdade, isso esclarece vividamente a estupidez provinciana dos que se opõem ao que chamam de "credos e dogmas". Foram justamente o credo e o dogma que salvaram a sanidade do mundo. Essas pessoas em geral propõem uma religião alternativa baseada na intuição e nos sentimentos. Se, na Idade realmente das Trevas, houvesse uma religião do sentimento, ela teria sido uma religião do sentimento sombrio e suicida. Foi o credo rígido que resistiu ao ataque do sentimento suicida. Os críticos do ascetismo provavelmente têm razão ao supor que muitos eremitas ocidentais de fato *se sentiram* como um faquir oriental. Mas o eremita não podia de fato *pensar* como um faquir oriental porque era um católico ortodoxo. E o que manteve seu pensamento em contato com um pensamento mais saudável e mais humanista foi simplesmente e somente o dogma. Ele não podia negar que um Deus bom criara o mundo normal e natural, nem podia dizer que o demônio fez o mundo, porque não era um maniqueísta. Mil entusiastas do celibato, na época da grande corrida para o deserto ou a clausura, poderiam ter considerado o casamento um pecado, se só tivessem considerado seus ideais individuais, à maneira moderna, e seus próprios sentimentos imediatos com relação ao casamento. Felizmente, eles tinham de aceitar a autoridade da Igreja, que dissera de uma vez por todas que o casamento não era um pecado. Uma religião emocional moderna poderia a qualquer momento ter transfor-

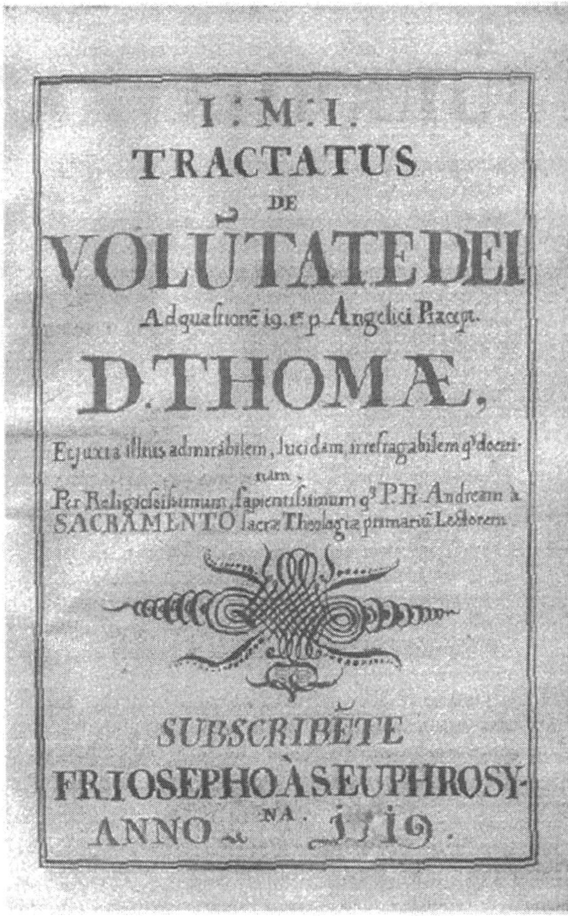
I : M : I.
TRACTATUS
DE
VOLŪTATE DEI
Ad quæstionē 19. 1ª p. Angelici Præcept.
D. THOMÆ,
Ejusq illius admirabilem, lucidam, irrefragabilemq doctrinam.
Per Religiosissimum, sapientissimumq P. F. Andream à SACRAMENTO sacræ Theologiæ primarium Lectorem.
SUBSCRIBĒTE
FR. IOSEPHO À S. EUPHROSYNA
ANNO 1719.

Edição manuscrita de *Summa Theologica.*

mado o catolicismo em maniqueísmo. Mas quando a religião teria enlouquecido os homens, a teologia os conservou sãos.

Nesse sentido, Tomás de Aquino se destaca simplesmente como o grande teólogo ortodoxo, aquele que lembrou aos homens o credo da Criação quando muitos deles ainda estavam com o estado de espírito da mera destruição. É inútil que os críticos do medievalismo citem cem frases medievais que possam ser classificadas como mero pessimismo se eles não compreenderem o fato central: os homens medievais não se incomodavam em ser medievais e não aceitavam a autoridade de um estado de espírito, porque era a melancolia, mas davam muita importância à ortodoxia, que não é um estado de espírito. Foi porque São Tomás conseguiu *provar* que sua glorificação do Criador e da alegria criadora d'Ele era mais ortodoxa do que qualquer pessimismo atmosférico que ele dominou a Igreja e o mundo, que aceitaram essa verdade como um teste. Mas, quando se admite essa importância imensa e impessoal, pode-se concordar que nela havia também um elemento pessoal. Tal como a maioria dos grandes mestres religiosos, São Tomás estava individualmente apto para realizar a tarefa que Deus o encarregara de realizar. Podemos, se quisermos, dizer que esse talento era instintivo; podemos até descer ao ponto de considerá-lo parte de seu temperamento.

Todos os que tentam tornar popular um filósofo medieval têm de usar uma linguagem bastante moderna e bastante não filosófica. E isso não é menosprezar a modernidade, mas deve-se ao fato de os modernos lidarem muito com estados de espírito e emoções, especialmente nas artes, de terem desenvolvido um vocabulário amplo, mas indefinido, que trata mais da atmosfera do que de atitudes ou posições reais. Como se observou em outro lugar, mesmo os filósofos modernos se parecem mais com os poetas modernos, pois eles dão um matiz individual até à verdade e muitas vezes olham a vida através de óculos de cores estranhas. Dizer que Schopenhauer via as coisas com óculos escuros ou que William

James, psicólogo e filósofo americano, tinha uma visão bastante cor-de-rosa da vida, muitas vezes diz mais do que chamar o primeiro de pessimista ou o segundo de pragmático. Essa invasão moderna dos estados de espírito tem o seu valor, embora os modernos o aumentem demais. Do mesmo modo, a lógica medieval tinha o seu valor, embora fosse valorizada demais no final da Idade Média. Mas o que interessa é que, para explicar os medievais aos modernos, temos muitas vezes de usar essa linguagem moderna dos estados de espírito. Do contrário, ninguém vai perceber o personagem, por causa de certos preconceitos e ignorâncias sobre todos os personagens medievais. Ora, há algo que percorre toda a obra de São Tomás de Aquino como uma grande luz, algo bem elementar e talvez inconsciente para ele, e que poderia ter passado como uma qualidade pessoal irrelevante, algo que agora só pode ser expresso por um termo jornalístico bastante pobre que Tomás de Aquino provavelmente teria considerado bastante sem sentido.

Mesmo assim, a única palavra que funciona para essa atmosfera é otimismo. Sei que a palavra está agora bem mais desgastada do que esteve no século XIX. Os homens têm falado ultimamente sobre ser otimistas com relação à questão da guerra; falam agora de ser otimistas com relação à recuperação do comércio; podem falar amanhã de ser otimistas a respeito do torneio internacional de tênis de mesa. Mas os homens da época vitoriana diziam um pouco mais do que isso ao aplicar a palavra otimista para se referir ao poeta inglês Robert Browning, a Robert Louis Stevenson ou ao poeta norte-americano Walt Whitman. E, num sentido bem mais amplo e mais luminoso do que no caso desses homens, o termo se aplicava plenamente a Tomás de Aquino. Ele de fato acreditava, com a mais sólida e colossal convicção, na vida, e em algo parecido com o que Stevenson chamou de o grande teorema da capacidade de viver a vida. Isso de algum modo transparece desde suas primeiras frases sobre a realidade do ser. Se o intelectual mórbido do Renascimento su-

São Tomás de Aquino e São Boaventura diante da cruz, Zurbaran.

postamente diz: "Ser ou não ser — eis a questão" o doutor medieval maciço com toda a certeza replica, com voz de trovão: "Ser — eis a resposta". Isso é importante; não é de admirar que muitos falem da Renascença como a época em que certos homens começaram a acreditar na vida. A verdade é que foi a época em que alguns homens começaram, pela primeira vez, a não acreditar nela. Os homens da Idade Média haviam imposto muitas restrições, algumas excessivas, à fome universal humana, e mesmo à fúria, de vida. Essas restrições foram expressas muitas vezes com raiva e fanatismo, com os termos empregados por pessoas que resistiam a uma grande força natural: a força de homens que desejavam viver. Antes do início do pensamento moderno, esses homens nunca tiveram de lutar efetivamente contra pessoas que desejavam morrer. Esse horror ameaçou-os no albigensianismo asiático, mas nunca se tornou normal para eles — até agora.

Mas esse fato se torna evidente quando comparamos o mais grandioso dos filósofos cristãos com os únicos homens que eram de certo modo iguais a ele ou capazes de ser seus rivais. Eram pessoas com as quais Tomás de Aquino nunca discutira diretamente; ele nunca vira a maioria deles, e de alguns sequer ouvira falar. Platão e Agostinho eram os dois únicos com os quais ele poderia discutir tal como o fazia com São Boaventura ou mesmo com Averróis. Mas temos de procurar em outro lugar seus verdadeiros rivais, e os únicos rivais verdadeiros da teoria católica. Eles são as principais figuras dos grandes sistemas pagãos; alguns são muito antigos e outros bastante modernos, como Buda de um lado e Nietzsche do outro. É quando vemos a figura gigantesca de São Tomás contra esse vasto e cósmico pano de fundo que percebemos, em primeiro lugar, que ele foi o único teólogo otimista e, em segundo, que o catolicismo é a única teologia otimista. É possível criar algo mais suave e mais amigável a partir da dissolução da teologia e da mistura crença com tudo o que a contradiz, mas, entre crenças cósmicas coerentes, o catolicismo é a única que está inteiramente do lado da vida.

A religião comparada de fato nos permitiu comparar religiões — e refutá-las. Há cinqüenta anos, ela procurou provar que todas as religiões eram mais ou menos iguais, demonstrando que todas eram igualmente valiosas e que todas eram igualmente sem valor. A partir de então, esse processo científico começou de repente a ser científico, e descobriu as profundezas dos abismos e também as alturas das colinas. Trata-se com efeito de uma excelente melhoria o fato de pessoas sinceramente religiosas respeitarem umas às outras. Mas o respeito descobriu a diferença onde o desdém conhecia apenas a indiferença. Quanto mais apreciamos o nobre desgosto e renúncia de Buda, tanto mais vemos que, intelectualmente, tratou-se do inverso e quase do contrário da salvação do mundo por Cristo. O cristão escaparia do mundo para o universo; o budista deseja escapar do universo bem mais do que deseja escapar do mundo. Um se descriaria; o outro voltaria à sua Criação: ao seu Criador. Na verdade, a árvore da vida budista foi tão genuinamente o inverso da idéia da cruz que há alguma desculpa para o fato de se colocarem as duas coisas lado a lado como se tivessem igual significado. Elas são em certo sentido paralelas e iguais, como um promontório e um buraco imenso, como um vale e uma colina. Há um sentido em que aquele desespero sublime é a única alternativa para aquela audácia divina. É até certo que o homem verdadeiramente espiritual e intelectual vê as duas como uma espécie de dilema; uma escolha muito difícil e terrível. Há poucas outras coisas na terra que podem se comparar a essas coisas de maneira tão completa. E quem não escalar a montanha de Cristo cairá de fato no abismo de Buda.

O mesmo se aplica, de uma maneira menos lúcida e digna, à maioria das outras alternativas da humanidade pagã; quase todas são sugadas de volta para o redemoinho de repetição que todos os antigos conheciam. Quase todos retornam à idéia do retorno. Foi isso o que Buda descreveu tão sombriamente como a roda do sofrimento. É verdade que o tipo de repetição que Buda descreveu como a roda do sofrimento o pobre Nietzsche conseguiu de fato descrever como a gaia ciência. Posso apenas dizer que, se a mera repetição era sua idéia de gaia ciência, gostaria de saber qual era sua concepção da triste ciência. Mas, de fato, no caso de Nietzsche, isso não ocorreu no momento de sua ruptura, mas no momento de seu colapso. Veio no final da vida, quando ele estava próximo de perder a razão; e é de fato bastante contrário às suas inspirações anteriores e mais elaboradas da liberdade desenfreada ou da inovação fresca e criativa. Uma vez pelo menos Nietzsche tentou causar uma ruptura, mas ele também apenas se quebrou — na roda.

Sozinha na terra, e elevada e liberta de todas as rodas e redemoinhos da terra, apresenta-se a fé de São Tomás; pesada e balanceada na verdade com mais do que a metafísica oriental e mais do que a pompa e as exibições pagãs; porém vital e vividamente sozinha em declarar que a vida é uma história viva com um grande começo e um grande fim, uma história cujas raízes estão na alegria primordial de Deus e que encontra sua realização na felicidade final da humanidade; uma história que começa com o colossal coro em que os filhos de Deus gritaram de alegria, e termina com a camaradagem mística mostrada de maneira não muito clara nas antigas palavras que se movimentam como uma dança arcaica: "Porque Ele se deleita com os filhos dos homens".

O destino deste esboço é ser um esboço sobre filosofia, insuficiente ou bastante pobre sobre a teologia, e capaz de conseguir pouco mais do que um silêncio decente sobre a questão da santidade. Mesmo assim, temos de repetir neste livrinho, e temos de fazê-lo com alguma monotonia, que, nessa história, a filosofia realmente depende da teologia e a teologia realmente depende da santidade. Em outras palavras, precisamos repetir o que enfatizamos no primeiro capítulo: essa grande criação intelectual foi uma criação cristã e católica, e não pode ser entendida como outra coisa. Foi Tomás de Aquino que batizou Aristóteles, ao passo que Aristóteles não poderia ter batizado Tomás de Aquino; foi um milagre puramente cristão que trouxe o grande pagão dos mortos. E isso é provado de três maneiras (como o próprio São Tomás poderia dizer), que é bom resumir como uma espécie de sumário deste livro.

Em primeiro lugar, na vida de São Tomás, é provado pelo fato de que só sua imensa e sólida ortodoxia poderia ter suportado tantas coisas que na época pareciam heterodoxas. A caridade abarca um grande número de pecados e, nesse sentido, a ortodoxia abrange um grande número de heresias ou de coisas apressadamente confundidas com heresias. Foi precisamente porque seu catolicismo pessoal era tão convincente que seu aristotelismo impessoal mereceu o benefício da dúvida. Ele não sentiu o cheiro da fogueira porque sentira o cheiro do pedaço de madeira ardente que ele apanhara tão instantânea e instintivamente ao ver sua ética católica essencial sofrer um verdadeiro ataque. Uma frase moderna tipicamente cínica fala do homem que é tão bom que não é bom para nada. São Tomás era tão bom que era bom para tudo, que sua autoridade sustentava aquilo que outros consideravam as especulações mais descontroladas e atrevidas que acabavam no culto do nada. Se batizou ou não Aristóteles, ele foi de fato o padrinho de Aristóteles, foi seu patrocinador; ele jurou que esse grego antigo não faria nenhum mal, e o mundo inteiro confiou em sua palavra.

Em segundo lugar, é provado na filosofia de São Tomás, provado pelo fato de que tudo dependia da nova *motivação* cristã de estudo dos fatos, diferenciados de verdades. A filosofia tomista começou com as raízes mais baixas do pensamento, os sentidos e os truísmos da razão; e um sábio pagão poderia ter desprezado essas coisas tal como desprezou as artes servis. Mas o materialismo, que é mero cinismo no pagão, pode ser humildade cristã no cristão. São Tomás queria começar registrando os fatos e sensações do mundo material, da mesma maneira como estaria disposto a começar lavando as travessas e os pratos do mosteiro. A essência de seu aristotelismo era que, mesmo que o senso comum sobre as coisas concretas fosse de fato uma espécie de trabalho servil, ele não se envergonharia de ser *servus servorum Dei*. Entre os pagãos, o mero cético poderia se tornar o mero cínico — Diógenes, que morava num barril, sempre demonstrava grande vigor no que fazia, mas mesmo a sujeira dos cínicos foi dignificada no pó e nas cinzas entre os santos. Se desprezarmos isso, desprezamos todo o sentido da maior revolução da história. Houve uma nova *motivação* para começar com as coisas mais materiais e até com as piores coisas.

Ressureição de Cristo. Gravura medieval, 1470.

Em terceiro lugar, é provado na teologia de São Tomás, pela tremenda verdade que sustenta toda essa teologia, ou qualquer outra teologia cristã. Havia de fato uma nova razão para considerar os sentidos, as sensações do corpo e as experiências do homem comum com uma reverência que teria deixado o grande Aristóteles boquiaberto, e nenhum homem do mundo antigo poderia ter começado a compreender. O corpo já não era o que fora quando Platão, Porfírio e os antigos místicos o haviam abandonado por considerá-lo morto. O corpo estava pendurado numa forca. Ele foi arrancado de um túmulo. Já não era possível para a alma desprezar os sentidos, que vinham sendo os órgãos de algo que era mais do que o homem. Platão podia desprezar a carne, mas Deus não a desprezara. Os sentidos tinham de fato sido santificados, tal como são abençoados, um por um, num batismo católico. "Ver é crer" deixou de ser a afirmação óbvia de um mero idiota ou de um homem comum, como fora no mundo de Platão; estava agora combinado com reais condições para uma crença real. Esses espelhos girantes que enviam mensagens ao cérebro do homem, essa luz que penetra o cérebro, de fato haviam revelado ao próprio Deus o caminho para Betânia ou a luz na rocha alta de Jerusalém. Os ouvidos em que ressoam ruídos comuns tinham relatado também, ao conhecimento secreto de Deus, o ruído da multidão que estendia as mãos e a multidão que gritava pela crucificação. Depois que a encarnação se tornou a idéia central de nossa civilização, era inevitável que houvesse uma volta ao materialismo, materialismo no sentido do valor sério da matéria e da composição do corpo. Onde Cristo um dia ressuscitara, era inevitável que Aristóteles também ressuscitasse.

Essas são três razões reais, e bastante suficientes, para o apoio geral dado pelo santo a uma filosofia sólida e objetiva. E no entanto havia algo mais, bastante amplo e indefinido, a que eu tentei dar uma fraca expressão por meio da interposição deste capítulo. É difícil exprimir esse elemento de modo pleno sem o terrível perigo de ser popular, ou daquilo que os modernistas muito erroneamente imaginam ser popular; em resumo, o perigo da passagem da religião à religiosidade. Mas há um tom e um temperamento geral de Tomás de Aquino que é tão difícil de evitar como a luz do dia numa grande casa cheia de janelas. Trata-se da posição *positiva* de sua mente, que se acha repleta e empapada de luz do sol com o calor do prodígio das coisas criadas. Há uma certa ousadia particular, em sua comunhão, através da qual os homens adicionam aos seus nomes privados os títulos tremendos da trindade e da redenção; de modo que uma freira possa ser chamada "do Espírito Santo" ou um homem suportar o peso do título de São João da Cruz. Nesse sentido, o homem que estudamos pode ser chamado especialmente São Tomás do Criador. Os árabes têm uma frase que alude aos cem nomes de Deus; mas eles também herdam a tradição de um nome tremendo que não pode ser dito porque exprime o próprio Ser, um nome mudo e no entanto tenebroso como um grito inaudível instantâneo: a proclamação do absoluto. E talvez nenhum outro homem além de São Tomás tenha chegado tão perto de chamar o Criador por Seu próprio nome, que só pode ser escrito Eu Sou.

Capítulo V

A VIDA REAL DE SÃO TOMÁS

São Tomás ensinando. Afresco.

Neste ponto, mesmo um esboço tão rudimentar e superficial de um grande santo envolve a necessidade de escrever algo que não é compatível com o resto, algo que é importante e ao mesmo tempo impossível escrever. Um santo pode ser qualquer tipo de homem, com uma qualidade adicional que é simultaneamente ímpar e universal. Podemos até dizer que o que distingue o santo dos homens comuns, "ordinários", é sua disposição para se integrar ao aos homens comuns. Nesse sentido, a palavra "ordinário" tem de ser compreendida em seu sentido original e nobre, que está ligada à palavra "ordem". Um santo está bem longe de todo desejo de distinção; ele é o único tipo de homem superior que nunca foi uma pessoa superior. Mas tudo isso vem de um grande fato central, que o santo não se permite chamar de privilégio, mas que é, por sua própria natureza, uma espécie de privacidade; e, nesse sentido, quase uma forma de propriedade privada. Tal como ocorre com toda propriedade privada concreta, basta ao santo possuí-la; ele não deseja limitar o número de pessoas que a possuem. Ele está sempre tentando escondê-la, com um tipo de polidez celestial; e Tomás de Aquino tentou escondê-la mais do que a maioria. Para alcançá-la, na medida em que podemos fazê-lo, será melhor começar com as camadas superiores, e atingir o que estava no interior a partir do que era mais perceptível no exterior.

São Tomás com Nossa Senhora e o menino Jesus. Afresco.

É de fato bem mais fácil ressuscitar a aparência ou a presença corporal de São Tomás de Aquino do que a de muitos que viveram antes da época da pintura de retratos. Afirma-se que em seu ser ou porte corporal havia pouco do italiano; mas isso é, na melhor das hipóteses, ao menos na minha fantasia, uma comparação inconsciente entre São Tomás e São Francisco, e, na pior, apenas uma comparação entre ele e as lendas apressadas de vivazes tocadores de realejo e incendiários homens insensíveis. Nem todos os italianos são vivazes tocadores de realejo, e bem poucos italianos são como São Francisco. Uma nação nunca é um tipo, mas é quase sempre uma mistura de dois ou três tipos grosseiramente reconhecíveis. São Tomás era de um certo tipo, que não é tão comum na Itália quanto comum a italianos incomuns. Sua figura tornava fácil considerá-lo jocosamente como o tipo de barril ambulante comum nas comédias de muitas nações; ele até brincava com isso. Pode ser que ele, e não algum irado adepto dos partidos agostinianos ou árabes, tenha sido o autor do sublime exagero de que tiveram de cortar uma meia-lua da mesa onde Tomás fazia as refeições para permitir que ele se sentasse. É bem verdade que isso era um exagero, e que era mais percebido por sua estatura que por sua corpulência, mas, acima de tudo, é inegável que sua cabeça era imponente o bastante para dominar seu corpo. E sua cabeça era de um tipo bem real e reconhecível, a julgar pelos retratos tradicionais e pelas descrições pessoais que faziam dele. Era o tipo de cabeça que trazia um queixo e mandíbulas pronunciados, um nariz romano e as sobrancelhas grandes mas quase desprovidas de pêlos, que, apesar de sua plenitude, também dão uma curiosa impressão côncava de ocos aqui e ali, como cavernas de pensamento. Napoleão trazia essa cabeça sobre um corpo pequeno. Mussolini a trazia sobre um corpo bem mais alto mas igualmente ativo. Essa cabeça pode ser vista nos bustos de vários imperadores romanos e, de vez em quando, na testa de um desgastado garçom italiano; mas esse garçom em geral ocupa um lugar de comando. É tão inconfundível o tipo que não posso deixar de pensar que o mais vívido vilão da ficção leve, na história sensacionalista vitoriana chamada *A Mulher de Branco*, foi esboçado na verdade por Wilkie Collins a partir de um conde italiano real; ele representa um completo contraste com o vilão convencional obeso, de pele escurecida e gesticulante que os vitorianos costumavam apresentar como um conde italiano. O conde Fosco, podem alguns lembrar (espero), era um calmo, corpulento e colossal cavalheiro de cabeça exatamente igual a um busto de Napoleão maior do que ele era na realidade. Ele pode ter sido um vilão melodramático, mas era um italiano bem convincente — desse tipo. Se nos lembrarmos de suas maneiras tranqüilas, bem como do excelente senso comum de suas palavras e ações exteriores de todos os dias, provavelmente teremos uma mera imagem material do tipo de Tomás de Aquino; basta apenas o ligeiro esforço de fé necessário para imaginar o conde Fosco transformado de repente em santo.

Os quadros de São Tomás, embora alguns deles tenham sido pintados bem depois de sua morte, são todos, evidentemente, do mesmo homem. Ele se apóia desafiadoramente, com a cabeça napoleônica e o escuro

Disputa sobre o Sacramento, Rafael. Afresco, 1510-11, Vaticano.

volume do corpo, no quadro de Rafael "Disputa sobre o Sacramento". Um retrato feito por Guirlandajo (Domenico Bigordi — 1449-1494) enfatiza um ponto que revela o que pode ser chamado a qualidade italiana negligenciada que havia no homem. Enfatiza também pontos que são muito importantes no místico e no filósofo. É universalmente atestado que Tomás de Aquino era o que se costuma chamar um homem distraído. Trata-se de um tipo muitas vezes representado na pintura, humorística ou séria, mas quase sempre de uma entre duas ou três maneiras convencionais. Às vezes a expressão dos olhos é simplesmente vazia, como se a distração na verdade significasse uma ausência permanente. Outras vezes, o tipo é representado mais respeitosamente com uma expressão nostálgica, como se ansiasse por algo que está bem longe, algo que ele não pode ver e só pode desejar fracamente. Observe os olhos do retrato de São Tomás feito por Guirlandajo e você verá uma notável diferença. Embora estejam de fato completamente afastados do ambiente imediato, de modo que o vaso de flores que está acima da cabeça do filósofo poderia cair nela sem atrair sua atenção, os olhos não são nem um pouco nostálgicos, e muito menos vazios. Arde neles um fogo de excitação interior instantânea; são olhos vívidos e bem italianos. O homem está pensando em alguma coisa, e alguma coisa em situação crítica, e não em nada ou em qualquer coisa; ou, o que é quase pior, em tudo. Devia haver em seus olhos essa vigilância em fogo brando no momento anterior àquele em que ele bateu o punho na mesa e deixou espantados os que lotavam o salão de banquete do rei.

Madona e filho entre anjos e santos, Domenico Bigordi. Têmpera sobre painel, 1486, Galleria degli Ufizzi, Florença.

A partir dos hábitos pessoais que acompanham a compleição física pessoal, também temos algumas impressões convincentes e confirmatórias. Quando não se sentava imóvel, lendo um livro, Tomás de Aquino ficava dando a volta no claustro, andando depressa e mesmo furiosamente — uma ação bastante característica de homens que travam suas batalhas na mente. Sempre que era interrompido, mostrava-se muito educado e pedia mais desculpas do que a pessoa que se desculpava por interrompê-lo. Havia porém nele algo que sugeria que ficava bem mais feliz quando não era interrompido. Estava pronto a interromper suas caminhadas verdadeiramente peripatéticas, como Aristóteles. Mas sentimos que, quando voltava a andar, ele o fazia com ainda maior rapidez.

Tudo isso sugere que sua distração superficial, aquilo que o mundo via, era de um certo tipo. Pode ser bom compreender essa qualidade, porque há vários tipos de distração, incluindo a de alguns poetas e intelectuais pretensiosos nos quais a mente nunca se deu muito a perceber. Há a abstração do contemplativo, seja ele o tipo verdadeiro de cristão contemplativo, que contempla alguma coisa, ou o tipo errado de contemplativo oriental, que contempla o nada. Obviamente, São Tomás não era um místico budista; mas não creio que seus momentos de distração se parecessem mesmo com os de um místico cristão. Se tinha transes de verdadeiro misticismo cristão, ele tomava um cuidado especial para que *eles* não ocorressem à mesa dos outros. Creio que Tomás tinha o tipo de transe absorto, que é mais próprio do homem prático que do homem inteiramente místico. Ele usa a conhecida distinção entre a vida ativa e a vida contemplativa, mas, nos casos que aqui nos interessam, acredito que mesmo sua vida contemplativa era uma vida ativa. Ela nada tinha que ver com sua vida superior no sentido de santidade último. Lembra-nos antes que Napoleão ficava visivelmente entediado na ópera e mais tarde confessava que estava pensando em como fazer chegar três destacamentos a Frankfurt para combinar com os dois destacamentos que estavam em Colônia. Assim, no caso de Tomás de Aquino, se os sonhos que ele tinha acordado durante o dia eram sonhos, tratava-se de sonhos do dia, e sonhos do dia da batalha. Se falava consigo mesmo, era porque estava discutindo com outra pessoa. Podemos explicar de outra maneira, dizendo que seus sonhos despertos, tal como os sonhos de um cão, eram sonhos de caçada; sonhos de perseguir tanto o erro como a verdade, isto é, seguir todos os desvios e torneios da falsidade evasiva, acabando por localizá-la finalmente em sua toca no inferno. Ele teria sido o primeiro a admitir que o pensador errôneo provavelmente ficaria mais surpreso ao saber de onde veio seu pensamento do que qualquer outra pessoa em descobrir para onde esse pensamento foi. Mas Tomás de Aquino certamente tinha essa noção de *perseguir*, e milhares de erros e incompreensões deveram-se ao fato de "perseguir" no sentido de "procurar por algo", ser designado em latim pela palavra *persecutio*, perseguição. Ninguém tinha menos do que ele as qualidades do que em geral se considera o temperamento de um perseguidor; mas ele tinha a qualidade que, em momentos de desespero, é muitas vezes levada a perseguir — mas simplesmente no sentido de que tudo vive em algum lugar e de que nada morre enquanto não morrer em sua própria casa. É bem verdade que algumas vezes, nesse sentido, ele é levado por urgentes sonhos de caça coberta de sombras mesmo em plena luz do dia. Mas ele era um sonhador ativo, se não era o que se costuma chamar de homem de ação; e, nessa caça, ele de fato devia ser incluído entre os *domini canes*, e sem dúvida o mais forte e mais magnânimo dos cães do céu.

Talvez muitos não compreendam a natureza desse tipo de distração. Mas, nesse caso, por infelicidade, muitos não compreendem a natureza de nenhum tipo de argumento. Para falar a verdade, acho que hoje há bem menos pessoas capazes de entender um argumento do que havia há vinte ou trinta anos; e São Tomás poderia ter preferido a sociedade dos ateus do começo do século XIX à dos céticos vazios do começo do século XX. Seja como for, uma das reais desvantagens do grande e glorioso esporte chamado argumentação é sua amplitude extraordinária. Se discutirmos com honestidade, como São Tomás sempre fazia, descobriremos que o assunto às vezes parece não ter fim. Ele estava bem consciente desse fato, como se vê em muitos lugares, por exemplo, ao argumentar que a maioria dos homens precisa de uma religião revelada porque não tem tempo para discutir. Quer dizer, não tem tempo para discutir de maneira justa. Sempre há tempo para discutir de maneira injusta, principalmente numa época como a nossa. Estando pessoalmente decidido a discutir, a discutir honestamente, a responder a todos, a tratar de tudo, Tomás de Aquino produziu livros em quantidade suficiente para afundar um navio ou encher uma biblioteca, ainda que tenha morrido com comparativamente pouca idade. É provável que não tivesse feito tudo isso se não estivesse pensando mesmo quando não estava escrevendo; mas, sobretudo, pensando *combativamente*. Isso, em seu caso, certamente não significava amargamente, desdenhosamente, nem impiedosamente, mas de fato significava combativamente. Para dizer a verdade, em geral o homem que não está pronto para discutir é aquele que está pronto para desdenhar. É por isso que na literatura recente tem havido tão pouca argumentação e tanto desdém.

Observamos que houve no máximo uma ou duas ocasiões em que São Tomás se permitiu fazer uma denúncia. Mas não há uma única ocasião em que ele se tenha permitido desdenhar. Não há melhor maneira de resumir seu caráter curiosamente simples e seu intelecto lúcido mais laborioso do que dizer que ele não sabia como desdenhar. Ele era, num duplo sentido, um aristocrata intelectual, mas nunca foi um esnobe intelectual. Tomás nunca se incomodou nem um pouco em saber se as pessoas com quem falava eram mais ou menos do tipo que o mundo considera que valha a pena falar; e, a partir das impressões de seus contemporâneos, evidencia-se que as pessoas que recebiam os fragmentos comuns de seu espírito ou sabedoria podiam ser tanto zés-ninguém como pessoas consideradas importantes, podiam ser tanto obtusos como perspicazes. Ele se interessava pela alma de todos os semelhantes, mas não estava nem um pouco preocupado em classificar a mente de nenhum deles. Num certo sentido, isso era demasiado pessoal e, em outro, arrogante demais, para sua mente e seu temperamento específicos. Tomás se interessava bastante pelo assunto sobre o qual falava, e talvez algumas vezes tenha falado durante um longo tempo, embora provavelmente se calasse por um tempo bem mais longo. Mas tinha todo o desprezo inconsciente que as pessoas verdadeiramente inteligentes têm pelos "inteligentes".

Tal como a maioria dos homens preocupados com os problemas comuns dos homens, Tomás de Aquino parece ter mantido uma considerável correspondência, sobretudo se levarmos em conta as dificuldades de se fazer isso em sua época. Temos registros de muitos casos em que pessoas que ele não conhecia lhe escreviam fazendo perguntas, algumas até bem ridículas. Ele respondia a todos com uma mistura peculiar de paciência e uma espécie de racionalidade que em algumas pessoas racionais tende a ser impaciência. Alguém, por exemplo, lhe perguntou se os nomes de todas as pessoas abençoadas estavam escritos num pergaminho exibido no céu. Tomás respondeu com uma incansável calma: "Pelo que posso perceber, isso não é verdade; mas dizer isso não causa nenhum prejuízo".

Fiz observações sobre o retrato de São Tomás realizado por um pintor italiano, quadro que o mostra alerta mesmo quando distraído e calado, mas como se estivesse prestes a falar. Quadros dessa grande tradição em geral estão repletos de pequenos toques que revelam uma imaginação bastante fértil. Refiro-me ao tipo de imaginação a que se referia o escritor e ensaísta inglês John Ruskin (que escreveu amplamente sobre pintura) ao dizer que, na cena da crucificação iluminada pelo sol pintada por Tintoretto, o rosto de Cristo é sombrio e indecifrável, mas o halo que circunda sua cabeça é estranhamente tênue e acinzentado como se tivesse a cor de cinzas. Seria difícil expressar com mais intensidade a idéia da própria divindade em eclipse. Há um toque, que talvez seja fantasia considerar igualmente significativo, no retrato de Tomás de Aquino. O artis-

Crucificação (detalhe), Tintoretto. Óleo, 1565, Scuola di San Rocco, Veneza.

ta, tendo conferido tanta vivacidade e alerta aos olhos, talvez tenha sentido que acentuara demais a concentração meramente combativa do santo; mas, seja como for, por alguma razão, ele registrou em seu peito um emblema bastante curioso, como uma espécie de terceiro olho simbólico e ciclópico. Pelo menos, não se trata de um sinal cristão normal, mas de algo mais parecido com o disco do sol como o que ostenta o rosto de um deus pagão; mas o rosto em si é sombrio e oculto, e só os raios que vêm dele formam um anel de fogo. Não sei se algum sentido tradicional foi relacionado com isso, mas seu sentido imaginativo é estranhamente adequado. Aquele sol secreto, escuro por excesso de luz, ou que só mostrava sua luz na iluminação dos outros, pode muito bem ser o emblema exato da vida interior e ideal do santo, que não estava oculta somente por suas palavras e ações exteriores, mas até mesmo escondida por seus silêncios e rompantes de reflexão meramente exteriores e automáticos. Em resumo, não se deve confundir esse desapego espiritual com o costume de Tomás de se absorver pensando em alguma coisa ou ficar muito tempo num estúdio na penumbra. Tomás era um homem que não dava a mínima importância a todas as críticas casuais de sua aparência casual, como o fazem tantos homens construídos com base num grande modelo masculino e que herdam inconscientemente um certo esplendor e largueza sociais. Mas, sob sua verdadeira vida de santidade, ele mantinha um grande segredo. Esse segredo na verdade costuma acompanhar a santidade, porque o santo tem um horror abissal a fazer as vezes do fariseu. Mas em Tomás de Aquino tratava-se de algo ainda mais sensível, aproximando-se do que muitos no mundo considerariam mórbido. Ele não se incomodava em ser apanhado devaneando por cima dos cálices de vinho do banquete do rei, porque se tratava apenas de dedicação a uma questão controversa. Mas, quando se mencionou a questão de uma visão sua de São Paulo, Tomás ficou realmente aflito com a possibilidade de ver o evento discutido, e por isso a história permanece um tanto incerta. Não é preciso dizer que seus seguidores e admiradores estavam tão ansiosos para reunir essas histórias estritamente miraculosas quanto ele para ocultá-las; e uma ou duas parecem ter sido preservadas com um conjunto razoavelmente sólido de provas. Mas certamente o mundo conhece muito menos histórias semelhantes sobre São Tomás do que as de muitos santos igualmente sinceros e modestos, mas menos preocupados com o zelo e menos sensíveis à publicidade.

A verdade é que, no que diz respeito a todas essas coisas, na vida e na morte, há uma espécie de enorme calma cercando São Tomás. Ele era uma daquelas coisas grandes que ocupam pouco espaço. Houve naturalmente certo furor acerca de seus milagres depois que ele morreu, e com relação ao seu sepultamento na época em que a Universidade de Paris desejava que isso ocorresse em suas dependências. Não conheço em detalhes a longa história de outros planos de sepultura, que acabaram com seus sagrados ossos sendo colocados na basílica de Saint Sernin, em Toulouse, na França; na própria base dos campos de batalha em que seus dominicanos venceram na guerra a pestilência do pessimismo vindo do Oriente. Mas, de alguma maneira, não é fácil pensar em seu santuário como cenário da devoção mais alegre, desordenada e vulgar, tanto em sua forma medieval como em sua forma moderna. Tomás estava bem longe de ser um puritano no sentido verdadeiro da palavra, e chegou a prever um feriado e um banquete para seus jovens amigos — ocasião que foi bastante festiva. A tendência de seus escritos, especialmente para a sua época, é razoável em seu reconhecimento da vida física; e ele se dá ao trabalho de dizer que os homens devem trazer variação à vida por meio de brincadeiras e até de travessuras. Mas, apesar de tudo isso, não há como vê-lo dotado de uma personalidade capaz de atrair multidões, ou o caminho para seu túmulo em Toulouse como uma longa rua cheia de tabernas, como a que leva ao túmulo do mártir inglês São Tomás Becket, na Cantuária. Creio que Tomás não gostava de barulho e havia até uma lenda de que não gostava de trovões, contrariada pelo fato de ele ter se mostrado sumamente calmo quando foi vítima de um naufrágio. Seja como for, e isso provavelmente estava relacionado com sua saúde, em certos aspectos sensível, ele com certeza era muito calmo. Temos a impressão de que precisamos tomar consciência de sua presença pouco a pouco, como tomamos consciência de um imenso pano de fundo.

Basílica de Saint Sernin, Toulouse.

Aqui, se este ligeiro esboço puder estar à altura de seu tema, devemos mostrar algo daquela estupenda certeza diante da qual todas as suas bibliotecas de filosofia, e mesmo de teologia, não passavam de um monte de panfletos. É certo que isso estava em Tomás desde o início, na forma de convicção, bem antes de ter começado a se configurar como controvérsia. Tratava-se de algo muito vívido em sua infância; e as circunstâncias de sua vida foram exatamente aquelas em que as histórias infantis muito provavelmente foram preservadas. Ele demonstrou desde o início aquela catolicidade realmente ortodoxa, a paixão impetuosa, impaciente, intolerante pelos pobres e até mesmo a disposição de se tornar um incômodo para os ricos ao dar vazão à sua fome de alimentar os famintos. Talvez isso nada tenha a ver com o intelectualismo de que mais tarde o acusaram, e menos ainda com qualquer hábito de uso da dialética. Parece improvável que, aos seis anos de idade, Tomás tivesse alguma pretensão de responder a Averróis ou soubesse o que é a causa eficiente, ou mesmo tivesse elaborado, como fez mais tarde, toda a teoria segundo a qual o amor que o homem tem por si mesmo é sincero, constante e tolerante, e deve ser transferido, intacto (se possível), ao seu amor ao próximo. Em tão tenra idade, Tomás de Aquino não entendia nada disso. Ele apenas fazia isso. Mas há em toda a atmosfera de suas ações uma espécie de convicção. É, por exemplo, bem característico daquele tipo de *ménage* aristocrática, que seus pais parecem ter rejeitado suavemente, se é que o fizeram, o seu costume de dar coisas a mendigos e vagabundos, um costume que seus empregados mais importantes rejeitavam ostensivamente.

A morte de São Tomás, Becket.

Ainda assim, se consideramos os acontecimentos da infância com a seriedade que eles merecem, podemos aprender algo com esse misterioso estado de inocência, que é a primeira e melhor fonte de todas as suas indignações posteriores. Podemos começar a entender por que, ao lado de sua mente cada vez maior, uma mente grande e bastante solitária, se desenvolveu constantemente uma ambição que era o inverso de tudo o que lhe dizia respeito. Podemos imaginar o que crescia sem cessar em seu interior, seja em protesto, em profecia ou em oração pela libertação, antes de ele ter assustado a família ao recusar não somente as obrigações da nobreza como todas as formas de ambição, inclusive a eclesiástica. Pode estar na infância de Tomás de Aquino o indício daquele primeiro grande salto que na idade adulta o levou da casa para a rua e o fez proclamar que também seria um mendigo.

Outra ocorrência constitui uma espécie de segundo vislumbre ou seqüência em que um incidente bem conhecido externamente também nos mostra algo interior. Após o incidente do pedaço de madeira ardente e da mulher que o tentou na torre, diz-se que Tomás teve um sonho, em que dois anjos o envolveram com uma corda de fogo, produzindo-lhe uma dor terrível, mas também uma força incrível que o fez acordar com um grande grito na escuridão. Esse episódio também está rodeado de algo muito vívido nas circunstâncias e provavelmente contém verdades que um dia será possível compreender melhor, quando padres e médicos tiverem aprendido a falar uns com os outros sem a desgastada etiqueta das negações do século XIX. Tal como o fez o médico, bem típico do século XIX, em *Armadale*[6], seria fácil interpretar o sonho relacionando-o a detalhes dos dias anteriores: a corda, como símbolo de sua luta para não ser privado do hábito de frade; a corrente de fogo que percorria os tapetes da noite, como representação da acha ardente que ele apanhara da lareira. Mas mesmo em *Armadale* o sonho também se realizava misticamente, e o sonho de São Tomás de fato se realizou de modo bastante místico. Porque, mesmo depois do incidente, sua natureza humana permaneceu

[6] Livro escrito pelo autor inglês William Wilkie Collins. [N.do T.]

incrivelmente imperturbável, embora com muita probabilidade a reviravolta que esse episódio provocou em sua humanidade normal tenha sido grande o bastante para produzir um sonho mais forte que um pesadelo. Não há lugar para analisar o fato psicológico que intriga tanto não católicos: a maneira como sacerdotes conseguem ser celibatários sem deixar de ser viris. Seja como for, parece provável que, no tocante a isso, Tomás era menos perturbado do que a maioria. Isso nada tem a ver com a verdadeira virtude, que vem da vontade; santos tão santos quanto ele rolaram em espinhos para aliviar a pressão da paixão sexual, mas ele nunca precisou muito de um contra-irritante pela simples razão de que, quanto a isso, assim como quanto à maioria das coisas, não era muito comum que ele se irritasse. É preciso deixar muita coisa sem explicar como parte dos mistérios da graça, mas provavelmente há alguma verdade na idéia psicológica da "sublimação", isto é, da elevação de uma energia inferior a fins superiores, de modo que o apetite sexual quase desapareceu na fornalha de sua energia intelectual. Entre causas sobrenaturais e naturais, é provável que Tomás de Aquino nunca tenha conhecido esse lado de sua mente ou sofrido muito por causa dele.

Há momentos em que o leitor mais ortodoxo é tentado a odiar o biógrafo do santo tanto quanto ama o homem santo. O santo sempre esconde sua santidade; essa é uma regra invariável. E o biógrafo do santo às vezes parece um promotor tentando frustrar o santo, um espião ou infiltrado dificilmente mais respeitoso do que um entrevistador americano. Admito que esses sentimentos são tediosos e unilaterais, e vou agora passar a provar minha penitência ao mencionar um ou dois dos incidentes que só poderiam ter chegado ao conhecimento comum dessa maneira deplorável.

Parece certo que Tomás teve de fato uma espécie de vida secundária e misteriosa, o duplo divino do que é chamado de vida dupla. Alguém parece ter surpreendido algo do tipo de milagre solitário que as pessoas modernas ligadas ao sobrenatural chamam de levitação; e esse alguém certamente tem de ser ou um mentiroso ou uma testemunha ocular, porque não pode haver dúvidas nem graus sobre a ocorrência de tal prodígio a tal pessoa: deve ter sido como ver uma das imponentes colunas da igreja suspensa como uma nuvem. Ninguém sabe, imagino eu, que tempestade espiritual de exaltação ou de agonia provoca essa convulsão na matéria ou no espaço, mas trata-se de algo que quase com certeza acontece. Mesmo no caso de médiuns espíritas comuns, por alguma razão, é muito difícil refutar as provas de que acontece. Mas é provável que a revelação mais representativa desse lado de sua vida possa estar na celebrada história do milagre do crucifixo, quando, na imobilidade da igreja de São Domingos em Nápoles, uma voz falou a partir do Cristo esculpido e disse ao frade ajoelhado que ele escrevera coisas corretas, e lhe ofereceu a escolha de uma recompensa entre todas as coisas do mundo.

Creio que nem todos apreciaram o sentido dessa história particular ao vê-lo aplicado a esse santo particular. É uma velha história, na medida em que é simplesmente como se oferecessem a um devoto da solidão ou da simplicidade a oportunidade de escolher todos os prêmios da vida. O eremita, verdadeiro ou falso, o faquir, o fanático ou o cínico, os estilitas em sua coluna ou Diógenes em seu barril — é possível retratar a todos eles tentados pelos poderes da terra, do ar ou do céu, tentados pela oferta do melhor de tudo, bem como se negando a aceitar qualquer coisa. No cínico ou estóico grego, essa negação era mesmo uma negação: significava que ele de fato não queria nada. No místico ou fanático oriental, às vezes significava uma espécie de negação positiva: que ele queria nada, que nada era o que ele de fato queria. Às vezes exprimia uma nobre independência, bem como as virtudes gêmeas da Antigüidade, que são o amor à liberdade e o ódio à luxúria. Outras vezes exprimia apenas uma auto-suficiência, que é o reverso da santidade. Mas o caso de São Tomás não pode ser incluído em histórias de santos verdadeiros como esses. Tomás não era alguém que não queria nada, pois tinha um enorme interesse por tudo. Sua resposta à escolha em questão não seria tão inevitável nem

simples como alguns poderiam supor. Comparado a muitos outros santos, e a muitos outros filósofos, Tomás estava ávido por aceitar as coisas, tinha fome e sede das coisas. Sua tese espiritual básica era de que existem de fato coisas, e não apenas a coisa; que existia tanto o muitos como o um. Não me refiro a coisas para comer, beber ou vestir, embora ele nunca lhes tenha negado um lugar na nobre hierarquia do ser; falo antes de coisas sobre as quais pensar e especialmente coisas para provar, experimentar e conhecer. Ninguém supõe que Tomás de Aquino, ao receber de Deus a oferta para escolher entre todas as dádivas de Deus, pudesse pedir mil libras, a coroa da Sicília ou um raro vinho grego. Mas ele poderia ter pedido coisas que de fato queria; e era um homem que podia querer coisas, tal como quis o manuscrito perdido de São Crisóstomo. Tomás poderia ter pedido a solução de uma antiga dificuldade, o segredo de uma nova ciência, o vislumbre da mente intuitiva inconcebível dos anjos ou qualquer outra coisa dentre as inúmeras que de fato teriam satisfeito seu amplo e viril apetite pela própria vastidão e variedade do universo. O que importa é que, para ele, quando a voz falou a partir dos braços abertos do Crucificado, aqueles braços estavam de fato abertos de par em par e abriam com toda a glória os portões de todos os mundos; eram braços que apontavam para o leste e para o oeste, para os confins da terra e para os próprios extremos da existência. Aqueles braços estavam de fato aber-

A penitência de São Crisóstomo, gravura de Albrecht Dürer, Metropolitan Museum of Art, Nova York.

tos com um gesto de generosidade onipotente; o próprio Criador oferecia a própria Criação, com todo o seu insondável mistério de seres separados e do coro triunfal das criaturas. Trata-se do flamejante pano de fundo do ser multidimensional que confere a força particular, e mesmo uma espécie de surpresa, à resposta de São Tomás quando ele finalmente levantou a cabeça e falou com aquela ousadia quase próxima da blasfêmia, que é a irmã gêmea da humildade de sua religião: "Quero a ti mesmo".

Ou, para acrescentar a ironia final e esmagadora da história, tão peculiarmente cristã para os que podem de fato compreendê-la, alguns amenizam um pouco a ousadia, ao insistir que ele disse: "*Apenas* a ti mesmo".

Não há na vida de São Tomás tantos desses milagres estritamente milagrosos quanto os que podem ser encontrados em santos de influência menos imediata. Tais milagres são, contudo, muito bem comprovados, pois Tomás era um homem público bem conhecido numa posição importante, e, o que é ainda mais conveniente para ele, tinha grande número de inimigos altamente louvados, que sem dúvida iriam verificar suas afirmações. Há pelo menos um milagre de cura, o de uma mulher que tocou sua roupa, e vários incidentes que podem ser variantes da história do crucifixo em Nápoles. Uma dessas histórias tem uma importância adicional porque nos leva a outra parte de sua vida religiosa, mais particular, mais pessoal ou mesmo mais emocional, a parte que se exprimiu na poesia. Quando de sua estada em Paris, os outros doutores da Sorbonne apresentaram-lhe um problema sobre a natureza da mudança mística nos elementos do Sagrado Sacramento, e ele escreveu, à sua maneira habitual, um texto muito cuidadoso e elaboradamente lúcido sobre sua própria solução. Não é preciso dizer que Tomás sentiu com extrema simplicidade a pesada responsabilidade e gravidade de semelhante decisão judicial; e, não sem naturalidade, parece ter se preocupado com isso mais do que costumava se preocupar com seu trabalho. Ele

Sagrado Sacramento, Avard Fairbanks. Relevo em bronze.

buscou orientação numa oração e numa intercessão que se prolongaram por um tempo maior do que o costumeiro; e finalmente, com um daqueles poucos mas notáveis gestos corporais que marcam as reviravoltas de sua vida, depositou sua tese aos pés do crucifixo no altar e a deixou ali, como se esperasse um julgamento. E, voltando-se, desceu os degraus do altar e mergulhou outra vez em oração; mas os outros frades, dizem, estavam observando, e ainda bem que o fizeram. Porque declararam depois que a figura de Cristo descera da cruz diante de seus olhos mortais e, de pé sobre o texto, disse: "Tomás, você escreveu bem quanto ao sacramento de meu corpo". Dizem que foi depois dessa visão que aconteceu o incidente de sua milagrosa elevação no ar.

Um arguto observador contemporâneo de Tomás de Aquino afirmou que este "poderia sozinho restaurar toda a filosofia se ela tivesse sido queimada pelo fogo". É por isso que se diz que Tomás foi um homem original, uma mente criativa: ele poderia ter criado seu próprio universo a partir de pedras e paus, mesmo sem os manuscritos de Aristóteles ou de Agostinho. Mas há aqui uma confusão, não incomum, entre aquilo em que alguém é mais original e aquilo em que ele tem mais interesse, ou entre o que ele faz melhor e o que ele mais gosta. Como São Tomás foi um filósofo peculiar e notável, é quase impossível evitar que se faça aqui apenas, ou principalmente, um esboço de sua filosofia. Este livro não pode nem pretende ser um esboço de sua teologia, uma vez que a teologia de um santo é simplesmente o teísmo de um santo, ou melhor, o teísmo de todos os santos. É menos individual, mas é bem mais intensa. Está voltada para a origem comum, mas dificilmente é uma ocasião para a originalidade. Assim, somos forçados a pensar primeiro em Tomás como o criador da filosofia tomista; da mesma maneira como pensamos primeiro em Cristóvão Colombo como o descobridor da América, embora ele possa ter sido bem sincero em sua piedosa esperança de converter o Khan da Tartária; ou como pensamos em James Watt como o inventor da máquina a vapor, embora ele possa ter sido um devoto fiel do fogo ou um sincero calvinista escocês ou todo tipo de coisas curiosas. Seja como for, é apenas natural que Agostinho e Tomás de Aquino, Boaventura e Duns Scotus, todos os doutores e santos, se aproximem uns dos outros quando abordam a unidade divina nas coisas, e que deva haver nesse sentido menos diferença entre eles no que se refere à teologia do que à filosofia. É verdade que, em algumas questões, os críticos de Tomás de Aquino julgavam que sua filosofia afetou indevidamente sua teologia. Fala-se isso sobretudo quando ele é acusado de ter tornado o estado de beatitude demasiado intelectual, concebendo-o como a satisfação do amor da verdade em vez de, especialmente, como a verdade do amor. É também verdade que os místicos e os homens da escola franciscana se detiveram mais amorosamente na admitida supremacia do amor. Mas foi principalmente uma questão de ênfase, talvez ligeiramente tingida pelo temperamento, possivelmente — para sugerir algo que é mais fácil de sentir do que de explicar —, no caso de São Tomás, uma influência oculta de uma espécie de timidez. Saber se o êxtase supremo é mais afetivo do que intelectual não é uma questão mortal de divergência entre homens que acreditam que ele é as duas coisas, mas que não pretendem sequer imaginar a real experiência de um ou do outro aspecto. Mas eu pressinto que, mesmo que São Tomás julgasse que esse êxtase fosse tão emocional quanto São Boaventura pensava, ele nunca teria sido tão emocional sobre isso. Tomás sempre ficaria embaraçado em escrever sobre o amor de maneira tão extensa.

A exceção que lhe foi permitida foi a rara mas notável produção de sua poesia. Toda santidade é segredo; e sua sagrada poesia era na verdade uma secreção, tal como a pérola numa ostra hermeticamente fechada. Tomás pode ter escrito mais poesia do que sabemos, mas parte dela veio a público graças à circunstância particular de lhe terem pedido para compor o ofício para a festa de *Corpus Christi*: um festival estabelecido primeiramente após a controvérsia para a qual ele contribuíra nos papéis que deixara no altar. Isso certamente revela um lado inteiramente distinto de seu gênio, e sem dúvida era genial. Tomás costumava ser um escritor de prosa eminentemente prático, alguns diriam até um escritor de prosa bastante prosaico. Ele sustentava controvérsias voltado apenas para duas qualidades: a clareza e a cortesia. E as mantinha porque elas eram qualidades inteiramente práticas que afetavam as probabilidades da conversão. Mas o compositor do serviço de *Corpus Christi* não era somente aquilo que mesmo os bárbaros ou obtusos chamariam de poeta — era o que os mais tediosos chamariam de artista. Sua dupla função lembra antes a dupla atividade de algum grande artesão da Renascença como Michelângelo ou Leonardo da Vinci, que trabalhavam na parede exterior, planejando e construindo as fortificações da cidade, e depois se retiravam para a câmara interior a fim de esculpir ou modelar algum cálice ou caixinha como um relicário. O ofício de *Corpus Christi* é como algum antigo instrumento musical, estranha e cuidadosamente repleto de muitas pedras e metais coloridos. O autor reuniu alguns textos remotos sobre pastorear e fruir como se colhem ervas raras; há uma notável falta do estridente e óbvio na harmonia; e o todo é tocado com dois fortes versos em latim. O padre John O'Connor traduziu-os com uma competência quase miraculosa; mas um bom tradutor será o primeiro a concordar que nenhuma tradução é boa, ou, de qualquer maneira, boa o suficiente. Como vamos encontrar oito palavras inglesas curtas que de fato representem "*Sumit unus, sumunt mille; quantum isti, tantum ille*"?[7] Como alguém de fato poderá traduzir o som do "*Pange Lingua*",[8] quando já a primeira sílaba ressoa como o toque de címbalos?

Havia outro canal além do da poesia, o das afeições particulares, por meio das quais esse enorme e tímido homem podia mostrar que na realidade tinha tanta *caritas* quanto São Francisco e certamente tanto quanto qualquer teólogo franciscano. São Boaventura provavelmente não pensaria que Tomás tivesse deficiências em seu amor a Deus, e São Tomás certamente nunca se mostrou deficiente no amor a Boaventura. Ele sentia por toda a sua família uma firme, poderíamos dizer obstinada, ternura; e, considerando como sua família o tratou, isso parece indicar não só amor mas sua característica virtude da paciência. Perto do final da vida, Tomás parece ter-se voltado especialmente para seu amor por um dos irmãos, um frade chamado Reginaldo, que ouviu dele algumas confidências, estranhas e bastante surpreendentes, do tipo que ele muito raramente fez mesmo aos amigos. Foi a Reginaldo que ele deu o último e bem extraordinário indício, que foi o fim de sua carreira controversa e praticamente de sua vida na terra; trata-se de um indício que a história nunca pôde explicar.

[7] Quer o receba um, quer o receba um só, aquilo que todos recebem é o mesmo. [N. do T.]
[8] Canta, minha língua. [N. do T.]

Tomás voltou vitorioso de seu último combate com Siger de Brabante; voltou e interrompeu suas atividades. Aquela batalha particular foi, podemos dizer, o ponto em que sua vida exterior e sua vida interior se encontraram e coincidiram; ele percebeu como ansiara desde a infância por convocar todos os aliados na batalha em favor de Cristo, e só muito depois convocara Aristóteles como aliado. Agora, nesse último pesadelo de sofismas, pela primeira vez Tomás percebera que alguns poderiam efetivamente desejar que Cristo se inclinasse diante de Aristóteles, e nunca se recuperou do choque. Ele ganhara sua batalha porque era o melhor cérebro de sua época, mas não pôde esquecer tal inversão de toda a idéia e propósito de sua vida. Ele era o tipo de homem que odiava odiar as pessoas. Não estava acostumado a odiar, além de um certo ponto, nem mesmo as odiosas idéias dessas pessoas. Mas, no abismo da anarquia aberto pelo sofisma de Siger sobre a dupla mente do homem, Tomás vira a possibilidade da morte de toda idéia de religião e até de toda idéia de verdade. Embora as frases que registram o evento sejam breves e fragmentárias, podemos perceber que ele voltou horrorizado daquele mundo exterior em que sopravam tais ventos incontroláveis de doutrina, voltou ansiando pelo mundo interior de que todo católico pode partilhar e no qual o santo não está apartado dos homens simples. Então, retomou a rotina estrita da religião e por algum tempo não disse coisa alguma a ninguém. E de repente aconteceu algo (afirma-se que enquanto ele celebrava missa) cuja natureza os homens mortais nunca poderão apreender.

Seu amigo Reginaldo pediu-lhe que retomasse também seus hábitos igualmente regulares de leitura e escrita, bem como de acompanhamento das controvérsias mais recentes. Tomás enfatizou: "Não posso escrever mais". Aparentemente, após um silêncio, Reginaldo se aventurou mais uma vez a abordar o assunto, e São Tomás lhe respondeu com um vigor ainda maior: "Eu já não posso escrever. Vi coisas que tornam todos os meus escritos inúteis".

Em 1274, quando Tomás de Aquino tinha quase 50 anos, o papa, feliz com a recente vitória sobre os sofistas árabes, mandou convidá-lo para um concílio sobre essas questões controversas a ser realizado em Lyon. Ele obedeceu automaticamente e se preparou tal como o soldado se prepara; mas podemos imaginar que em seus olhos havia algo que dizia, aos que o cercavam, que a obediência ao comando exterior não frustraria a obediência a algum comando interior mais misterioso, um sinal que só ele vira. Tomás partiu na jornada com seu amigo, propondo-se a passar a noite na casa de uma irmã a quem era profundamente devotado. Ao chegar à casa dela, foi acometido por alguma doença desconhecida. Não precisamos discutir os duvidosos problemas médicos. É verdade que ele sempre fora um daqueles homens, de modo geral saudáveis, que são acometidos por pequenos males; é também verdade que não há um relato muito claro desse mal particular. Tomás acabou por ser levado a um convento em Fossanuova, e seu estranho fim sobreveio-lhe com grande rapidez. Talvez valha a pena observar, pensando nos que julgam que havia nele muito pouco interesse pelo lado emocional ou

Igreja de Fossanuova.

romântico da verdade religiosa, que Tomás de Aquino pediu que lessem para ele, do princípio ao fim, o *Cântico dos Cânticos*. Os sentimentos dos homens que o cercavam devem ter sido confusos e bastante indescritíveis; e por certo bem diferentes dos seus. Ele confessou os pecados e recebeu seu Deus; e podemos ter certeza de que o grande filósofo esquecera inteiramente a filosofia. Mas isso não acontecera com os que o haviam amado ou mesmo com os que apenas viveram em sua época. Os elementos da narrativa são tão poucos, mas tão essenciais, que temos a forte sensação ao ler a história dos dois lados emocionais do evento. Aqueles homens devem ter percebido que uma mente grandiosa ainda trabalhava em seu meio como um grande moinho. Devem ter sentido que, naquele momento, o interior do mosteiro era mais amplo do que o exterior. Devem ter lembrado de alguma poderosa máquina moderna abalando a frágil construção que a abrigava naquele instante. Porque, na verdade, aquela máquina era feita das engrenagens de todos os mundos e girava como o cosmos de esferas concêntricas que, fosse qual fosse o seu destino diante da ciência em mutação, deve sempre ser algo como um símbolo da filosofia; a profundidade de transparências duplas e triplas mais misteriosas que as trevas, o cristal terrível de sete faces. No mundo daquela mente havia uma roda de anjos, uma roda de planetas e uma roda de plantas ou de animais; mas havia também uma ordem justa e inteligível de todas as coisas terrenas, uma sã autoridade e uma liberdade que respeitava a si mesma, bem como cem respostas a cem perguntas na complexidade da ética ou da economia. Mas houve um momento em que os homens souberam que o tempestuoso moinho de pensamento sofreu uma súbita interrupção e que, passado o choque da imobilidade, aquela roda já não abalaria o mundo; que agora nada mais havia naquela casa oca a não ser uma grande colina de pó; e o confessor, que estivera com ele na câmara interior, deixou-a às pressas como se tivesse medo e murmurou que a confissão de Tomás de Aquino fora a de uma criança de cinco anos.

Vander glorioser boetscap eñ ontfanghenisse onser
Eñ enghel lieuer vrouwen
sprack mit eenre ioncfrouwe
eñ eñ seide Ghiele thaut doe
hy ghescapen waren die wo
rde hy ghesien voer den
troen der heilligher drievoldic
heit Ende wi saghen inden
spieghel synre verborghe
ne heymelicheit hoe hy speelde mit eenre creature die
hy scheppen wolde hem te loue eñ allen menschen tot
salicheit Ende die vader inder godheit sande den enghel s
gabriel tot sante Joachym eñ sante annē· eñ boetscapte
hem dat sy een dochter ontfanghē solde die eñe coninghine
solde wesen hemelrikes eñ eertrikes Daer na ontfenc
sante Aña mit groter begheerten een kint Dat kint eñ
die ioncfrouwe wort gheheilighet in horen moeder li
chaem. Sie quam vol ghenaden eñ vol doechden in eert
rike Maria wort ontfanghen in sante ydus der maent
descember daer nae als die leste hoers lichaems wal ge
ordinert warē· soe storte god daer die siele in Ende als
dat lichaem ommids die instortinghe der sielen leuendi
ch ghewordenwas Soe storte god oec sinen heilighē
gheest daer in Die sie reynichede van allen onreynen
vlecken eñ vander erfsonden Ende veruullede sie mit
der seuenuoldigher gauen des heilighē gheestes Dat
van hoere suyueren god sine menscheit solde ontfā

Capítulo VI

A ABORDAGEM DO TOMISMO

São Tomás de Aquino.

O fato de o tomismo ser a filosofia do senso comum é ele mesmo uma questão de senso comum; mas requer alguma explicação, dado que há muito tempo temos tomado essas questões num sentido bastante incomum. Para o bem ou para o mal, a Europa, a partir da Reforma e, de modo mais especial, a Inglaterra a partir da Reforma, têm sido, num sentido peculiar, a morada do paradoxo. Quero dizer no sentido bastante peculiar de o paradoxo estar em casa e de os homens se sentirem à vontade com ele. O exemplo mais conhecido são os ingleses que se gabam de ser práticos *porque* não são lógicos. Para um grego ou chinês antigo, isso seria exatamente o mesmo que dizer que os contadores de Londres são bons em seus registros porque sua matemática não é precisa. Mas o que importa não é que isso seja um paradoxo, mas o fato de a "paradoxia" ter se tornado ortodoxia, o fato de os homens viverem num paradoxo com a mesma tranqüilidade com que viveriam na situação mais banal. Não que o homem prático se apóie na cabeça, o que às vezes pode ser uma ginástica estimulante embora espantosa; é que ele *descansa* em sua cabeça; e até dorme em sua cabeça. Trata-se de uma questão importante, porque o paradoxo serve para despertar a mente. Pegue um bom paradoxo como o do físico e escritor americano Oliver Wendell Holmes: "Dêem-nos os luxos da vida e não precisaremos atender às necessidades".

Tratado da vida e da paixão de Cristo, São Tomás de Aquino, manuscrito do séc. XV.

Trata-se de algo divertido e, portanto, algo que atrai; tem um sutil ar de desafio e contém uma verdade real, ainda que romântica. É parte integrante da brincadeira o fato de o paradoxo ser elaborado quase na forma de uma contradição em termos. Mas a maioria das pessoas concorda que haveria considerável perigo em basear todo o sistema social na noção de que as necessidades não são necessárias, da mesma maneira como alguns basearam a Constituição Britânica na noção de que a falta de sentido sempre funciona como senso comum. Mas mesmo nesse caso seria possível dizer que o exemplo prejudicial se disseminou e que o moderno sistema industrial de fato diz: "Dêem-nos luxos como uma sopa viscosa e não precisaremos de necessidades como o milho".

Tudo isso é conhecido, mas o que ainda não se percebeu é que não só a política prática mas também as filosofias abstratas do mundo moderno sofreram essa estranha distorção. Desde que o mundo moderno começou, no século XVI, nenhum sistema filosófico correspondeu de fato ao sentido de realidade de todos, àquilo que os homens comuns, se deixados a si próprios, chamariam de senso comum. Cada um deles começou com um paradoxo: um ponto de vista peculiar que requer o sacrifício daquilo que eles chamariam de ponto de vista sadio. É isso que há em comum entre Hobbes e Hegel, Kant e Bergson, George Berkeley e William James. Um homem precisava acreditar em alguma coisa em que nenhum homem normal acreditaria se alguém a apresentasse subitamente à sua simplicidade, como é o caso de dizer que a lei está acima do direito, que o direito está fora do âmbito da razão ou que as coisas são apenas aquilo que pensamos que são; ou que tudo é relativo a uma realidade que não existe. O filósofo moderno alega, como se fosse uma espécie de estelionatário, que, uma vez que lhe concedermos isso, o resto será fácil; ele consertará o mundo desde que lhe permitam impor à mente essa distorção específica.

Gostaria que compreendessem que, nessas matérias, falo como um tolo, ou, como o diriam nossos primos democráticos, como um bobão;

de qualquer maneira, como um homem comum; e o único objetivo deste capítulo é mostrar que a filosofia tomista está mais próxima da mente do homem comum do que a maioria das filosofias. Não sou, ao contrário do padre D'Arcy, cujo livro admirável sobre São Tomás esclareceu muitos problemas para mim, um filósofo treinado, familiarizado com a técnica do ofício. Mas espero que o padre D'Arcy me perdoe se eu tomar um exemplo de seu livro que ilustra exatamente o que quero dizer. Ele, sendo um filósofo treinado, naturalmente sabe como lidar com filósofos. Do mesmo modo, sendo um sacerdote treinado, está naturalmente acostumado, não só a suportar de bom grado os tolos, bem como (o que às vezes é ainda pior) a suportar de bom grado pessoas inteligentes. Acima de tudo, suas amplas leituras de metafísica fizeram-no ter paciência com as pessoas inteligentes que se deixam levar pela tolice. Em decorrência disso, ele pôde escrever com calma e até com serenidade frases como: "Pode-se perceber uma certa semelhança entre o objetivo e o método de São Tomás e os de Hegel. Há contudo também notáveis diferenças. Para São Tomás, é impossível que contraditórios existam juntos e, mais uma vez, a realidade e a inteligibilidade correspondem uma à outra, mas uma coisa deve primeiro existir para depois ser inteligível".

Que o homem comum seja perdoado se acrescentar que, em sua opinião, a "notável diferença" é que São Tomás era lúcido e Hegel era louco. O tolo se recusa a admitir que Hegel pode tanto existir como não existir; ou que pode ser possível compreender Hegel sem que haja um Hegel para ser entendido. Mas o padre D'Arcy menciona esse paradoxo hegeliano como se fosse fruto de um dia de trabalho; e é claro que é, se o trabalho for ler todos os filósofos modernos de maneira tão observadora e com tanta simpatia quanto ele fez. E é isso que quero dizer ao afirmar que toda a filosofia moderna começa com uma pedra de tropeço. Com certeza, não é exagero dizer que *parece* haver uma distorção quando se afirma que os contrários não são incompatíveis ou que uma coisa pode "ser" inteligível e ainda assim não "ser" absolutamente.

Opondo-se a tudo isso, a filosofia de São Tomás fundamenta-se na convicção comum universal de que ovos são ovos. O hegeliano pode dizer que um ovo é na verdade uma galinha, porque é parte de um processo interminável de vir-a-ser; o seguidor de Berkeley pode sustentar que os ovos *poché* só existem tal como existe um sonho, visto que é tão fácil considerar o sonho como a causa dos ovos quanto os ovos como a causa do sonho; o pragmatista pode acreditar que obtemos o melhor de nossos ovos mexidos esquecendo que eles um dia foram ovos e lembrando apenas do mexido. Mas nenhum discípulo de São Tomás precisa confundir o cérebro para mexer adequadamente os ovos; não precisa colocar a cabeça em nenhum ângulo estranho para olhar os ovos, olhar para eles com os olhos meio fechados ou ficar piscando um dos olhos para ver uma nova simplificação dos ovos. O tomista toma posição em plena luz do dia no meio da fraternidade dos homens, participa de sua consciência comum de que os ovos não são galinhas nem sonhos nem meros pressupostos práticos, mas coisas confirmadas pela autoridade dos sentidos, que vem de Deus.

Assim, mesmo os que apreciam a profundidade metafísica do tomismo em outros assuntos têm se admirado com o fato de ele nunca tratar do que muitos vêem agora como a principal questão metafísica: saber se podemos provar que o ato primário de reconhecimento de qualquer realidade é real. A resposta é que São Tomás reconheceu instantaneamente aquilo que tantos céticos modernos começaram a suspeitar depois de muito trabalho: que um homem tem ou de responder a essa pergunta positivamente ou então nunca responder a nenhuma pergunta, nunca fazer nenhuma pergunta e nunca sequer existir intelectualmente, seja para responder ou para perguntar. Suponho que é verdade, num certo sentido, que um homem pode ser um cético fundamental, mas que não pode ser nada mais, certamente nem mesmo um defensor do ceticismo fundamental. O homem que sente que todos os movimentos de sua própria mente não têm sentido possui uma mente sem sentido e é sem sentido; e ele nem ao menos diz algo que faça sentido

São Tomás de Aquino.

na tentativa de descobrir o sentido que ele mesmo tem. A maioria dos céticos fundamentais aparentemente sobrevive por não ser coerentemente cética e por não ser nem um pouco fundamental. Eles primeiro negam tudo e depois admitem alguma coisa, ao menos para fins de discussão — ou, o que é mais freqüente, para fins de um ataque sem discussão. Vi num jornal um dia destes um exemplo quase espantoso dessa frivolidade essencial num professor de ceticismo final. Um homem escreveu para dizer que não aceitava nada a não ser o solipsismo, e acrescentou que muitas vezes se perguntara por que essa não era uma filosofia mais comum. Ora, o solipsismo significa simplesmente que um homem acredita em sua própria existência, mas não em ninguém ou em alguma outra coisa. E nunca ocorreu a esse sofista simples que, se sua filosofia fosse verdadeira, obviamente não haveria outros filósofos para segui-la.

À pergunta "Existe alguma coisa?", São Tomás começa respondendo "Sim"; se começasse respondendo "Não", não seria o começo, mas o fim. É isso que alguns de nós chamam de senso comum. Ou não há filosofia, nem filósofos, pensadores, pensamento, não há coisa alguma; ou então há uma verdadeira ponte entre a mente e a realidade. Mas São Tomás é menos exigente do que muitos pensadores, bem menos do que a maioria dos pensadores racionalistas e materialistas, com relação ao que esse primeiro passo envolve. Ele se contenta, como veremos, em dizer que envolve o reconhecimento do *ens*, ou o "ser", como algo que está definitivamente além de nós. O *ens* é *ens*; os ovos são ovos, e não se pode sustentar que todos os ovos foram encontrados no ninho de uma égua.

Não é preciso dizer que minha tolice não chega ao ponto de sugerir que todos os escritos de São Tomás são simples e diretos no sentido de serem fáceis de compreender. Há passagens que eu não entendi nem um pouco; há passagens que perturbam filósofos muito mais eruditos e lógicos do que eu sou; há passagens com relação às quais os maiores tomistas ainda divergem e discutem; mas isso é uma questão da dificuldade de ler ou de compreender, e não de ser difícil de aceitar quando compreendida. É uma mera questão de "o gato deitou no mato" ser escrito em caracteres chineses, ou de "Mariazinha tinha uma ovelhinha" em hieróglifos egípcios. A única coisa que estou enfatizando aqui é que Tomás de Aquino quase sempre se inclina para a simplicidade, apoiando a aceitação pelo homem comum das afirmações evidentes comuns. Por exemplo, uma das mais obscuras passagens, no meu julgamento bastante impróprio, é aquela em que Tomás explica que a mente tem certeza de um objeto externo e não apenas de uma impressão desse objeto, mas que ela aparentemente alcança esse objeto por meio de um conceito, e não apenas por meio de uma impressão. O que interessa mesmo aqui, contudo, é que ele de fato explica que a mente tem certeza de um objeto externo. Basta para esse propósito que sua conclusão seja o que se chama de conclusão do senso comum; basta que o seu propósito seja justificar o senso comum, mesmo que ele faça essa justificação numa passagem que por acaso é dotada de uma sutileza bastante incomum. O problema dos filósofos posteriores é que a conclusão deles é tão obscura quanto a demonstração que fazem ou o fato de produzirem um resultado cujo resultado é o caos.

Infelizmente, entre o homem comum e o anjo dos escolásticos há no momento um muro bem alto, encimado por lanças, separando dois homens que em muitos aspectos querem a mesma coisa. O muro é quase um acidente histórico, ou ao menos foi construído há muito tempo, por razões que não precisam afetar as necessidades dos homens normais de hoje, e menos ainda a maior necessidade dos homens normais que é a de ter uma filosofia normal. A primeira dificuldade é apenas uma diferença de forma, não no sentido medieval mas no moderno. Há primeiro um obstáculo simples de linguagem; e vem em seguida um obstáculo bem mais sutil de método lógico. Mas a própria linguagem representa muita coisa; mesmo quando é traduzida, ainda é uma língua estrangeira; e ela é, como outras línguas estrangeiras, traduzida muito freqüentemente da maneira errada. Tal como acontece com todas as outras literaturas de outra época ou país, ela traz consigo uma atmosfera que vai além da mera tradução de palavras em um guia de viagens. Por exemplo, todo o sistema de São Tomás fundamenta-se numa idéia imensa, mas simples, que cobre tudo o que existe e até tudo o que pode existir. Ele representa essa concepção cósmica com a palavra *ens*; e qualquer um que possa ler um pouco de latim, mesmo que de maneira rudimentar, sente que ela é a palavra certa e adequada, exatamente como sente isso numa palavra do francês de uma obra em boa prosa francesa. Tem de ser uma questão de lógica; mas também é uma questão de linguagem.

Por infelicidade, não há tradução satisfatória para a palavra *ens*. A dificuldade é mais verbal do que lógica, porém é prática. Quero dizer que, quando o tradutor diz "ser", percebemos uma atmosfera bem diferente. A atmosfera não deveria afetar esses absolutos do intelecto, mas afeta. Os novos psicólogos, que estão quase avidamente em guerra com a razão, nunca se cansam de nos dizer que os próprios termos que usamos são coloridos pelo nosso subconsciente, que traz alguma coisa que queríamos excluir da nossa consciência. E não é preciso ser tão idealisticamente irracional como um psicólogo moderno para admitir que a própria forma e o próprio som das palavras fazem de fato diferença, mesmo na prosa mais objetiva, tal como o fazem na mais bela poesia. Não temos muito como evitar que a imaginação se lembre de coisas irrelevantes mesmo nas ciências abstratas como a matemática. Uma pessoa qualquer, ao passar da história para a geometria, pode por um instante associar os ângulos do triângulo isósceles com os ângulos de um acontecimento histórico qualquer; e mesmo o matemático experiente, se for tão louco como espera o psicanalista, pode ter nas raízes de sua mente subconsciente algo material em sua idéia de uma raiz. Ora, infelizmente acontece de a palavra "ser", tal como chega a uma pessoa moderna, por meio de associações modernas, ter uma espécie de atmosfera indefinida que não está na curta e exata palavra do latim. Talvez ela o faça lembrar de professores fantásticos da ficção, que balançam as mãos e dizem: "E assim chegamos às alturas inefáveis do puro e radiante ser" ou, pior ainda, de professores reais na vida real que dizem: "Todo ser é vir-a-ser, e não passa da evolução do não-ser por meio da lei de seu ser". Talvez apenas o faça lembrar de rapsódias românticas de antigas histórias de amor: "Belo e adorável ser, luz e hálito de meu próprio ser". Seja como for, tem um som bem esquisito, como se apenas pessoas bem pouco exatas a usassem ou como se pudesse significar todo tipo de coisas diferentes.

Ora, a palavra latina *ens* soa como a palavra inglesa *end* (fim). É final e até abrupta; não é nada senão ela mesma. Havia antigamente uma tola observação depreciativa contra escolásticos como Tomás de Aquino, segundo a qual eles discutiam se os anjos podiam ficar de pé na ponta de uma agulha. Ao menos é certo que essa primeira palavra de São Tomás é aguda como a ponta de um alfinete, porque ela também é, num sentido quase ideal, um *end* (fim). Mas quando dizemos que São Tomás de Aquino se preocupa fundamentalmente com a idéia do ser, não temos de admitir nenhuma das generalizações mais obscuras que talvez nos tenhamos acostumado a usar ou mesmo estejamos cansados de usar, no tipo de escrita idealista que é mais retórica do que filosofia. A retórica é algo muito bom em seu devido lugar, como concordaria de bom grado um estudioso medieval enquanto a ensinava ao lado da lógica nas escolas; mas o próprio São Tomás de Aquino não tinha nada de retórico. É provável que dificilmente ele fosse retórico o bastante. Há todo tipo de floreios em Agostinho, mas não há nenhum em Tomás de Aquino. É verdade que em certas ocasiões definidas ele caiu na poesia, mas muito raramente ele resvalou para a oratória. E Tomás tinha tão pouco contato com algumas tendências modernas que sempre que escrevia poesia ele o

Santo Agostinho, El Greco (1541-1614).

fazia em verdadeiros poemas. Há outro lado nisso a ser observado mais tarde. Ele possuía de maneira muito especial a filosofia que inspira poesia, tal como influenciou tanto a poesia de Dante. E poesia sem filosofia só tem inspiração, ou, em linguagem vulgar, apenas vento. Tomás de Aquino tinha, por assim dizer, imaginação sem as imagens. E mesmo isso talvez seja demais. Há uma imagem dele, que é tanto verdadeira poesia como verdadeira filosofia, sobre a árvore da vida que se inclina com grande humildade por causa da própria carga de sua frutificação abundante, algo que Dante poderia ter descrito de uma maneira que nos esmagaria com a tremenda luminosidade contida e que quase nos embriagaria com o fruto divino. Mas, normalmente, podemos dizer que suas palavras são breves mesmo quando seus livros são longos. Tomei o exemplo da palavra *ens* precisamente por ser um dos casos em que o latim é mais claro do que o inglês. E seu estilo, ao contrário do de Santo Agostinho e de muitos doutores católicos, é sempre um grau mais claro do que dois graus decorados. É um estilo que costuma ser difícil de entender simplesmente porque os assuntos são tão difíceis que quase nenhuma mente, exceto uma como a dele, pode compreendê-los plenamente. Mas ele nunca o obscurece usando palavras sem conhecimento, nem, o que seria mais legítimo, usando palavras que só pertencem à imaginação ou à intuição. No tocante ao seu método, Tomás talvez seja o único verdadeiro racionalista entre todos os filhos dos homens.

Isso nos leva a outra dificuldade, a do método lógico. Nunca entendi por que se supõe que haja algo perverso ou ultrapassado num silogismo e menos ainda o que alguém quer dizer ao falar como se a indução tivesse de algum modo tomado o lugar da dedução. Tudo o que importa na dedução é que premissas verdadeiras produzam uma conclusão verdadeira. O que chamam de indução parece ser simplesmente reunir um número maior de premissas verdadeiras, ou talvez, em algumas questões físicas, ter bem mais trabalho para ver que essas premissas são verdadeiras. Talvez seja verdade que um homem moderno consiga obter mais premissas sobre os micróbios ou os asteróides do que um homem medieval podia conseguir a partir de umas poucas premissas sobre as salamandras e os unicórnios. Mas o processo de dedução a partir dos dados é o mesmo tanto para a mente moderna como para a mente medieval; e o que é pomposamente chamado de indução consiste apenas em reunir mais dados. E Aristóteles ou Tomás de Aquino, ou qualquer pessoa com seus cinco sentidos, efetivamente concordariam que a conclusão só pode ser verdadeira se as premissas forem verdadeiras, e que quanto mais premissas verdadeiras houver, melhor. O infortúnio da cultura medieval foi não poder contar com suficientes premissas verdadeiras, devido às condições bem piores de viagens ou de experimentação. Mas, por mais perfeitas que tivessem sido as condições de viagem ou de experimentação, tudo o que eles podiam produzir eram premissas e ainda seria necessário deduzir conclusões. Muitas pessoas modernas, porém, falam como se aquilo que chamam de indução fosse uma maneira mágica de chegar a uma conclusão sem ter de usar nenhum daqueles terríveis silogismos de antigamente. Mas a indução não nos leva a uma conclusão; ela só nos leva a uma dedução. Se os últimos três passos do silogismo não estiverem totalmente certos, a conclusão será totalmente errada. Assim, os grandes homens de ciência do século XIX, que fui criado para reverenciar ("aceitar as conclusões da ciência", era assim que sempre diziam), saíram para o mundo e examinaram com muito cuidado o ar e a terra, as substâncias químicas e os gases, sem dúvida com muito mais cuidado do que Aristóteles ou Tomás de Aquino, e depois voltaram e deram à sua conclusão final a forma de um silogismo: "Toda matéria é feita de pontinhos microscópicos indivisíveis. Meu corpo é feito de matéria. Logo, meu corpo é feito de pontinhos microscópicos indivisíveis". Eles não erraram na forma de seu raciocínio, porque essa é a única maneira de raciocinar. Neste mundo, não há nada exceto um silogismo — e uma falácia. Mas é claro que esses homens modernos sabiam, assim como os homens medievais, que suas conclusões só seriam verdadeiras se suas premissas fossem verdadeiras. E foi aí que começaram os problemas. Porque os homens de ciência, ou seus filhos e sobrinhos, voltaram ao mundo e olharam outra vez a natureza cheia de pontos da matéria e ficaram surpresos ao descobrir que ela não era cheia de pontos. E eles voltaram e completaram o processo com um silogismo: "Toda matéria é feita de prótons e elétrons girantes. Meu corpo é feito de matéria. Logo, meu corpo é feito de prótons e elétrons girantes". E isso é mais uma vez um bom silogismo, embora eles possam ter de olhar mais uma ou duas vezes a matéria antes de podermos saber se é uma premissa verdadeira e uma conclusão verdadeira. Mas, no processo final da verdade, não há nada mais além de um bom silogismo. A única outra coisa que existe é um silogismo ruim, que muitos devem conhecer: "Toda matéria é feita de prótons e elétrons. Eu deveria muito gostar de pensar que a mente é mais ou menos a mesma coisa que a matéria. Assim, vou anunciar, por meio do microfone ou do megafone, que minha mente é feita de prótons e elétrons". Mas isso não é indução; é apenas uma enganação bastante ruim em termos de dedução. Essa não é outra maneira nem uma nova forma de pensar; é apenas parar de pensar.

O que de fato se quer dizer, e isso é muito mais razoável, é que os velhos criadores de silogismos às vezes faziam um longo silogismo, o que certamente nem sempre é necessário. Um homem pode passar pelos três passos com muito maior rapidez, mas ele não pode passar pelos três passos se esses três passos não existirem. Se o fizer, vai quebrar o pescoço, como quebraria se saísse por uma janela do quarto andar. A verdade sobre essa falsa antítese entre indução e dedução é simplesmente a seguinte: com o acúmulo de premissas ou de dados, a ênfase e os detalhes passaram para eles vindos da dedução final a que conduzem. Mas as premissas ou dados levaram de fato a uma dedução final, ou então não levaram a nada. O lógico tinha tanto a dizer sobre os elétrons ou os micróbios que se deteve mais nesses dados e encurtou ou pressupôs seu silogismo último. Contudo, se raciocinou corretamente, por mais rápido que tenha sido, raciocinou silogisticamente.

Para dizer a verdade, Tomás de Aquino não costuma argumentar por meio de silogismos, mas sempre argumenta silogisticamente. Quero dizer que ele não elaborou em cada caso todos os passos da lógica; a lenda que lhe atribui esse tipo de comportamento é parte da lenda destituída de provas e mal formulada da Renascença, que dizia que os escolásticos eram todos tediosos medievais perversos e mecânicos. Mas Aquino argumenta de fato com uma certa austeridade, e com o desdém do ornamento, algo que pode fazê-lo parecer monótono a todos os que procurem especialmente as formas modernas de espirituosidade ou fantasia. Mas isso nada tem a ver com a pergunta que fizemos no início deste capítulo e que precisamos responder ao chegar ao final dele: a pergunta sobre o assunto em favor do qual Tomás de Aquino argumenta. Quanto a isso, podemos enfatizar que ele argumenta em favor do senso comum. Argumenta em favor de um senso comum que mesmo hoje é recomendável à maioria das pessoas comuns. Argumenta em favor dos provérbios populares segundo os quais ver é crer, a prova do pudim está em comê-lo, um homem não pode descer pela própria garganta nem negar o fato de sua própria existência. Tomás muitas vezes sustenta suas concepções recorrendo a abstrações; mas as abstrações não são mais abstratas do que a energia, a evolução ou o espaço-tempo; e suas abstrações não nos levam, ao contrário do que costumam fazer as outras, a contradições sobre a vida comum que não temos como resolver. O homem pragmático se propõe ser prático, mas o que é prático para ele mostra ser inteiramente teórico. O tomista começa sendo téorico, mas sua teoria revela-se inteiramente prática. É por isso que grande parte do mundo está voltando a essa teoria hoje.

Por fim, há alguma real dificuldade no fato de ser uma linguagem pouco comum, sem considerar o emprego da língua latina em si. A terminologia filosófica moderna nem sempre é idêntica à linguagem de todos os dias; e a terminologia filosófica medieval nem sempre é idêntica nem sequer à terminologia filosófica moderna. Não é muito difícil aprender o significado dos termos principais dela; mas seu significado medieval é às vezes o exato oposto de seu sentido moderno. O exemplo óbvio é a palavra essencial "forma". Dizemos hoje: "Escrevi um pedido formal de desculpas ao padre diocesano" ou "Os procedimentos de criação do Clube do Botão foram puramente formais". Mas queremos dizer com isso que foram puramente fictícios; e São Tomás, se tivesse sido sócio do Clube do Botão, teria querido dizer justamente o contrário. Ele teria dito que os procedimentos tinham sido realizados com o próprio coração, com a própria alma e com todo o ser do Clube do Botão; e que o pedido de desculpas ao padre diocesano foi tão essencialmente um pedido de desculpas que fez que o próprio coração de seu autor sangrasse em verdadeira contrição. Porque "formal" na linguagem tomista significa "real", ou dotado da qualidade decisiva real que constitui a própria essência de cada coisa. Em termos gerais, quando descreve uma coisa em termos de forma e matéria, Tomás reconhece com muita razão que a matéria é o elemento mais misterioso, indefinido e desprovido de características distintivas, assim como reconhece que o que dá a cada coisa sua identidade é a forma. A matéria é, digamos assim, não tanto a coisa sólida quanto a coisa líquida ou gasosa que existe no cosmos; e nesse aspecto a maioria dos cientistas modernos começa a concordar com ele. Mas a forma é o fato, é aquilo que faz um tijolo ser um tijolo, um busto ser um busto, em vez da argila informe e desorganizada de que o tijolo e o busto são feitos. A pedra que quebrou uma estatueta em algum nicho gótico poderia ter sido uma estatueta; e a estatueta, submetida à análise química, é somente uma pedra. Mas essa análise química é inteiramente falsa como análise filosófica. A realidade, a coisa que torna as duas coisas reais, é a idéia da imagem e a idéia do quebrador de imagens. Trata-se apenas de um exemplo casual da terminologia tomista normal; não é contudo um exemplo inicial ruim da verdade do pensamento tomista. Todo artista sabe que a forma não é superficial, mas fundamental; sabe que a forma é o fundamento. Todo escultor sabe que a forma da estátua não é a parte exterior da estátua, mas antes o interior da estátua, mesmo no sentido de interior do escultor. Todo poeta sabe que a forma soneto não é somente a forma do poema, mas é o próprio poema. Nenhum crítico moderno que não entenda o que o escolástico medieval queria dizer ao usar a palavra forma tem condições de ir ao encontro desse escolástico como alguém que tem o mesmo nível intelectual que ele.

Capítulo VII

A FILOSOFIA PERMANENTE

Anjo mensageiro. Gravura medieval.

É uma pena que a palavra Antropologia tenha sido degradada ao estudo de antropóides. Ela está agora incuravelmente associada com intrigas entre professores pré-históricos (em mais de um sentido) sobre se uma lasca de pedra é o dente de um homem ou de um símio, algo que se resolve, como no famoso caso, quando se descobre que é o dente de um porco. É bem correto que exista uma ciência puramente física dessas coisas, mas o nome que se costuma usar poderia muito bem, por analogia, ter sido dedicado a coisas não apenas mais amplas e mais profundas como também mais relevantes. Assim como, na América do Norte, os novos humanistas disseram aos antigos humanitários que seu humanitarismo tinha se concentrado em larga medida em coisas que *não* eram especialmente humanas, como as condições físicas, os apetites, as necessidades econômicas, o ambiente e assim por diante, da mesma forma, na prática, os chamados antropólogos têm de estreitar a mente para tratar de coisas materialistas que *não* são particularmente antrópicas. Eles têm de procurar na história e na pré-história algo que enfaticamente não é o *Homo sapiens*, mas é sempre considerado um *Simius insipiens*. O *Homo sapiens* só pode ser considerado com relação à *Sapientia* e só um livro como o de São Tomás é de fato dedicado a idéia intrínseca de *Sapientia*. Em resumo, tem de haver um estudo real chamado Antropologia que corresponda à Teologia. Nesse sentido, São Tomás de Aquino talvez seja, mais do que qualquer outra coisa, um grande antropólogo.

Peço desculpas por essas primeiras palavras do capítulo a todos os excelentes e destacados homens de ciência que se dedicam de fato ao estudo real da humanidade em sua relação com a biologia. Mas eu prefiro imaginar que eles serão os últimos a negar que tem havido uma disposição bastante desproporcionada, na ciência popular, para transformar o estudo dos seres humanos no estudo de selvagens. E a selvageria não é história: é ou o começo ou o fim da história. Suspeito que os grandes cientistas concordam que há um número grande demais de professores perdidos dessa maneira nos bosques ou nas florestas; professores que desejavam estudar antropologia e não passaram da antropofagia. Mas tenho uma razão particular para fazer acompanhar essa sugestão de uma antropologia mais elevada por um pedido de desculpas a todo biólogo genuíno que possa parecer estar incluído, mas que com certeza não está, num protesto contra a ciência popular de má qualidade. Porque a primeira coisa a dizer sobre São Tomás como antropólogo é que ele é bem parecido com o melhor tipo de antropólogo biológico moderno, do tipo que se chamaria a si mesmo de agnóstico. Esse fato é uma reviravolta tão forte e decisiva na história, que a história precisa ser relembrada e registrada.

São Tomás de Aquino se parece bastante com o grande professor Thomas H. Huxley, o agnóstico que inventou a palavra agnosticismo. Tomás se assemelha a Huxley na maneira de iniciar a discussão, e é diferente de todos, tanto de antes de sua época como de depois dela, até a era de Huxley. Ele adota quase literalmente a definição huxleyana do método agnóstico: "Seguir a razão até onde ela for". A única questão é: para onde ela vai? Ele formula a afirmação quase espantosamente moderna ou materialista: "Tudo o que está no intelecto esteve nos sentidos". Foi por aí que ele começou, mais ou menos como qualquer moderno homem de ciência, ou melhor, como qualquer moderno materialista que dificilmente pode ser chamado um homem de ciência; Tomás de Aquino começou no próprio extremo oposto ao do simples místico. Os platônicos, ou ao menos os neoplatônicos, tendiam, todos eles, a considerar a mente iluminada por inteiro a partir de fora; São Tomás insistia que a mente era iluminada por cinco janelas, aquilo que chamamos de janelas dos sentidos. Mas ele queria que a luz de fora brilhasse sobre o que estava dentro. Desejava estudar a natureza do homem, e não apenas o musgo e os cogumelos que podia ver pela janela e que ele valorizava como a primeira experiência de iluminação do homem. E, partindo desse ponto, ele sobe a escada que leva à casa do homem, degrau por degrau, e andar por andar, até chegar à torre mais elevada e contemplar a visão mais ampla.

Em outras palavras, Tomás de Aquino é um antropólogo dotado de uma teoria completa do homem, seja ela certa ou errada. Ora, os modernos antropólogos, que atribuíram a si mesmos o título de agnósticos, fracassaram completamente como antropólogos. Dadas as suas limitações, eles não puderam chegar a uma teoria completa do homem, para não falar de uma teoria completa da natureza. Eles começaram descartando uma coisa que chamaram de o "incognoscível". A incompreensibilidade era quase compreensível se pudéssemos de fato compreender o "incognoscível" no sentido de o "último". Mas logo se tornou evidente que todo tipo de coisa era incognoscível, e que essas coisas eram exatamente as coisas que um homem tem de conhecer. É preciso saber se o homem é responsável ou irresponsável, perfeito ou imperfeito, capaz ou incapaz de aperfeiçoamento, mortal ou imortal, condenado ou livre, não para compreender Deus, mas para compreender o homem. Nada que deixe essas coisas sob uma nuvem de dúvida religiosa pode ter a preten-

Mosaico, Catedral de São Marcos.

são de ser uma ciência do homem; ela se afasta da antropologia de maneira tão completa quanto se afasta da teologia. O homem tem livre-arbítrio ou sua sensação de que escolhe é uma ilusão? Ele tem consciência, e sua consciência tem alguma autoridade, ou ela é apenas o preconceito de um passado tribal? Há alguma real esperança de resolver essas coisas através da razão humana, e tem *isso* alguma autoridade? O homem deve considerar a morte como o final ou deve considerar possível a ajuda miraculosa? Ora, é um total absurdo dizer que essas coisas são incognoscíveis em algum sentido remoto, como a distinção entre o querubim e o serafim ou a processão do Espírito Santo. Os escolásticos podem ter ido bem além de nossos limites ao estudarem o querubim e o serafim. Mas, ao perguntar se o homem pode escolher ou se o homem vai morrer, eles estavam fazendo perguntas comuns de história natural; como ocorre quando se pergunta se um gato pode arranhar coisas ou se um cão pode farejar. Nada que dê a si mesmo o nome de ciência do homem pode fugir dessas perguntas. E os grandes agnósticos fugiram delas. Eles podem ter dito que não dispunham de provas científicas; nesse caso, eles fracassaram até mesmo em formular uma hipótese científica. O que eles em geral realmente produziram foi uma contradição nem um pouco científica. A maioria dos moralistas monistas disseram simplesmente que o homem não tem escolha, mas deve pensar e agir heroicamente como se tivesse escolha. Huxley tornou a moralidade, e mesmo a moralidade vitoriana, no sentido exato, uma coisa sobrenatural. Disse que a moralidade tem direitos arbitrários acima da natureza, uma espécie de teologia sem teísmo.

Não sei ao certo por que São Tomás foi chamado de doutor Angélico; se era por ter um temperamento angélico ou a intelectualidade de um anjo; ou se houve uma lenda posterior segundo a qual ele se concentrou nos anjos — especialmente nos que ficam em pontas de agulha. Assim, não entendo bem como surgiu essa idéia; a história tem muitos exemplos do hábito irritante de atribuir a pessoas um dado rótulo associado com alguma coisa, como se ela nunca fizesse mais nada. Quem iniciou o hábito sem sentido de se referir ao doutor Johnson pelo título de "nosso lexicógrafo", como se sua única realização tivesse sido escrever um dicionário? Por que a maioria das pessoas insiste em ter contato com a mente ampla e de longo alcance de Blaise Pascal em seu ponto mais estreito, o ponto em que ela se tornou um instrumento pontiagudo por causa da divergência dos jansenistas com os jesuítas? É assim bem possível, por tudo o que sei, que o uso desse rótulo de especialista para designar Tomás de Aquino tenha sido uma depreciação disfarçada dele como universalista. Porque esse é um truque bem comum quando se deseja reduzir o valor de um homem de letras ou de ciência. São Tomás deve ter feito alguns inimigos, ainda que dificilmente os tenha um dia tratado como inimigos. Infelizmente, o temperamento bom pode ser ainda mais irritante do que o mau temperamento. E ele, afinal de contas, causara muitos estragos, como talvez pensassem alguns homens medievais; e, o que é mais curioso, tanto de seu lado como no dos adversários. Ele fora revolucionário contra Agostinho e tradicionalista contra Averróis. Alguns poderiam ter a impressão de que ele tentara destruir a beleza antiga da cidade de Deus, que tinha alguma semelhança com a República de Platão. Outros talvez pensassem que ele dera um golpe nas forças em avanço, niveladoras, do islamismo, um golpe tão dramático quanto Godfrey dera ao tomar Jerusalém pela força. É possível que esses inimigos, pretendendo prejudicar por meio do falso louvor, tenham mencionado esse respeitável trabalho de menor importância sobre os anjos como se poderia dizer que Darwin só foi respeitável quando escreveu sobre insetos de corais ou que alguns dos poemas escritos em latim por John Milton (autor de *Paraíso Perdido*) merecem de fato elogios. Mas isso é somente especulação minha, e muitas outras especulações são possíveis. E estou disposto a pensar que São Tomás tinha efetivamente um interesse especial pela natureza dos anjos pelo mesmo motivo que o levara a se interessar ainda mais pela natureza dos homens. Isso era parte de seu grande interesse pessoal por coisas subordinadas e não independentes que está presente em todo o seu sistema: uma hierarquia de liberdades superiores e inferiores. Tomás se interessava pelo problema do anjo, assim como se interessava pelo problema do homem, porque era um problema, e especialmente porque era um problema de uma criatura intermediária. Não pretendo tratar aqui da qualidade misteriosa que São Tomás diz que existe nesse ser intelectual que não podemos examinar diretamente e que é menos do que Deus e mais do que homem. Mas era essa qualidade como elo na corrente, ou degrau na escadaria, que preocupava essencialmente o teólogo Tomás de Aquino ao desenvolver sua teoria específica dos graus dos seres. É acima de tudo essa a sua principal preocupação quando considera tão fascinante o mistério central do homem. E para ele o que importava era o fato de que o homem não é um balão que sobe ao céu nem uma toupeira, que vive exclusivamente na terra, mas algo como uma árvore, cujas raízes se alimentam a partir da terra, enquanto seus galhos mais altos parecem se elevar às estrelas.

Assinalei que o mero livre-pensamento moderno deixou tudo na escuridão, inclusive ele mesmo. A idéia de que o pensamento é livre levou primeiro à negação de que o arbítrio seja livre; mas mesmo com relação a isso os deterministas não chegaram a nenhuma real determinação. Na prática, eles disseram ao homem que tratasse o arbítrio como livre, embora não fosse livre. Em outras palavras, o homem deve levar uma vida dupla, o que é exatamente a antiga heresia de Siger de Brabante com a mente dupla. Ou seja, o século XIX deixou tudo no caos; e a importância do tomismo para o século XX é que ele pode nos devolver o cosmos. Podemos apresentar aqui somente o esboço do modo como, começando pelas celas cósmicas, assim como os agnósticos, Tomás de Aquino ainda assim alcançou as torres cósmicas.

Sem pretender reduzir a esses limites a idéia tomista essencial, permitam-me apresentar uma espécie de versão pouco elaborada da questão fundamental, que acho que eu mesmo sempre soube, consciente ou inconscientemente, desde a infância. Quando a criança olha pela janela de seu quarto e vê alguma coisa, a grama verde do jardim, digamos, o que ela de fato fica sabendo, ou ela fica sabendo alguma coisa? Há todo tipo de jogos infantis, baseados numa filosofia negativa e que giram em torno dessa questão. Um brilhante cientista vitoriano deliciou-se em declarar que a criança não vê a grama, mas apenas uma espécie de névoa verde refletida num tênue espelho do olho humano. Esse exemplo de racionalismo sempre me deu a impressão de ser algo quase insanamente irracional. Se o cientista não tem certeza da existência da grama, que vê pelo vidro de uma janela, como pode ele ter certeza da existência da retina, que ele vê através da lente de um microscópio? Se o olhar engana, por que em alguns casos deixaria de enganar? Homens de outra escola respondem que a grama é uma mera impressão verde na mente, e que a criança não pode ter certeza de coisa alguma além da mente. Declaram que ela só pode ter consciência da própria consciência, o que é por acaso algo de que sabemos com certeza que a criança não tem consciência. Nesse sentido, seria muito mais verdadeiro dizer que existe a grama mas não existe a criança do que dizer que existe uma criança consciente mas não existe a grama. São Tomás de Aquino, interferindo de repente nessa briga infantil, diz enfaticamente que a criança tem consciência do *ens*. Bem antes de saber que a grama é grama, ou que o eu é o eu, a criança sabe que alguma coisa é alguma coisa. Talvez fosse melhor dizer (dando um murro na mesa): "*Existe* um existente". Essa é a credulidade de monge que São Tomás nos pede para ter no começo. Bem poucos descrentes começam nos pedindo para crer em tão pouco. Mesmo assim, por meio de longos processos lógicos, ele fundamenta todo o sistema cósmico do cristianismo nessa aguda observação da realidade.

Assim, Tomás de Aquino insiste de maneira bem profunda, mas muito prática, que, com essa idéia de afirmação, entra *instantaneamente* a idéia de contradição. Fica instantaneamente óbvio, mesmo para a criança, que não pode haver ao mesmo tempo afirmação e contradição. Seja qual for o nome que se dê ao que a criança vê — uma lua, uma miragem, uma sensação, um estado de consciência —, quando vê essa coisa ela sabe que não é verdade que ela não a vê. Ora, seja qual for o nome que se dê ao que se supõe que a criança faz, vendo, sonhando ou sendo consciente de uma impressão, ela sabe que, se está fazendo isso, é mentira dizer que ela não o esteja fazendo. Logo, já entrou *algo* que vai além até do primeiro fato da existência; segue-se a ele, como se fosse uma sombra, o primeiro credo ou mandamento fundamental: o de que uma coisa não pode ao mesmo tempo existir e não existir, ser e não ser. Em conseqüência, usando linguagem comum ou popular, existe uma coisa falsa e uma coisa verdadeira. Falo de linguagem popular porque São Tomás em nenhum

Os quatro filósofos, Rubens. Óleo, 1602, Galeria Palatina, Florença.

ponto é mais sutil do que ao indicar que o ser, a existência, não corresponde exatamente à verdade; ver a verdade tem de significar a avaliação do ser por uma mente que tem capacidade para avaliá-lo. Mas, num sentido geral, entrou o mundo primordial da pura realidade, a divisão e o dilema que traz para o mundo o tipo último de guerra: o duelo eterno entre o sim e o não. Trata-se do dilema que levou muitos céticos, apenas para escapar dele, a obscurecer o universo e a dissolver a mente. São eles que sustentam que há alguma coisa que é ao mesmo tempo sim e não. Não sei se eles pronunciam essa coisa "simnão".

O próximo passo que se segue à aceitação da realidade ou da certeza, ou do que quisermos dizer em linguagem popular, é bem mais difícil de explicar nessa linguagem. Mas representa exatamente o ponto no qual quase todos os outros sistemas dão errado e, ao dar o terceiro passo, desfazem o primeiro. São Tomás afirmou que nosso primeiro sentido do fato é um fato; e ele não pode voltar atrás sem criar falsidade. Mas quando vamos examinar o fato ou fatos, tal como os conhecemos, descobrimos que eles têm um caráter bem estranho, o que produziu em muitos modernos um esquisito e inquieto ceticismo com relação a eles. Por exemplo, tais fatos estão em larga medida em estado de mudança, deixando de ser uma coisa e passando a ser outra; ou suas qualidades são relativas a outras coisas que não eles; ou eles dão a impressão de que não param de se mover ou que desaparecem por completo. Nesse ponto, como eu digo, muitos sábios parecem se esquecer do primeiro princípio, o da existência da realidade, que no início tinham aceito, e voltam a afirmar que não existe nada além da mudança; ou nada a não ser a comparação; ou nada a não ser o fluxo, o movimento; ou então, com efeito, que nada existe. Tomás de Aquino dá à discussão uma direção totalmente contrária, permanecendo com sua primeira percepção da existência da realidade. Não há dúvida de que o ser é, existe, mesmo que algumas vezes pareça estar vindo a existir, a ser; essa impressão vem do fato de que não vemos a plenitude do ser, ou (para continuar numa espécie de gíria coloquial) não vemos o ser sendo tudo o que ele pode ser. O gelo derretido vira água gelada, e a água gelada, quando esquentada, vira água quente; a água não pode ser as três coisas ao mesmo tempo. Mas isso não torna a água irreal e nem mesmo relativa; isso significa somente que o ser da água é limitado a ser só uma coisa dessas por vez. Mas a plenitude do ser da água é tudo o que a água pode ser; e sem essa plenitude é impossível explicar as formas inferiores ou aproximadas do ser, a não ser que se diga que elas não existem.

Esse esboço grosseiro só pode ser, na melhor das hipóteses, histórico e não filosófico. É impossível recheá-lo com as provas metafísicas dessa idéia, especialmente na linguagem metafísica medieval. Mas em filosofia essa distinção corresponde a uma reviravolta na história. A maioria dos pensadores, ao perceber a aparente mutabilidade do ser, esqueceram o que eles mesmos haviam percebido antes, o próprio ser, e acreditaram somente na mutabilidade. Esses pensadores nem mesmo podem dizer que uma coisa se transforma em outra; para eles, não há um instante no processo em que uma coisa seja uma coisa. A coisa é somente uma mudança. Seria mais lógico chamar a coisa de nada se transformando em nada do que dizer (a partir desses princípios) que houve ou haverá um momento em que a coisa foi ou será ela mesma. São Tomás sustenta que a coisa comum é a qualquer momento algo existente, mas não é tudo o que pode ser. Assim, enquanto a maioria dos sábios no final se limita a chegar à mudança pura e simples, Tomás de Aquino chega à coisa última, que é imutável, porque é todas as outras coisas ao mesmo tempo. Enquanto esses sábios descrevem uma mudança que é na verdade uma mudança em nada, Tomás descreve uma ausência de mudança que inclui as mudanças de tudo. As coisas mudam porque não são completas, mas a realidade delas só pode ser explicada como parte de uma coisa que é completa. E o que é completo é Deus.

Historicamente, pelo menos, foi ao redor dessa aguda e tortuosa esquina que todos os sofistas seguiram uns aos outros, enquanto o grande escolástico subia pela estrada elevada da experiência e da expansão; assim ele ia da contemplação à construção de cidades. Todos os sofistas fracassaram nesse estágio inicial porque, nas palavras do velho jogo, eles pegaram o primeiro número no qual pensaram. O reconhecimento de algo, de uma coisa ou de coisas, é o primeiro ato do intelecto. Mas como o exame de uma coisa mostra que ela não é uma coisa fixa ou final, os sofistas inferiram que nada é fixo ou final. Logo, de várias maneiras, eles todos começaram a ver uma coisa como algo menos concreto do que uma coisa; como uma onda, uma fraqueza, uma instabilidade abstrata. São Tomás, para usar a mesma figura grosseira, viu uma coisa que era mais concreta do que uma coisa, viu uma coisa que era até mais sólida do que os fatos sólidos, porém secundários, que ele começara a admitir como fatos. Como sabemos que esses fatos são reais, nenhum elemento fora do comum ou surpreendente de sua realidade pode de fato ser uma coisa irreal, e tem de ser somente sua relação com a realidade real. Cem filosofias humanas existentes na terra, do nominalismo ao Nirvana e a Maya, e do evolucionismo que recusa a existência das formas ao quietismo, todas elas vêm dessa primeira ruptura da corrente tomista: a idéia de que, como não nos satisfaz nem se explica a si mesmo, aquilo que vemos nem mesmo existe. O cosmos é uma contradição em termos e estrangula a si mesmo; mas o tomismo tira as mãos do redor de seu pescoço. O defeito que vemos naquilo que existe é simplesmente o fato de aquilo que vemos não ser tudo o que existe. Deus é mais real do que o homem, e até mais real do que a matéria; porque Deus, com todos os Seus poderes, é a todo instante imortalidade em ação.

Uma comédia cósmica de um tipo bastante curioso ocorrida recentemente envolveu as concepções de homens muito brilhantes, como Bernard Shaw e o padre diocesano da diocese de São Paulo, na Inglaterra. Para resumir, livre-pensadores de vários tipos sempre disseram que não precisam de uma Criação porque o cosmos sempre existiu e sempre vai existir. Bernard Shaw disse que se tornara ateu porque o universo fizera a si mesmo desde o começo, ou nem teve começo. O padre diocesano Inge mais tarde mostrou-se consternado com a própria idéia de que o universo pudesse ter fim. A maioria dos cristãos modernos, adotando a tradição em aspectos nos quais os cristãos me-

O dia do Juízo Final, portal da Catedral de São Lázaro, Autun, França.

dievais adotavam a lógica ou a razão, sentiu de modo não muito definido que era uma idéia tenebrosa eles serem privados do Juízo Final. A maioria dos agnósticos modernos (que adoram ver suas idéias serem consideradas tenebrosas) gritou ainda mais alto, a uma só voz, que o universo que produz a si mesmo, que existe por si mesmo, o universo verdadeiramente científico, nunca precisara ter um começo e não podia acabar. Nesse mesmo momento, repentinamente, tal como o homem que fica na vigia do navio e alerta sobre uma pedra, o *verdadeiro* homem de ciência, o especialista que estava examinando os fatos, anunciou em voz alta que o universo *estava* acabando. Ele naturalmente não ouvira a conversa dos amadores, mas, examinando diretamente a textura da matéria, disse que ela estava se desintegrando: o mundo aparentemente estava explodindo a si mesmo através de uma explosão gradual chamada energia; tudo com certeza teria um fim e era possível imaginar que tivera um começo. Isso foi de fato um grande choque; não para o ortodoxo, mas especialmente para o heterodoxo, que se choca com muito mais facilidade. O padre diocesano Inge, que havia vários anos vinha fazendo palestras para os ortodoxos sobre seu duro dever de aceitar todas as descobertas científicas, não pôde deixar de lamentar essa descoberta científica verdadeiramente indiscreta e praticamente implorou aos descobridores científicos que fossem adiante e descobrissem alguma coisa diferente. Parece quase incrível, mas ele perguntou o que Deus teria para Se divertir se o universo acabasse. Essa é uma amostra da grande necessidade que a mente moderna tem de Tomás de Aquino. Contudo, mesmo sem São Tomás, dificilmente posso conceber que um homem educado, para não falar de um homem tão educado como esse, acredite de alguma maneira em Deus sem supor que Deus contenha em Si todas as perfeições, incluindo o júbilo eterno, não precisando portanto do sistema solar para entretê-Lo como um circo.

Afastar-se dessas convicções, desses preconceitos e desilusões privadas e entrar no mundo de São Tomás é como fugir de uma briga no escuro e sair para a plena luz do dia. São Tomás diz, de modo bem direto, que ele mesmo acredita que este mundo tem um começo e um fim, porque esse parece ser o ensinamento da Igreja; e em outros lugares, com dezenas de argumentos bem diferentes uns dos outros, defende a validade da mensagem mística da Igreja à humanidade. Seja como for, a Igreja disse que o mundo vai acabar; e ao que parece a Igreja tinha razão, sempre supondo (como sempre se supõe que devamos supor) que os últimos homens de ciência estejam certos. Mas Tomás de Aquino diz que não vê nenhum motivo particular, em termos racionais, para que este mundo não tenha um fim ou mesmo um começo. E ele tem certeza de que, se este mundo fosse inteiramente sem começo nem fim, ainda assim haveria a mesma necessidade lógica de um Criador. Quem não percebe isso, sugere ele delicadamente, na verdade não entende o que se designa por Criador.

A face de Deus, (detalhe da Criação de Adão), Michelângelo. Afresco, 1508-1512, Capela Sistina, Vaticano.

Porque o sentido que São Tomás dá a Criador não é uma representação medieval de um velho rei, mas o segundo passo no grande argumento sobre o *ens* ou o ser, o segundo ponto que é tão desesperadoramente difícil explicar corretamente em linguagem popular. É por isso que eu o introduzi aqui na forma particular do argumento segundo o qual tem de haver um Criador mesmo que não haja um dia da criação. Vendo o ser tal como ele é agora, do mesmo modo como o bebê vê a grama, percebemos mais uma coisa a seu respeito; numa linguagem bem popular, ele *parece* secundário e dependente. A existência existe, mas não é suficientemente existente por si mesma, e nunca será se simplesmente continuar a existir. O mesmo sentido primário que nos diz que ela é o ser nos diz que ela não é o ser perfeito; não é somente imperfeita no sentido popular controverso de conter pecado ou tristeza, mas imperfeita como ser, menos real do que a realidade que ela implica. Por exemplo, seu ser é muitas vezes somente vir-a-ser, tornar-se, começar a existir e deixar de existir; implica uma coisa mais constante ou completa da qual ela não é por si mesma um exemplo. É isso que significa a frase medieval essencial: "Tudo o que se move é movido por alguma outra coisa", que quer dizer, na clara sutileza de São Tomás, inexprimivelmente mais do que a mera afirmação deísta: "alguém deu corda no relógio", com a qual é provavelmente confundida muitas vezes. Quem pensar profundamente vai compreender que o movimento traz em si alguma coisa essencialmente incompleta que lembra alguma outra coisa mais completa.

O argumento real é bem técnico, referindo-se ao fato de que a potencialidade, a capacidade de ser, não explica a si mesma; além disso, de qualquer maneira, só uma coisa que estava dobrada, oculta, se desdobra, se revela. Basta dizer que os meros evolucionistas modernos, que ignorariam esse argumento, não agem assim por terem descoberto alguma falha no argumento, porque eles nem mesmo descobriram um dia qual era o argumento. Eles agem assim porque são muito superficiais para ver a falha do argumento deles, porque escondem a fraqueza da tese deles empregando uma linguagem ultrapassada, do mesmo modo como se ocultava mediante o uso de uma linguagem ultrapassada a força da tese anterior à deles. Mas para quem de fato pensa, há sempre algo realmente impensável sobre todo o cosmos evolutivo tal como concebido por eles; porque é um cosmos que vem do nada, um dilúvio em constante aumento vindo de um recipiente vazio. Quem simplesmente aceitar isso, sem nem mesmo ver a dificuldade, provavelmente não terá uma percepção tão profunda quanto a de Tomás de Aquino nem verá a solução dessa dificuldade. Em uma palavra, o mundo não explica a si mesmo nem conseguirá se explicar simplesmente continuando a se expandir. Mas, seja como for, é absurdo que o evolucionista se queixe de que é impensável que um Deus reconhecidamente impensável faça tudo a partir do nada e depois finja que é *mais* pensável que o nada se torne tudo por si só.

Vimos que a maioria dos filósofos simplesmente não consegue filosofar sobre as coisas porque as coisas mudam; eles também não conseguem filosofar sobre as coisas porque as coisas são diferentes. Não temos espaço aqui para acompanhar Tomás de Aquino em todas essas heresias negativas; mas temos de dizer algo sobre o nominalismo, ou a dúvida baseada em coisas que são diferentes. Todos sabem que o nominalista declarou que as coisas são muito diferentes umas das outras para serem de fato classificadas; e que por isso elas simplesmente recebem um nome. Tomás de Aquino era um realista firme mas moderado, e portanto sustentava que existem de fato qualidades gerais, assim como sustentava que os seres humanos são humanos e outros paradoxos. Ser um realista extremo o teria feito chegar perto demais de ser um platônico. Ele reconhecia que a individualidade é real, mas disse que ela coexiste com um caráter comum que torna possível alguma generalização; na verdade, como o fez com relação à maioria das outras coisas, Tomás de Aquino disse exatamente o que todo senso comum teria dito, desde que não houvesse nenhum herege inteligente para perturbá-lo. Mesmo assim, eles continuam a perturbá-lo. Lembro-me de quando H. G. Wells teve um alarmante ataque de filosofia nominalista e produziu livro após livro para alegar que todas as coisas são ímpares e atípicas, a ponto de dizer que um dado homem é a tal ponto individual que nem mesmo é um homem. É um fato estranho e quase cômico que essa negação caótica atraia especialmente aqueles que sempre se queixam do caos social e que propõem substituir esse caos pelas mais amplas regulamentações sociais. São os mesmos homens que dizem que nada pode ser classificado que afirmam que tudo tem de ser codificado. Nesse sentido, Bernard Shaw disse que a única regra de ouro é que não existe regra de ouro. Ele prefere uma regra de ferro, como na Rússia.

Mas esta é somente uma ligeira incoerência que afeta alguns modernos como indivíduos. Há uma incoerência ainda mais profunda neles como teóricos com relação à teoria geral chamada evolução criativa. Eles parecem imaginar que evitam a questão metafísica sobre a mera mudança ao supor que (não está claro por que motivo) a mudança sempre será para melhor. Mas a dificuldade matemática de encontrar um ponto numa curva não se altera virando o diagrama de cabeça para baixo e dizendo que uma curva que vai para baixo agora vai para cima. O que importa é que não há ponto na curva, nenhum lugar no qual se tenha o direito lógico de afirmar que a curva alcançou seu ponto mais alto, revelou sua origem ou chegou ao fim. E não faz diferença o fato de eles terem preferido comemorar isso, dizendo: "É suficiente que sempre haja um além", em vez de se lamentar, como os poetas mais realistas do passado, com a tragédia da mera mutabilidade. Não basta que sempre haja um além; porque esse além pode estar além do suportável. Na realidade, a única defesa dessa concepção é que esse tédio absoluto é uma

Adão e Eva, desenho de William Blake.

agonia tão enorme que qualquer movimento é um alívio. Mas a verdade é que essas pessoas nunca leram São Tomás ou teriam descoberto, com grande terror, que na verdade concordam com ele. O que elas querem de fato dizer é que a mudança não é mera mudança, mas o desdobramento, a revelação, de alguma coisa; e se se desdobra assim, ainda que o desdobramento leve doze milhões de anos, essa coisa tem de existir antes de se desdobrar. Em outras palavras, essas pessoas concordam com São Tomás que há em toda parte uma potencialidade que ainda não alcançou seu fim em ato. Mas se essa é uma potencialidade definida, e se essa potencialidade só pode ter como fim um ato definido, então existe um grande ser no qual todas as potencialidades já existem como um plano de ação. Ou seja, é impossível até mesmo dizer que a mudança é para melhor, a não ser que exista um melhor, tanto antes como depois da mudança. Do contrário, ela será de fato mera mudança, como querem todos os tipos de céticos ou os mais sombrios pessimistas. Suponha que dois caminhos inteiramente novos se abram diante do progresso da evolução criativa. Como o evolucionista saberá que além é melhor, a não ser que aceite, a partir do passado e do presente, algum padrão do melhor? De acordo com sua teoria superficial, tudo pode mudar, tudo pode melhorar, inclusive a natureza da melhoria. Mas, em seu senso comum submerso, eles não pensam de fato que um ideal de delicadeza possa se tornar um ideal de crueldade. É típico deles fazer em algumas ocasiões um tímido uso da palavra propósito; mas eles ficam ruborizados diante da simples menção da palavra pessoa.

São Tomás é o próprio reverso do antropomórfico, apesar de sua grande capacidade como antropólogo. Alguns teólogos até afirmaram que ele é agnóstico demais e deixou a natureza de Deus com um caráter demasiado próximo da abstração intelectual. Mas nem mesmo precisamos de São Tomás, não precisamos de nada mais do que do nosso senso comum para nos dizer que, se existe desde o começo alguma coisa que se possa de algum modo chamar de propósito, essa coisa tem de estar em algo dotado dos elementos essenciais de uma pessoa. Não pode haver uma intenção que paire no ar sustentada apenas por si mesma, assim como não pode haver uma lembrança de que ninguém se lembra ou uma piada que ninguém inventou. A única alternativa para quem sustenta essas sugestões é refugiar-se na irracionalidade vazia e sem fundo, e mesmo assim é impossível provar que alguém tenha o direito de ser absurdo se São Tomás não tem o direito de ser razoável.

Num esboço que pretende fazer apenas uma simplificação totalmente desprovida de ornamentos, esta me parece ser a verdade mais simples a respeito de São Tomás como filósofo: ele é, digamos assim, uma pessoa fiel ao seu primeiro amor, e foi um amor à primeira vista. Quero dizer que ele reconheceu imediatamente uma real qualidade nas coisas; e depois resistiu a todas as dúvidas desintegradoras que vêm da natureza dessas coisas. Por isso enfatizo, já desde as primeiras páginas, o fato de haver uma espécie de humildade e fidelidade puramente cristãs na base da filosofia realista de São Tomás de Aquino. Ele poderia verdadeiramente dizer, ao ver apenas um pedaço de madeira ou uma pedra, o que São Paulo disse ao ver revelado o segredo dos céus: "Não desobedeci à visão celestial". Porque, embora o pedaço de madeira e a pedra sejam uma visão terrena, é por meio deles que São Tomás encontra seu caminho para o céu; e o que importa é que ele obedece à visão, o que importa é que ele não volta atrás. Quase todos os outros sábios que orientaram ou desorientaram a humanidade acabam, com uma desculpa ou outra, por voltar atrás. Eles dissolvem o pau ou a pedra em soluções químicas de ceticismo, seja no meio do mero tempo e da mera mudança ou nas dificuldades de classificação de coisas sem par, ou então na dificuldade de reconhecer a variedade ao mesmo tempo em que se admite a unidade. A primeira dessas três opções é chamada debate sobre o fluxo ou a transição sem forma; a segunda é o debate sobre o nominalismo e o realismo ou sobre a existência de idéias gerais; a terceira é chamada o antigo enigma metafísico do um e do muitos. Mas todas podem ser reduzidas, numa imagem grosseira, a essa mesma afirmação sobre São Tomás. Ele continua fiel à primeira verdade e continua a recusar a primeira traição. Não nega o que viu, mesmo que seja uma realidade secundária e diversa. Ele não despreza os números que viu primeiro, mesmo que possa haver um bom número deles.

Ele viu a grama, e não vai dizer que não viu a grama, porque ela hoje existe e amanhã é jogada no forno. Essa é a essência de todo o ceticismo acerca da mudança, da transição, da transformação e de todo o resto: ele não diz que não existe a grama mas somente o crescimento. Se a grama cresce e murcha, isso só pode querer dizer que ela é parte de alguma coisa mais ampla do que ela mesma, de alguma coisa ainda mais real, e não que a grama é menos do que parece ser. São Tomás tem um direito realmente lógico de dizer, nas palavras de um místico moderno, A. E. (o irlandês George William Russell): "Começo pela grama para voltar à minha ligação com o Senhor".

Tomás de Aquino viu a grama e a semente; e não vai dizer que elas não são diferentes uma da outra porque existe algo de comum às duas. Tampouco vai dizer que não há nada de comum às duas porque elas são diferentes uma da outra. Não vai dizer, com os nominalistas extremos, que como as sementes podem se diferenciar em todo tipo de frutos, ou que, como a grama pode ser esmagada numa mistura com todo tipo de erva daninha, não pode haver uma *classificação* para distinguir ervas daninhas de lama nem para estabelecer uma sutil distinção entre carne bovina e bovinos. Por outro lado, ele não vai dizer, com os platônicos extremos, que viu o fruto perfeito na mente, ao fechar os olhos, *antes* de ver alguma diferença entre a semente e a grama. Ele viu uma coisa e depois viu outra, e depois viu uma qualidade comum a essas duas coisas; mas de fato não finge que viu a qualidade antes de ver a coisa.

Ele viu a grama e viu pedregulhos, ou seja, viu coisas realmente distintas entre si; viu coisas que não são classificadas num mesmo grupo, como a grama e a semente. Nosso primeiro contato com um fato nos mostra um mundo de coisas realmente estranhas; estranhas não somente para nós, mas estranhas umas para as outras. As coisas separadas não precisam ter nada em comum exceto o ser. Tudo é ser; mas não é verdade que tudo é unidade. É aqui, como eu disse, que São Tomás se afasta definitivamente, e poderíamos dizer desafiadoramente, do panteísta e do monista. Todas as coisas existem; mas entre as coisas que existem está a coisa chamada diferença, da mesma maneira como está a coisa chamada semelhança. E aqui também começamos, para voltar mais uma vez à nossa união com o Senhor, não só pela universalidade da grama como pela incompatibilidade entre grama e pedregulho. Porque este mundo de seres diferentes e variados é especialmente o mundo do Criador cristão, o mundo das coisas criadas, como coisas feitas por um artista, em comparação com o mundo que é uma só coisa, como uma espécie de véu tremulante e mutante de mudança enganosa, que é a concepção de tantas religiões antigas da Ásia e dos modernos sofismas da Alemanha. Diante dessas coisas, São Tomás ainda permanece, teimoso, na mesma fidelidade objetiva obstinada. Ele viu a grama e viu os pedregulhos; e não desobedece à visão celestial.

Para resumir: a realidade das coisas, a mutabilidade das coisas, a diversidade das coisas e todas as outras coisas como essas que podem ser atribuídas às coisas são seguidas com cuidado pelo filósofo medieval sem que ele perca o contato com o ponto original da realidade. Não há espaço neste livro para especificar a centena de passos de pensamento por meio dos quais ele mostra que tem razão. Mas o que interessa é que, mesmo além de ter razão, ele é real. São Tomás é um realista num sentido próprio bem curioso, que constitui uma terceira coisa distinta dos significados medieval e moderno quase contrários da palavra "realista".

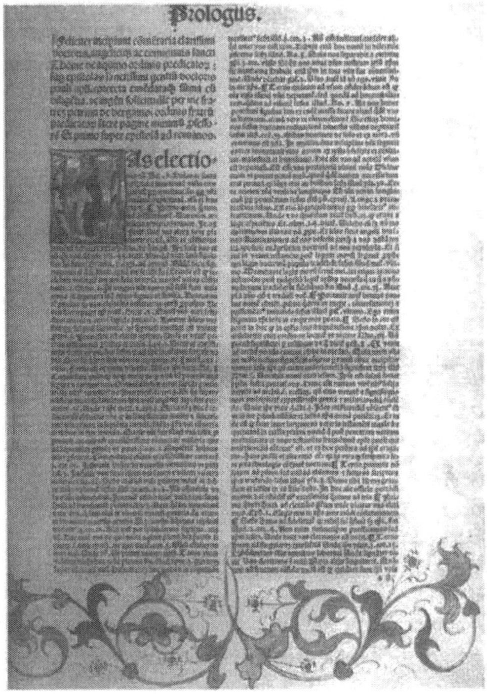

Mesmo as dúvidas e dificuldades sobre a realidade o levaram a crer antes em mais realidade do que em menos realidade. O *caráter enganoso* das coisas, que teve um efeito tão triste em tantos sábios, tem neste sábio quase um efeito contrário. Se as coisas nos enganam, elas o fazem porque são mais reais do que parecem ser. Como fins em si, elas sempre nos enganam; mas como coisas que tendem para um fim maior, elas são ainda mais reais do que consideramos que sejam. Se parecem ter uma relativa irrealidade (digamos assim), é porque são potenciais e não atuais; são não realizadas, como pacotes de sementes ou caixas de fogos. Elas trazem em si a característica de ser mais reais do que são. E há um mundo superior daquilo que o escolástico chamou de fruição, ou realização, em que toda essa causa relatividade se torna realidade, um mundo em que as árvores explodem em flores ou os fogos em chamas.

Incunables, de São Tomás, xilografia anterior a 1500.

Aqui eu deixo o leitor, no degrau mais baixo dessas escadarias de lógica com as quais São Tomás cercou e montou a casa do homem. Basta dizer que, por meio de argumentos igualmente honestos e laboriosos, ele alcançou as torretas e falou com anjos nos tetos de ouro. Esta é, num esboço bastante grosseiro, sua filosofia; é impossível num tal esboço descrever sua teologia. Toda pessoa que escreva um livro tão pequeno sobre um homem tão grande tem de deixar de fora alguma coisa. Aqueles que melhor o conhecem compreenderão melhor por que, depois de consideráveis considerações, deixei de fora a única coisa importante.

Capítulo VIII

Depois de São Tomás

Costuma-se dizer que São Tomás, ao contrário de São Francisco, não permitiu em sua obra o elemento indescritível da poesia, uma vez que, por exemplo, nela existem poucas referências a quaisquer prazeres nas flores e frutos reais das coisas naturais, embora ali esteja toda a preocupação com as raízes da natureza. Mesmo assim, confesso que, ao ler sua filosofia, tive uma impressão muito peculiar e intensa, análoga à produzida pela poesia. É bastante curioso que essa filosofia se assemelhe mais, em alguns aspectos, à pintura, lembrando-me bastante do efeito produzido pelos *melhores* pintores modernos quando lançam uma estranha e quase crua luz sobre objetos escuros e retangulares, ou quando parecem estar antes tateando do que apreendendo as próprias colunas da mente subconsciente. Isso provavelmente ocorre porque há na obra de Tomás de Aquino uma qualidade primitiva, no melhor sentido de uma palavra tão desgastada; mas, seja como for, o prazer é claramente não só da razão mas também da imaginação.

Talvez essa impressão esteja ligada ao fato de os pintores lidarem com coisas sem palavras. O artista desenha bem seriamente as grandes curvas de um porco, porque não está pensando na *palavra* porco. Não há pensador que esteja tão inconfundivelmente pensando nas coisas, sem ser desorien-

São Tomás de Aquino, Carlo Crivelli. Óleo sobre madeira, National Gallery, Londres.

tado pela influência indireta das palavras quanto São Tomás de Aquino. É verdade, nesse sentido, que ele não tem a vantagem das palavras mais do que tem a desvantagem das palavras. Aqui ele difere agudamente, por exemplo, de Santo Agostinho, que foi, entre outras coisas, um espirituoso. Agostinho também foi uma espécie de poeta em prosa dotado de poder sobre o aspecto atmosférico e emocional das palavras; por isso seus livros estão cheios de belas passagens que se elevam na memória como correntes de música; o *illi in vos saeviant*[9] ou a exclamação inesquecível "Tarde vim a amar-te, ó Beleza Antiga!". É verdade que há pouco ou nada desse tipo em São Tomás; mas, se não era capaz dos usos superiores da mera magia das palavras, ele também estava livre do abuso disso por meros sentimentalistas ou artistas voltados para si mesmos, o que pode se tornar simplesmente mórbido e uma magia de fato bastante negra. E é na verdade por alguma comparação desse tipo com o intelectual puramente introspectivo que podemos encontrar um indício acerca da natureza do que descrevo, ou melhor, que não consigo descrever; refiro-me à poesia elemental e primitiva que brilha em todos os pensamentos de São Tomás, e especialmente no pensamento com que começa todo o seu pensamento. Trata-se da intensa precisão de seu sentido da relação entre a mente e a coisa real que está fora da mente.

Essa *estranheza* das coisas, que é a luz em toda poesia, e na verdade em toda arte, na realidade está vinculada com sua alteridade, ou com aquilo que é chamado sua objetividade. O que é subjetivo tem de ser inerte; é exatamente o que é objetivo que é, dessa maneira imaginativa, estranho. Nisso, o grande contemplativo é o oposto do falso contemplativo, do místico que olha somente para a sua própria alma, do artista egoísta que se aparta do mundo e vive apenas em sua própria mente. De acordo com São Tomás, a mente age livre de si mesma, mas

[9] Parte do trecho inicial do item 2.2 de um texto de Santo Agostinho escrito em oposição à carta fundamental dos maniqueus. O trecho diz: "Deixai que se irritem contra vós *aqueles* que não sabem com que trabalho se chega à verdade e se evita o erro". (N. do T.)

sua liberdade consiste exatamente em descobrir uma saída para a libertação e a luz do dia, para a realidade e a terra dos vivos. No subjetivista, a pressão do mundo obriga a imaginação a se voltar para dentro. No tomista, a energia da mente obriga a imaginação a se voltar para fora, mas porque as imagens que busca são coisas reais. Todo o seu aspecto romântico e encantador reside, digamos assim, no fato de elas serem coisas reais; coisas que *não* vamos encontrar olhando para o interior, para a mente. A flor é uma visão porque não é só uma visão. Ou, se se preferir, é uma visão porque não é um sonho. É isso que constitui para o poeta a estranheza das pedras, das árvores e das coisas sólidas: elas são estranhas porque são sólidas. Estou exprimindo isso primeiro e de maneira poética, e é de fato necessária muita sutileza técnica para expressá-lo de maneira filosófica. De acordo com Tomás de Aquino, o objeto se torna parte da mente; não, segundo Tomás de Aquino, a mente se torna de fato o objeto. Mas, como um comentador diz agudamente, ela apenas se torna o objeto, mas não o cria. Em outras palavras, o objeto *é* um objeto; ele pode existir e existe fora da mente ou na ausência da mente. E, *assim*, o objeto amplia a mente da qual se torna parte. A mente conquista uma nova província como um imperador, mas apenas porque respondeu à sineta como um servo. A mente abriu as portas e janelas porque é a atividade natural daquilo que está dentro da casa descobrir o que está fora da casa. Se a mente basta a si mesma, ela não basta por si mesma. Porque seu ato de se alimentar dos fatos *é* a própria mente; como um órgão, ela tem um objeto que é objetivo, e ela pratica o ato de se alimentar da estranha carne forte da realidade.

Observe que essa concepção evita as duas dificuldades, os abismos alternativos da impotência. A mente não é simplesmente receptiva no sentido de absorver sensações como o faz a toalha de papel; nesse tipo de suavidade se baseia todo o materialismo covarde que concebe o homem

Coroação da Virgem (da esquerda São Tomás, São Benedito, São Domingos, São Francisco, São Pedro e São Marcos), Fra Angelico. Afresco, 1440-41, convento de São Marcos.

como totalmente servil ao seu ambiente. Por outro lado, a mente não é puramente criadora no sentido de pintar quadros nas janelas e depois confundi-los com uma paisagem fora das janelas. Mas a mente é ativa, e sua atividade consiste em seguir, até onde a vontade quiser seguir, a luz lá fora que brilha verdadeiramente sobre paisagens reais. É isso que confere a essa concepção da vida sua qualidade indefinivelmente viril e mesmo audaciosa, em comparação com a concepção que sustenta que inferências materiais se depositam numa mente em tudo impotente ou a concepção que sustenta que influências psicológicas jorram para fora e criam uma fantasmagoria em tudo desprovida de fundamento. Em outras palavras, a essência do senso comum tomista é que há dois agentes em ação, a realidade e o reconhecimento da realidade, sendo o encontro dos dois uma espécie de casamento. Na verdade, é muito certamente um casamento, porque dá frutos; trata-se da única filosofia hoje existente no mundo que efetivamente dá frutos. Ela produz resultados práticos precisamente porque é a combinação de uma mente audaciosa com um fato estranho.

Maritain, filósofo cristão francês, usou uma admirável metáfora em seu livro *Theonas* ao dizer que o fato externo *fertiliza* a inteligência interior tal como a abelha fertiliza a flor. De qualquer maneira, é nesse casamento, ou seja lá que nome lhe dermos, que todo o sistema de São Tomás se apóia; Deus fez o homem para que este fosse capaz de entrar em contato com a realidade — e que nenhum homem separe aquilo que Deus uniu.

Ora, vale a pena observar que esta é a única filosofia que funciona. É um fato estritamente verdadeiro a respeito de todas as outras filosofias que seus seguidores funcionam apesar delas ou simplesmente não funcionam. Nenhum cético trabalha ceticamente; nenhum fatalista trabalha fatalisticamente; todos, sem exceção, trabalham com base no princípio de que é possível supor que não é possível acreditar. Nenhum materialista que pensa que sua mente foi feita para ele, pela lama, pelo sangue, pela hereditariedade, hesita em "fazer" sua cabeça. Nenhum cético que acredita que a verdade é subjetiva hesita em tratar a verdade como objetiva.

Dessa maneira, a obra de São Tomás tem uma qualidade construtiva ausente de quase todos os sistemas cósmicos que vieram depois dele. Porque ele já está construindo uma casa, enquanto os especuladores mais novos ainda estão no estágio de testar os degraus de uma escada, demonstrando a irremediável fragilidade dos tijolos não cozidos, analisando quimicamente o espírito no nível do próprio espírito, e, de modo geral, envolvidos em batalhas para determinar se podem até mesmo fazer as ferramentas que vão fazer a casa. Tomás de Aquino está anos-luz intelectuais à frente deles, para além e acima do sentido cronológico comum em que se diz que um homem está à frente de seu tempo; ele está anos-luz à frente de nosso tempo. Porque ele lançou uma ponte sobre o abismo da primeira dúvida e, encontrando a realidade além, começou a construir nela. A maioria das filosofias modernas não é filosofia, mas dúvida filosófica, quer dizer, dúvida sobre se pode haver alguma filosofia. Se aceitarmos o ato ou argumento fundamental de São Tomás na aceitação da realidade, as deduções feitas a partir daí serão igualmente reais, serão coisas em vez de palavras. Ao contrário de Kant e da maioria dos hegelianos, ele tem uma fé que não é mera dúvida com relação à dúvida. Não é simplesmente o que se costuma chamar de uma fé com relação à fé; é uma fé com relação ao fato. A partir desse ponto, ele pode ir adiante, e deduzir, desenvolver e decidir, tal como um homem que planeja uma cidade e toma lugar num assento de julgamento. Mas nunca, desde aquela época, algum homem de pensamento dessa eminência pensou que exista alguma real prova de alguma coisa, nem mesmo a prova de seus sentidos, uma prova forte o suficiente para suportar o peso de uma dedução definida.

De tudo isso podemos facilmente inferir que esse filósofo não toca simplesmente em coisas sociais, e nem mesmo as leva em sua passagem rumo a coisas espirituais, embora essa seja sempre sua direção. Ele se apossa delas, não se limita a pegá-las, mas as segura firmemente. Como provam todas as suas controvérsias, Tomás talvez tenha sido o exemplo perfeito da mão de ferro na luva de veludo. Ele foi um homem que sempre dedicou plena atenção a todas as coisas; e parece apreender mesmo as coisas de passagem quando passam. Para ele, mesmo o que era momentâneo era momentoso. O leitor sente que todo pequeno ponto de hábito econômico ou de acidente humano é por um momento quase queimado sob os raios convergentes de uma lente de aumento. É impossível exprimir nestas páginas um milionésimo das decisões sobre detalhes da vida que podem ser encontradas em sua obra; seria como reproduzir as sentenças de um incrível século de juízes justos e de magistrados sensíveis. Podemos apenas tocar em um ou dois assuntos óbvios desse tipo.

Observei a necessidade de usar palavras atmosféricas modernas para certas coisas atmosféricas antigas, como ao dizer que São Tomás era aquilo que a maioria dos homens modernos quer designar por otimista. Da mesma maneira, ele foi bastante aquilo que esses homens querem designar vagamente por liberal. Não quero dizer com isso que nenhuma de suas milhares de sugestões políticas seja adequada a qualquer credo político definido como esse; se é que hoje em dia existem credos políticos definidos. Digo, no mesmo sentido, que ele tem uma espécie de atmosfera de crença na amplitude, no equilíbrio e no debate. Ele pode não ser um liberal nos termos das exigências extremas dos modernos, porque parecemos sempre designar por modernos antes os homens do século passado do que deste. Tomás era bastante liberal em comparação com os mais modernos de todos os modernos, porque quase todos eles estão se transformando em fascistas e hitleristas. Mas o importante é que São Tomás obviamente preferia o tipo de decisões que são tomadas por meio da deliberação e não da ação despótica; e, embora, como todos os seus contemporâneos e correligionários, ele não tenha dúvidas de que a verdadeira autoridade deve ter autoridade, ele é bastante avesso a tudo o que lembre a arbitrariedade. Ele é bem menos imperialista do que Dante, e mesmo seu apoio ao papa não é muito imperial. Tomás gosta muito de frases como "uma multidão de homens livres" como material essencial de uma cidade; e é enfático quanto ao fato de que a lei, quando deixa de ser justiça, deixa até mesmo de ser lei.

Se esta obra fosse de controvérsia, capítulos inteiros poderiam ser dedicados tanto à economia como à ética do sistema tomista. Seria fácil mostrar que, dessa maneira, Tomás de Aquino foi tanto profeta como filósofo. Ele previu desde o princípio o perigo de simplesmente se confiar no comércio e na troca, que começavam a existir por volta de sua época, e que culminou na nossa época num colapso comercial universal. Ele não se limitou a afirmar que a usura é antinatural, embora dissesse que apenas seguiu Aristóteles e o senso comum óbvio, algo que nunca ninguém negou até a época dos comercialistas, que nos envolveram no colapso. O mundo moderno começou com Jeremy Bentham escrevendo a "Defesa da usura", e acabou, cem anos depois, com a opinião até do jornal mais vulgar julgando as finanças indefensáveis. Mas São Tomás foi ainda mais longe. Ele chegou a mencionar a verdade, ignorada durante a longa idolatria do comércio, de que as coisas que os homens produzem só para vender provavelmente terão qualidade pior do que as coisas que produzem para seu próprio consumo. Teremos uma idéia da nossa dificuldade com as sutis nuanças do latim quando chegarmos à sua afirmação de que há sempre uma certa *inhonestas* no comércio. Porque *inhonestas* não significa exatamente desonestidade. Significa mais ou menos "alguma coisa indigna", ou, o que talvez esteja mais próximo, "alguma coisa não muito bonita". E ele tinha razão, porque o comércio, no sentido moderno, de fato significa vender alguma coisa por um pouco mais do que vale, e os economistas do século XIX não negaram isso. Eles apenas disseram que São Tomás não era prático, o que pareceu soar como se dissessem ao mesmo tempo que a concepção deles levava à prosperidade prática. As coisas são um pouco diferentes agora que essa concepção levou à falência universal.

Mas aqui colidimos com um colossal paradoxo da história. A filosofia e a teologia tomistas, comparadas de maneira bem razoável com outras filosofias como a budista ou monista, e com outras teologias como a calvinista e a cientista cristã, são bem evidentemente um sistema que funciona e até

São Tomás de Aquino, Fedele Fischetti. Afresco, igreja de Santa Caterina de Siena, Nápoles.

um sistema de combate, repletas de senso comum e de confiança construtiva, e, portanto, repletas de esperança e de promessa. E essa esperança não é vã, nem essa promessa fica irrealizada. Neste momento moderno em que não temos muitas esperanças, não há homens mais esperançosos do que os que olham hoje para São Tomás como líder com respeito a uma centena de questões prementes relativas à capacidade, à propriedade e à ética econômica. Há sem dúvida um tomismo confiante e criativo em nossa época. Não obstante, ficamos surpresos porque isso não aconteceu imediatamente depois da época de São Tomás. É verdade que houve uma grande marcha de progresso no século XIII; e, em algumas coisas, como, por exemplo, a condição do camponês, as coisas tinham melhorado muito no final da Idade Média. Mas ninguém pode dizer honestamente que a escolástica contribuiu muito para o fim da Idade Média. Ninguém pode dizer até que ponto o espírito popular dos frades ajudou movimentos medievais posteriores, ou até que ponto esse grandioso frade, com suas luminosas regras de justiça e sua eterna simpatia pelos pobres, podem ter contribuído indiretamente para a melhoria que sem dúvida ocorreu. Mas os que seguiram seu método, à diferença dos que seguiram seu espírito moral, degeneram com estranha rapidez; e certamente não foi nos escolásticos que a melhoria ocorreu. Só podemos dizer sobre alguns escolásticos que eles pegaram tudo o que havia de pior na escolástica e pioraram ainda mais. Continuaram a contar os passos da lógica; mas cada passo da lógica os afastava mais do senso comum. Eles se esqueceram de que São Tomás começara quase como um agnóstico, e parecera decidido a não deixar coisa alguma, do céu ou do inferno, com respeito à qual qualquer pessoa pudesse ser agnóstica. Os escolásticos eram uma espécie de racionalistas exacerbados que não teriam permitido a permanência de nenhum mistério da fé. Há na escolástica inicial algo que dá a impressão a um moderno de ser irreal e pedante, mas, propriamente entendida, essa escolástica traz em sua irrealidade um delicado espírito. Tratase do espírito da liberdade e, de modo especial, o espírito do livre-arbítrio. Nada parece mais estranho, por exemplo, do que as especulações a respeito do que teria acontecido a cada vegetal, animal ou anjo se Eva tivesse preferido *não* comer o fruto da árvore. Mas isso estava originalmente impelido pela febre da escolha; e pela sensação de que Eva poderia ter tomado outra decisão. Foi esse detalhado método de detetive que foi seguido, sem as emoções da história de detetives propriamente dita. O mundo se viu repleto de incontáveis volumes que provavam, por meio da lógica, coisas que só Deus pode saber. Os escolásticos desenvolveram tudo o que era de fato estéril na escolástica e nos deixaram tudo o que havia de realmente fértil no tomismo.

Há muitas explicações históricas. Há a "morte negra", que quebrou a espinha dorsal da Idade Média; há o conseqüente declínio da cultura clerical, que tanto contribuiu para provocar a reforma. Mas suspeito que houve uma outra causa que só se pode descrever dizendo que os fanáticos da época, que entraram em controvérsia com Tomás de Aquino, deixaram sua própria escola atrás de si; e num certo sentido essa escola acabou triunfando. Os agostinianos, com sua concepção realmente limitada, os homens que viam a vida cristã apenas como o caminho estreito, os homens que não poderiam ter nem mesmo compreendido a grande exultação do dominicano diante do esplendor do ser, ou diante da glória de Deus em todas as suas criaturas, os homens que continuaram a insistir fervorosamente em cada texto, ou mesmo em cada verdade, que parecessem pessimistas ou paralisantes, esses sombrios cristãos não puderam ser extirpados do cristianismo. E eles permaneceram e esperaram sua oportunidade. Os restritos agostinianos, os homens que não teriam ciência nem razão ou uso racional de coisas

seculares, podem ter sido derrotados na controvérsia, mas eram dotados de uma paixão acumulada de convicção. Havia um mosteiro agostiniano em que essa paixão estava a ponto de explodir.

Tomás de Aquino desferira seu golpe, mas não conseguira encerrar de fato o assunto com os maniqueus. Os maniqueístas não são facilmente derrotados, no sentido de derrotados de uma vez por todas. Tomás de Aquino garantira que os principais contornos do cristianismo que chegou até nós fossem sobrenaturais mas não antinaturais, e garantira que esses contornos nunca fossem obscurecidos com uma falsa espiritualidade a ponto de haver o esquecimento do Criador e de Cristo, que tinha sido feito homem. Mas à medida que sua tradição foi apropriada por hábitos de pensamento menos liberais e menos criativos, e à medida que sua sociedade medieval caiu e decaiu por outros motivos, a coisa contra a qual ele guerreara voltou sub-repticiamente a penetrar no cristianismo. Um certo espírito ou elemento presente à religião cristã, necessário e às vezes nobre, mas sempre precisando ser equilibrado por elementos mais suaves e generosos da fé, começou mais uma vez a se fortalecer, à medida que a estrutura da escolástica se enrijecia ou se desfazia. O temor do Senhor, que é o começo da sabedoria e que portanto pertence aos começos e é sentido nas primeiras horas frias antes da alvorada da civilização; a força que vem das selvas e cavalga o furacão e arrebenta os deuses de pedra, a força diante da qual as nações orientais são inteiramente prostradas, a força diante da qual os profetas primitivos corriam despidos e gritando, ao mesmo tempo procla-

Detalhe do tríptico São Pedro Mártir, Fra Angelico. Museu de São Marcos, Florença.

mando seu deus e fugindo dele, o temor que está corretamente arraigado no começo de toda religião, verdadeira ou falsa — o temor do Senhor é o começo da sabedoria, mas não o fim.

Para demonstrar a irônica indiferença dos dirigentes às revoluções, e sobretudo a frivolidade dos que são chamados os papas pagãos da Renascença, no tocante à sua atitude diante da reforma, costuma-se observar que, ao ouvir as primeiras notícias das primeiras manobras do protestantismo, iniciadas na Alemanha, o papa fez uma única observação, feita de uma maneira casual. Ele disse que se tratava de "alguma disputa de monges". Todo papa, naturalmente, estava acostumado a disputas entre ordens monásticas; mas sempre se observou como uma estranha e quase sobrenatural negligência que esse papa só pudesse ter visto isso no começo do grande cisma do século XVI. E no entanto, de um modo um tanto mais interiorizado, há algo a dizer em favor daquilo que esse papa tem sido acusado de dizer. Num certo sentido, os cismáticos tinham uma espécie de ancestralidade espiritual mesmo na Idade Média.

Essa ancestralidade está no começo deste livro, e *era* uma disputa de monges. Vimos que o grande Agostinho, que Tomás de Aquino nunca menciona sem respeito mas sempre menciona sem acordo, dava nome a uma escola agostiniana de pensamento que naturalmente pairava por mais tempo na ordem agostiniana. A diferença, como toda diferença entre católicos, era somente de ênfase. Os agostinianos enfatizavam a idéia da impotência do homem diante de Deus, a onisciência de Deus no que se refere ao destino do homem, a necessidade de um santo temor e da humilhação do orgulho intelectual mais do que as verdades opostas e correspondentes do livre-arbítrio, da dignidade humana ou das boas obras. Nesse aspecto, eles de certo modo deram continuidade à marca distintiva de Santo Agostinho, que mesmo agora é considerado relativamente como o doutor determinista da Igreja. Porém há ênfase e ênfase;

e estava chegando um momento em que enfatizar um lado teria como significado contradizer por inteiro o outro. Talvez, afinal, tenha de fato começado com uma disputa entre monges, mas o papa ainda viria a saber como um monge pode ser fervoroso na disputa. Porque havia um monge particular, naquele mosteiro agostiniano das florestas alemãs, que se pode considerar dotado de um talento ímpar e especial para a ênfase, para a ênfase e para nada mais além dela, para a ênfase dotada da qualidade do terremoto. Esse monge era filho de um mineiro; era um homem de voz possante e de personalidade um tanto imponente; era pensativo, sincero e decididamente mórbido; e seu nome era Martinho Lutero. Nem Agostinho nem os agostinianos teriam desejado ver o dia de vingança da tradição agostiniana; mas, num certo sentido, talvez a tradição agostiniana tenha no final se vingado.

Essa tradição saiu de sua cela outra vez, no dia da tempestade e da ruína, e clamou, com uma voz nova e fortíssima, em favor de uma religião elemental e emocional e da destruição de todas as filosofias. Tinha um horror e uma aversão peculiares pelas grandes filosofias gregas e pela escolástica, que se baseara nessas filosofias. Tinha uma teoria que significava a destruição de todas as teorias; na verdade, tinha sua própria teologia, que era ela mesma a morte da teologia. O homem não podia dizer nada a Deus, nada a partir de Deus, nada sobre Deus, exceto por meio da súplica mais desarticulada de misericórdia e da ajuda sobrenatural de Cristo num mundo em que todas as coisas naturais eram inúteis. A razão era inútil. A vontade era inútil. O homem não podia se movimentar um centímetro mais do que uma pedra pode. O homem não podia confiar no que tinha na cabeça mais do que um nabo pode. Nada permanecia na terra ou no céu a não ser o nome de Cristo pronunciado em exaltação naquela solitária imprecação, uma imprecação terrível como o grito de um animal com dor.

Temos de fazer justiça àquelas imponentes figuras humanas, que são na realidade os eixos da história. Por mais intensa, e corretamente intensa, que seja, nossa própria convicção controversa nunca pode nos levar ao erro de pensar que algo trivial transformou o mundo. E não era trivial esse grande monge agostiniano que vingou todos os agostinianos ascéticos da Idade Média, um monge cuja figura ampla e robusta tem sido grande o suficiente para bloquear durante quatro séculos a distante montanha humana de Tomás de Aquino. Não se trata, ao contrário do que os modernos se deliciam em dizer, de uma questão de teologia. A teologia protestante de Martinho Lutero foi algo com que nenhum protestante moderno gostaria de ter contato, ou, se essa frase for irreverente demais, algo que ele estaria especialmente ansioso para tocar com uma vara bem longa. Esse protestantismo era pessimismo, não passava de pura insistência na total impossibilidade de haver alguma virtude humana, numa tentativa de fugir ao inferno. Esse luteranismo é agora bastante irreal; fases mais modernas do luteranismo são ainda mais irreais; mas Lutero não era irreal. Ele era um daqueles grandes bárbaros elementais aos quais é dado de fato mudar o mundo. Comparar as figuras de Tomás de Aquino e Lutero, figuras que se mostram tão grandiosas na história, em algum sentido filosófico seria naturalmente fútil e até injusto. Num grande mapa como a mente de São Tomás, a mente de Lutero seria quase invisível. Mas não é totalmente uma inverdade dizer, como disseram tantos jornalistas sem se preocupar em saber se era verdade ou mentira, que Lutero iniciou uma época; e começou o mundo moderno.

Ele foi o primeiro homem a usar conscientemente sua consciência, ou a usar o que mais tarde foi chamado de sua personalidade. É fato que Martinho Lutero tinha uma personalidade bem forte. Tomás de Aquino tinha uma personalidade ainda mais forte; era possuidor de uma presença maciça e magnética, tinha um intelecto capaz de agir como um im-

Triunfo de São Tomás de Aquino (detalhe), Francesco Traini. Têmpera sobre madeira,1340, Santa Catarina, Pisa.

pressionante sistema de artilharia com condições de disparar sobre todo o mundo; tinha aquela presença de espírito instantânea no debate que é a única a de fato merecer o nome de espirituosidade. Mas nunca lhe ocorreu usar qualquer outra coisa além de seus talentos na defesa de uma verdade distinta dele mesmo. Nunca ocorreu a Tomás de Aquino usar Tomás de Aquino como arma. Não há um único indício de que ele tivesse usado suas vantagens pessoais, de nascimento, de corpo, de cérebro ou de linhagem, no debate com quem quer que seja. Em resumo, ele pertencia a uma época de inconsciência intelectual, a uma época de inocência intelectual, uma época que era bastante intelectual. Ora, Lutero deu início efetivamente ao estado de espírito moderno de se apoiar em coisas que não são apenas intelectuais. Não é uma questão de elogio nem de acusação; pouco importa se dizemos que ele tinha uma personalidade forte ou que era uma pessoa meio dada a criar confusão. Quando citava um texto das Escrituras, inserindo uma palavra que não estava nas Escrituras, ele se contentava em replicar a todos os que faziam objeções: "Digam a eles que o doutor Martinho Lutero acha que é isso e pronto!" É isso o que chamamos de personalidade. Um pouco mais tarde, foi chamado de psicologia. Depois ainda foi chamado propaganda ou habilidade de vendas. Mas não estamos discutindo vantagens ou desvantagens. É ser justo com esse grande pessimista agostiniano dizer não somente que ele acabou por triunfar sobre o anjo dos escolásticos como também que ele, num sentido bastante real, criou o mundo moderno. Lutero destruiu a razão e pôs a sugestão em seu lugar.

Afirma-se que o grande reformador queimou publicamente a *Summa Theologica* e as obras de Tomás de Aquino. E, com a fogueira que esses livros criaram, este livro pode muito bem acabar. Dizem que é muito difícil queimar um livro; e deve ter sido extremamente difícil queimar a montanha de livros com que o dominicano contribuíra para as controvérsias do cristianismo. Seja como for, há algo de horrível e apocalíptico na idéia de tal destruição quando consideramos a complexidade compacta de toda aquela investigação enciclopédica de assuntos sociais, morais e teóricos, todas aquelas definições rigorosíssimas que excluíram tantos erros e extremos; todos os amplos e equilibrados julgamentos a respeito do choque de lealdades ou da escolha de males; todas as especulações liberais sobre os limites do governo ou as condições adequadas da justiça; todas as distinções entre o uso e abuso da propriedade privada; todas as regras e exceções sobre o grande mal da guerra; todas as concessões às fraquezas humanas e todas as providências em favor da saúde humana — toda essa massa de humanismo medieval murchou e se contorceu em fumaça diante dos olhos de seu inimigo; e o grande camponês passional teve seu júbilo das trevas porque o dia do intelecto tinha acabado. Frase após frase, a fogueira queimou, silogismo após silogismo; e as máximas de ouro se transformaram em chamas douradas naquela última e moribunda glória de tudo aquilo que um dia fora a grande sabedoria dos gregos. A grande síntese central da história, que deveria ter ligado o mundo antigo com o mundo moderno, se elevou em fumaça e, para metade do mundo, foi esquecida como um vapor.

Por algum tempo pareceu que a destruição tinha sido definitiva. Ela ainda se exprime no surpreendente fato de que (no norte) homens modernos ainda podem escrever histórias da filosofia nas quais a filosofia pára com os primeiros pequenos sofistas da Grécia e de Roma, e nunca mais é mencionada outra vez até o surgimento de um filósofo de terceira categoria como Francis Bacon. Mesmo assim, este pequeno livro, que provavelmente não servirá para mais nada, ou que terá bem pouco outro valor, será ao menos um testemunho do fato de que a corrente mudou outra vez de direção. O livro é escrito cerca de quatrocentos anos depois; e espero (e estou feliz em dizer que creio) que ele provavelmente se perca e seja esquecido em meio ao dilúvio de livros melhores sobre São Tomás de Aquino, que estão neste momento saindo de todas as casas editoriais da Europa e até na Inglaterra e na América. Comparado com essas obras, este livro é obviamente uma produção bem leve e amadora; mas não é provável que seja queimado, e, se fosse, não deixaria nenhuma lacuna perceptível na massa de novos e magníficos livros produzidos que é agora diariamente dedicada à *philosophia perennis*, à filosofia perene.